KEY RESEARCH INSTITUTE IN UNIVERSITY

教育部人文社会科学重点研究基地四川大学南亚研究所

# 中国与巴基斯坦人文交流研究

陈小萍◎著

国际文化出版公司
·北京·

**图书在版编目（CIP）数据**

中国与巴基斯坦人文交流研究 / 陈小萍著 . -- 北京 : 国际文化出版公司 , 2022.4
ISBN 978-7-5125-1408-9

I. ①中… II . ①陈… III . ①中外关系－文化交流－研究－巴基斯坦 IV . ① G125 ② G135.35

中国版本图书馆 CIP 数据核字 (2022) 第 027656 号

**中国与巴基斯坦人文交流研究**

| | | | |
|---|---|---|---|
| **作　　者** | 陈小萍 | | |
| **统筹监制** | 吴昌荣 | | |
| **责任编辑** | 曾亚萍 | | |
| **品质总监** | 张震宇 | | |
| **出版发行** | 国际文化出版公司 | | |
| **经　　销** | 全国新华书店 | | |
| **印　　刷** | 北京虎彩文化传播有限公司 | | |
| **开　　本** | 710 毫米 ×1000 毫米 | 16 开 | |
| | 13.75 印张 | 232 千字 | |
| **版　　次** | 2022 年 4 月第 1 版 | | |
| | 2022 年 4 月第 1 次印刷 | | |
| **书　　号** | ISBN 978-7-5125-1408-9 | | |
| **定　　价** | 68.00 元 | | |

国际文化出版公司
北京朝阳区东土城路乙 9 号　　　　邮编：100013
总编室：（010）64271551　　　　传真：（010）64271578
销售热线：（010）64271187
传真：（010）64271187-800
E-mail：icpc@95777.sina.net

# 目　录

# 绪论

“人文交流”这一概念比较新，但其内涵丰富且历史悠久。2013 年 10 月 24 日，习近平主席在周边外交工作座谈会的讲话采用了“人文交流”的提法。他在题为《坚持亲、诚、惠、容的周边外交理念》的讲话中说：“要着力加强对周边国家的宣传工作、公共外交、民间外交、人文交流，巩固和扩大我国同周边国家关系长远发展的社会和民意基础。关系亲不亲，关键在民心。要全方位推进人文交流，深入开展旅游、科教、地方合作等友好交往，广交朋友，广结善缘。要对外介绍好我国的内外方针政策，讲好中国故事，传播好中国声音，把中国梦同周边各国人民过上美好生活的愿望、同地区发展前景对接起来，让命运共同体意识在周边国家落地生根。”① 此后，人文交流成为中国政府大力推动的世纪工程，成为当代中国对外关系的一个重要方面。人文交流的内涵是什么？人文交流与文化外交的联系与区别是什么？在回答上述问题的基础上，联系中国与巴基斯坦人文交流的特殊个案，以下初步考察人文交流在中国对外关系领域发挥的作用与途径。

## 一、人文交流的概念辨析

“人文”是一个古老的词汇，其核心是与自然相对的人事。当前中国官方文献中的“人文交流”所涵盖的范围远远超出了传统的文化交流，几乎涉及人类所有的精神生产领域以及与人事相关的经验、实践和机制。②2017 年底，中办和国办发布的《关于加强与改进中外人文交流工作的若干意见》（简称《意见》），成为各层级对外人文交流的统领性文件。根据上述文件，人文交流不仅覆盖武术、美食、中医药等非物质文化领域的跨国或跨地区交流，而且包括国际性体育赛事的举办等。2018 年 12 月，中印高级别人文交流机

① 习近平：《习近平谈治国理政》，北京：外文出版社，2014 年版，第 298—299 页。

② 俞沂暄：“人文交流与新时代中国对外关系发展——兼与文化外交的比较分析”，《外交评论》，2019 年第 5 期，第 36 页。下边的相关论述，主要参考该文相关内容。特此说明。

制首次会议确定了一些重点合作领域，其中，除了传统的文化、教育、语言等双边交流外，还包括文物保护、旅游、青年、体育、媒体、学术、电影、香客朝圣、联合医疗等其他领域的交流合作愿景设计。

综合近年来有关人文交流的重要文件，发现中国官方的“人文交流”术语具有下述特征：一是“人文交流”涵盖的领域非常广泛，除了政治、经济、军事安全、环境保护以外，几乎所有的交流合作都可以被纳入“人文交流”范畴。二是“人文交流”除了文化、教育等领域的双边活动以外，还包括相关交流机制建设、打造有影响力的交流项目与品牌等。三是“人文交流”包含了总结与分享实践经验的维度，向国际社会提供“人文公共产品”，即“分享我国在扶贫、教育、卫生等领域的经验做法”。[①]

## （一）人文交流与文化外交的比较

### 1. 人文交流与文化外交的区别

第一，目标不同。人文交流着眼长远、宏观目标，具体可以分为两类：一是综合性的国家内外战略目标，如《意见》提到“加强与改进中外人文交流工作要以服务国家改革发展和对外战略为根本”；二是人文领域自身的目标，如《意见》指出要“以促进中外民心相通和文明互鉴为宗旨”。人文交流是长期、深远、细致且连续性的进程，在一定程度上体现了对人文领域自身学习交融的理想化追求，人文本身的共享提升是交流的主要目的，急功近利反而可能对它造成伤害。文化外交更加注重具体而实际的中短期目标。文化外交一般指政府组织或推动的对外文化交往活动，本质上附属于对外政策，把文化作为实现对外政策的手段之一。文化外交的实质在于外交，而不在于文化，不会过多考虑文化自身的需求与发展。

第二，进程不同。人文交流是双向的，包含“走出去”和“请进来”两个同时发生的进程。既要让外国理解本国人文领域，又要让本国理解外国，唯此才能达到民心相通、文明互鉴的目的。人文交流固然重视对外推广中国文化，但引进外部优秀文化同样重要，有些对外人文交流项目就是为了弥补本国某方面不足而请进来的学习吸收。文化外交则主要是单向的，虽然有时

① 俞沂暄：“人文交流与新时代中国对外关系发展——兼与文化外交的比较分析”，《外交评论》，2019 年第 5 期，第 37 页。

文化外交也以交流面目出现，但是学习借鉴对方文化成就基本不在考虑之中，这是由文化外交的属性决定的。文化外交的任务主要局限在宣传和输出本国的精神文化产品，扩大自己的文化和价值观影响力，从而有助于对外政策的实施。

第三，推动力量不同。人文交流的推动力量有多重，政府主导可谓人文交流的第一推力，而商业目的、文化发展自身的内在需求都是重要推动力。正所谓“官民并举”“政府搭台、民间唱戏”，这样的发展既是政府乐见的，也是人文交流的初衷。文化外交的推动力基本上来自政府。政府出于具体对外政策的需要进行文化外交，选择的项目、采取的方式也是根据政策要求而确定，而不是从文化角度进行考虑。一般情况下，文化外交中基本看不到文化内在的推动力或是商业上的动机。

### 2. 人文交流与文化外交的联系

人文交流与文化外交的区别是基于两者各自的性质与展开逻辑而言的，总体上看是一种理想状态，实践中两者相互交错，有时区别不甚明显：一是人文交流是文化外交的载体。无论文化外交要达到什么政策目标，都需要通过具体的人文交流项目来实现。反之亦然，如果没有合适的人文项目，文化外交就无计可施。二是由于文化外交必须采取人文各领域交流的具体形式，有时人文交流与文化外交交织在一起。中美“乒乓外交”就是典型例子。三是虽然文化外交的本质在于外交，但是能否成功很大程度上依赖于作为其载体的人文交流项目的效果。

## （二）人文交流的主体

人文交流是一种社会性的活动，是一个不断发展并自我加强的社会交往进程。与政治进程、经济进程相比，社会进程参与者更多，涵盖面更广。国家间的人文交流是一种长期、多层次、多领域、参与者众的社会交往进程。尽管一开始政府是很多人文交流项目的推动力量，政府间建立了人文交流合作机制，但是从承载主体和实施领域来看，人文交流基本属于社会性活动，而不是政治性活动。作为社会进程的人文交流，可以跨越国界打下星罗棋布的合作桩基，把这些桩基联结起来，就是一张多层面、复杂的人文交流网络。从这个意义上看，人文交流就是创造国家间社会网络的进程。对任何人文交流作用的期冀，都必须建立在总体性的社会网络有效互动的基础上。

人文交流的主体既是交流的承担者，又是交流的接受者，简单分为知识界和大众两个群体。有的人文交流领域和活动主要存在于知识界之间，比如科技学术交流合作；有的则针对一般大众，比如电影、戏剧通俗文化交流；有的项目则由知识界与大众共同参与，比如教育、传媒、体育等领域的交流合作。

一般情况下，以知识界为主体的人文交流更加侧重于理性对话，概念和逻辑在其中占据了重要位置，对哲学、科学、艺术水平提出了更高的要求。为了实现人文交流目标，即让他国主流社会认可本国价值观，首先需要本国知识界掌握足够理论话语，从理论上说服对方知识界。以大众为主体的人文交流更加侧重于直接明了的沟通，情感和故事及其视觉、听觉体验更能吸引公众目光。

目前，知识界承载的人文交流项目占比最大。古典艺术交流是政府比较喜欢推动的人文交流形式，然而古典艺术在现代社会的受众有限，主要限于知识界。无论是西方古典音乐、芭蕾舞、中国戏曲，还是中外文物、美术作品展览，青睐者基本上都是各国的知识群体。主要面向大众的人文交流活动包括旅游和体育比赛等，其他形式相对较少。要想发挥人文交流在国际关系中的作用，大众参与非常重要。尤其在当前交通、通信发达的时代，大众拥有更多表达观点的途径，主动参与社会舆论塑造。因此，如何扩展以大众为承载者的人文交流项目，是一个亟待探索的新课题。①

### （三）人文交流在国际关系中的作用

人文交流是长期的、综合性的社会进程，在国际关系中发挥了以下四个方面的作用。

第一，致密而复杂的社会交往网络可以促进国民间的了解，有助于国家在面临政治问题时降低出现错误知觉的概率，减少对对方意图的误判。

第二，人文交流在国家关系中可以起到托底的作用，知识界和大众在其中承担了重要的角色。托底作用可以从以下几个角度来理解：首先，密集的社会交往形成了人文交流各个领域的利益共同体，它们围绕各自的专业领域

① 俞沂暄：“人文交流与新时代中国对外关系发展——兼与文化外交的比较分析”，《外交评论》，2019 年第 5 期，第 46—47 页。

建立了长期的合作关系，共同执行某个项目并共享合作成果。其次，经济利益经常被当作国家间博弈的筹码，但是人文领域内的一些利益，除了少数与战略安全等政治议题相关外，成为筹码的可能性相对不大。最后，一旦两国关系出现转圜，人文交流领域往往会率先作出反应，“春江水暖鸭先知”成为两国关系重修于好的某种象征和助力。

第三，人文交流一般远离物质利益，可以发出推动国家间关系发展得更权威性的声音。

第四，人文交流可以构筑国家的人文形象，虽然人文形象不会直接转变为政治形象，但是正面的、符合国家内外政策和基本价值观的人文形象有助于积极的政治形象的形成。①

如果说，政治进程是国家间交往的动脉，那么人文交流就是密布的毛细血管：每一个方面的交流看似微不足道，但综合在一起就是一张必不可少的网络。无论人文交流于国际关系的意义是减少误判、增加促进其积极发展的权威性声音，还是托底国家间关系、塑造国家人文形象，都不是某一个或某几个项目的作用，而是人文交流作为一个整体性社会进程的结果。

就实践来说，当代中国的对外人文交流已经成为文化和政治领域的一个较为突出的现象。无论就人文领域自身的发展，还是就对外关系的发展而言，人文交流都在发挥着应有的作用，也遇到了一些问题。人文交流在政府层面尽管有时和文化外交交织在一起，但文化外交属于政治进程，而人文交流已经覆盖和深入到更复杂的社会之中，早已超越了文化外交的范畴。如果仍然用文化外交的思维看待人文交流，追求短期的政策效果，而不去探索人文交流本身的规律，非但难以见功，甚至可能适得其反。虽然当今世界见证了人类历史上从未有过的快速变革，但是社会进程的孕育、开启、成长和结果既需要时间，也需要经济进程和政治进程的共同协力。人文交流只有作为其中的一个组成部分，才能获得其应有的文化意义、社会意义和政治意义。②

① 俞沂暄：“人文交流与新时代中国对外关系发展——兼与文化外交的比较分析”，《外交评论》，2019 年第 5 期，第 51—52 页。

② 同上，第 53 页。

## 二、“一带一路”倡议及巴基斯坦的反应

“一带一路”倡议是“丝绸之路经济带”与“21世纪海上丝绸之路”的总称。其中，中巴经济走廊是连接“一带”与“一路”的重要交汇点与枢纽，被誉为“一带一路”倡议的旗舰项目和样板工程。地理意义上的中巴经济走廊，北起中国新疆的喀什，南至巴基斯坦俾路支省的瓜达尔港，全长3000千米。理论上的中巴经济走廊是连接中国和巴基斯坦的经济大动脉，涉及交通、能源、港口、基础设施、产业园区、社会民生等领域。中巴经济走廊建设分为短、中、长期三个阶段，即2013—2014年为走廊框架设计阶段，2015—2018年为早期收获阶段，2019—2030年为完成整个走廊项目阶段。中巴经济走廊受到了巴基斯坦官方和民间高度重视，巴政府把走廊建设看作基本国策之一，巴媒体、智库、高校等民间团体热切议论走廊主题，积极为走廊建设贡献智慧与人才。巴基斯坦官方各部门围绕中巴经济走廊达成共识，巴民众整体响应、支持走廊建设。与此同时，围绕中巴经济走廊关涉的政治利益之争、军方实力独大、过重经济负担、生态环境恶化、渔民生计堪忧等问题，巴广大中下层民众表现出一种无奈和迷茫。[①]针对中巴经济走廊衍生的新问题，中巴两国政府需要及时采取应对措施，以化解各种社会风险，培育两国民众对走廊的积极乐观态度。

自2015年以来，中巴经济走廊建设取得了重要进展，顺利实现早期收获阶段的交通、能源、基础设施项目，转入以产业园区和社会民生为主的高质量发展新阶段。整体而言，巴基斯坦各级政府与民间团体对中巴经济走廊持积极肯定的态度，但是仍然存在少数不和谐的声音。巴基斯坦对中巴经济走廊的立场总体上可以分为三种类型，即积极支持、谨慎参与和警惕反对。其中，积极支持派占主导地位，主要包括联邦政府高级政要及主要政党领导人。

第一，巴基斯坦联邦政府和穆斯林联盟（谢里夫派）、巴基斯坦人民党为代表的主要政党是积极支持中巴经济走廊建设的中坚力量。支持派认为中巴经济走廊为巴基斯坦经济发展带来机遇，使巴基斯坦社会摆脱恐怖主义困扰，改善巴基斯坦国家形象，彻底改变巴基斯坦的命运。2017年5月，“一

① 何美兰：“巴基斯坦人对中巴经济走廊若干认知的分析”，《南亚研究季刊》，2017年第4期，第31页。

带一路”国际合作高峰论坛期间，前穆斯林联盟主席、前总理纳瓦兹·谢里夫表示“一带一路”有望促进包容性增长，中巴经济走廊让巴基斯坦受益，对巴民众的生活产生了重大而深远的影响。巴基斯坦人民党主席扎尔达里父子多次公开表示积极支持中巴经济走廊建设，对信德省涉及的走廊项目予以政策倾斜。巴基斯坦正义运动党在2018年大选之前对中巴经济走廊项目透明度有所微词，但是执政之后高度评价走廊早期收获项目，积极推动走廊进入以产业园区和社会民生为合作重点的新阶段。2020年9月，伊姆兰·汗总理表示，巴基斯坦的未来与中国紧密相连，对华友好是巴基斯坦跨党派、跨阶层共识，巴方将坚定不移推进中巴经济走廊建设，学习中国在扶贫、农业等方面的经验，深化双边各领域友好交流与合作，更好造福两国和两国人民。[①] 巴基斯坦政府与人民强烈希望抓住中巴经济走廊带来的发展机遇，实现巴基斯坦的“亚洲之虎梦”。

第二，以巴基斯坦主流报刊（如《黎明报》《战斗报》）的编辑和评论员为代表的巴少数知识精英对中巴经济走廊持比较谨慎的态度。一方面，谨慎派认可中巴经济走廊取得较大建设成就，肯定巴基斯坦基础设施和能源改善后的积极效应；另一方面，他们指出中巴经济走廊建设面临的政治、经济及社会方面的挑战。就政治方面而言，巴基斯坦政局不稳，联邦政府与地方政府、执政党与在野党、民选政府与军方高层经常政见不和，可能会延缓工程进展。在第二波新冠肺炎疫情背景下，巴基斯坦反对党召开联合会议决定发动全国性“反政府民主运动”，迫使伊姆兰·汗总理下台，必然引发巴基斯坦政坛新一轮波动。就经济方面而言，巴基斯坦在走廊框架下获得大量中方贷款，可能会因此背上沉重的债务负担，“债务危机”论在巴基斯坦也有舆论市场。就社会方面而言，中巴经济走廊下巴基斯坦各地区与民众的参与机会成为争议焦点，要么认为旁遮普省和信德省受惠多于西部省份，走廊致使巴基斯坦地区发展更加失衡；要么认为巴民众就业比例偏低，中国工人大量进入冲击就业市场。

第三，极少数地方党派、分离势力和恐怖组织则对中巴经济走廊持警惕反对的态度。反对派认为中巴经济走廊未能促进巴基斯坦各个地区的平衡发展，加速了偏远落后地区的相对贫困，甚至认为中巴经济走廊是中国掠夺巴

① “驻巴基斯坦大使姚敬辞行拜会伊姆兰·汗总理”，中国驻巴基斯坦大使馆，2020年9月22日。

自然资源及扩张利益的工具。俾路支省部分地方政治势力与分离势力相交织，时有言论指责中国及巴联邦政府对俾路支省开发不当，抱怨地方势力未能成为走廊建设的决策者。“俾路支解放军”“俾路支解放阵线”“俾路支联合军”“信德得什自由军团”等实施多次恐怖袭击，试图阻止走廊建设进度。[①]吉尔吉特—巴尔蒂斯坦地方既得利益者也时常组织群众以经济、生态为由阻碍走廊正常建设。巴基斯坦境内活动的恐怖组织，如“巴塔”“基地”“伊斯兰国”“东突”等时常对中巴经济走廊建设构成威胁，或者以走廊为袭击目标施压巴联邦政府从而提高政治筹码。[②]

总体看来，巴基斯坦各派从政治、经济、外交和安全等多种因素的考虑，出现对中巴经济走廊建设的不同立场。巴基斯坦官方积极支持中巴经济走廊建设，智库、媒体在认可走廊价值的同时关注新问题及风险的应对，极少数极端、分离势力与恐怖组织反对并抵制中巴经济走廊建设。中巴经济走廊早期收获阶段成就斐然，但是走廊建设中也存在一定的风险和挑战。为了推进新阶段中巴经济走廊向高质量发展，中巴高层需要及时采取相应对策解决突出问题，化解可能的误会与矛盾。中方需要调研巴基斯坦的实际需求，使走廊对接巴国家发展战略，重点帮助巴发展外向型产业，从根本上助力巴摆脱发展困境。在新冠肺炎疫情背景下，中方可考虑适当延长巴方贷款偿还期限，大量招聘巴方民众参与走廊建设，以解决巴就业问题，亦提升巴民众对走廊的认可度。此外，中巴需要增强人文交流，促进民心相通。中方需要大力促进与巴基斯坦在文化、教育、媒体、智库、卫生、旅游等领域的交流，为中巴经济走廊建设创造良好的舆论氛围。

## 三、建立中巴高级别人文交流对话机制的意义、路径与方案

中外人文交流机制是我国与世界各国人民沟通与交流的平台。中国需要利用这个平台“讲好中国故事，传递中国好声音”，同时也愿意倾听世界的

① 张杰、徐瑞：“试析巴基斯坦对‘中巴经济走廊’的立场及对策”，《当代世界》，2018 年第 1 期，第 35—36 页。

② 温琪：“巴基斯坦恐怖组织对中巴经济走廊的看法及影响”，《军事文摘》，2017 年第 2 期，第 36—37 页。

声音，增进对其他民族语言、文化的了解与互鉴，做世界各文化人文交流的促进者。21 世纪以来，我国有规划、有步骤、有实效地推进中外人文交流机制建设，打造中华文明与世界文明互鉴舞台。自 2000 年中国与俄罗斯建立“中俄教文卫体合作委员会”（2007 年 7 月更名为“中俄人文合作委员会”）以来，我国已建立了 10 个中外人文交流机制。他们分别是中俄人文合作委员会、中美人文交流高层磋商机制、中英高级别人文交流机制、中欧高级别人文交流对话机制、中法高级别人文交流机制、中—印尼副总理级人文交流机制、中—南非高级别人文交流机制、中德高级别人文交流对话机制、中印高级别人文交流机制、中日高级别人文交流磋商机制。已有的中外高级别人文交流机制充分发挥引领作用，逐步形成了高层支持、官民并举、多方参与的中外人文交流格局，涵盖了教育、科技、文化、卫生、体育、广电、媒体、旅游、妇女、青年、档案和地方合作等多领域。然而，目前中外人文交流机制涵盖地域不够，主要为中国与西方国家所建立，与非西方国家的双边人文交流机制薄弱。作为中国的传统友邻、全天候战略合作伙伴以及“一带一路”建设中的重要节点国家，巴基斯坦应该成为我国对外人文交流机制扩容的对象国家。

### （一）建立中巴高级别人文交流对话机制的意义

近年来，中国政府大力提倡扎实推进与周边国家的公共外交和中外人文交流。2017 年 7 月，中共中央总书记、国家主席、中央军委主席习近平主持中央全面深化改革领导小组会议审议通过了《关于加强和改进中外人文交流工作的若干意见》，标志着人文交流作为国家外交的重要组成部分，如同政治、经济一样日益成为维系国家间关系的重要力量。中国与巴基斯坦是“患难与共、同舟共济”的好邻居、好朋友、好伙伴、好兄弟，两国建立高级别人文交流对话机制具有重大意义。

首先，中巴高级别人文交流对话机制有利于建立起中华文明与巴基斯坦文明交流互鉴的网络。中华文明源远流长，与印度次大陆文明形成了广为传颂的交往佳话。独立建国后的巴基斯坦形成了以伊斯兰文明为核心的伦理价值体系，同时带有鲜明的印度河流域文化特色。中巴高级别人文交流机制可以扩大中国文化“走出去”与巴基斯坦文化“请进来”的规模，促进两地文明交流互鉴。在文明交流中，既宣传中华文明，让巴基斯坦人民了解真实、立体与全面的中国，也感受巴基斯坦文明的魅力。通过中巴文明间的碰撞与互鉴，可望结出更多智慧与文化果实。中巴富有成效的人文交流成为中国与伊斯兰世界交往的战略支撑，是华夏文明与伊斯兰文明交往与对话的重要桥梁。[①]

其次，中巴高级别人文交流对话机制有利于中国与巴基斯坦之间信任关系的建立、维系与加强。国家间信任关系的构建是一个长期的过程，建立在相互了解和相互尊重的基础之上。中巴高级别人文交流对话机制确保持续而有效的沟通，极大地促进两国的相互了解和相互尊重。两国信任关系的维系与加强并不简单是双边经贸、政治关系密切的体现，而是两国民众在心理层面上对彼此文化价值观的相互认同。中巴在经济联系相对脆弱的同时，仍能保持政治安全领域的密切合作，两国人民深厚的传统友谊以及两国政府、领导人之间的高度互信在其间发挥了重要作用。中巴关系中友谊的力量战胜了市场法则。[②]然而，长期以来，西方知识界与媒体界在话语霸权下任意刻画发展中国家形象，对中巴之间的相互了解造成负面影响。而中巴高级别人文交流对话机制可以促进中巴直接面对面的交流，而不是从西方视角打量彼此，继续夯实两国信任关系的民意基础。同时，随着社会主流精英和民众的代际更替，年轻一代对中巴传统友谊的认知可能比较淡漠，只有通过机制化的人文交流才能维系两国传统友谊的传承，并维系、增强两国之间的信任关系。[③]

最后，中巴高级别人文交流对话机制有利于中巴经济走廊的顺利推进。中巴经济走廊是“一带一路”建设的旗舰项目和样板工程，惠及两国人民乃至地区一体化发展。巴基斯坦可以成为贯穿中国与印度洋地区和海湾地区的“商品和能源走廊”，在中国企业参与全球竞争和中国的能源安全上发挥有力的促进作用。巴基斯坦在中国的大周边外交布局中享有举足轻重的地位，是连接“一带”和“一路”的重要节点国家。但是，中巴经济走廊不断遭到分离主义、极端主义和恐怖主义三股恶势力的威胁，造成了相当的财产损失与人员伤亡。为了推动中巴经济走廊向高质量发展，中巴两国需要开展积极

① 叶海林：《吹过开伯尔的风：理解巴基斯坦》，山东大学出版社，2010 年版，第 216 页。

② 同上，第 215 页。

③ 闵捷：“‘一带一路’与中国巴基斯坦人文交流”，《新丝路学刊》，2017 年第 1 期，第 95—96 页。

的人文交流，增信释疑，化解矛盾，让“人文关怀、包容互鉴、和谐共生、创新发展”理念融入两国人民心中。

## （二）建立中巴高级别人文交流对话机制的路径与方案

在中巴高级别人文交流对话机制构建中，应该以前期中外人文交流工作成果为基础，结合中巴两国的国家发展与外交政策，有计划、有目标地开展中巴高级别人文交流对话机制构建工作，实现人文交流活动的全覆盖。

第一，中巴高层引领，进行人文交流机制建设的战略规划与宏观布局。中巴两国建交以后积极倡导文化领域的交流合作，1965 年两国政府签订了《中巴文化合作协定》并签署了第一个年度文化交流执行计划，此后依次商签过二年度、三年度、四年度、五年度执行计划。进入 21 世纪以来，中巴两国高层日益重视人文交流与合作。2006 年穆沙拉夫总统访华期间，双方关注焦点由政治安全为核心的“高级政治”转向以经济文化为主要内容的“低级政治”领域。[①]2013 年李克强总理访问巴基斯坦，双方将 2015 年确定为“中巴友好交流年”。2015 年习近平主席访问巴基斯坦前夕，在巴基斯坦《战斗报》和《每日新闻报》同时发表题为《中巴人民友谊万岁》的署名文章，特别强调中巴两国人文交流的重要性。在中巴高层共识引领下，两国政府各部门负责协调相关工作，尽快制订中巴人文交流工作计划，设计近期、中期和远期目标，进行全面的战略布局。

第二，以人员交流为抓手，打造文明互鉴基石。人文交流主要包含三个层面的交流，即人员交流、思想交流和文化交流，目的是促进两国人民之间的相互了解与认识，从而塑造相互文化认同和价值认同。中巴高度互信关系的确立与维系有赖于两国人文交流的有效开展，但是中巴形象互构很大程度上由双边政府和媒体宣传，而不是通过两国民众密切交往而生发。因此，对中巴高级别人文交流对话机制而言，既要强调国家和政府在对外交流中的主导作用，更要突出民间团体及民众的参与性、互动性和广泛性。

第三，发挥智库在中巴人文交流机制构建中的特殊角色。智库交流与合作是中国与巴基斯坦人文交流的重要组成部分，同时又为推动双方其他领域人文交流献计献策。为了扩大双方人文交流的群众基础，提升双方人文交流

① 叶海林：《吹过开伯尔的风：理解巴基斯坦》，山东大学出版社，2010 年版，第 226 页。

的水平和层次，中巴智库需要进一步挖掘双方人文交流的潜力，开辟更多创新型的交流途径。具体看来，智库可以通过四方面工作促进中巴人文交流，夯实中巴两国民众的战略互信：一是智库为两国政府对外交往提供政策建议；二是中巴智库可以通过机制性合作促进相互交流；三是智库应该利用专业知识引导两国媒体报道取向；四是智库推动中巴学术共同体建设提升国际话语权。①

第四，明确合作领域。在已有的 10 大中外人文交流机制构建的过程中，教育、文化、青年、体育成为主要的合作领域。双向交流的留学生、科研人员、文化和艺术工作者、运动员、游客都是中外人文交流的重要依托。其中，青年肩负着世界发展的方向，是实现“国之交在于民相亲”最重要的支柱力量。在进一步拓展中巴人文交流机制构建的过程中，应将青年作为最重要的工作对象，有针对性地开展有助于中巴青年交流相关的长效活动。2018 年中巴联合声明中明确要成立中巴青年交流委员会。根据巴基斯坦特殊国情，中方吸纳巴基斯坦社会文化特色和优势，有针对性地开展人文交流活动。中巴人文交流大有可为的领域包括文化、教育、媒体、智库、旅游、卫生等。

综上所述，本书主体部分以中巴文化交流、教育交流、智库交流、媒体交流、医疗卫生交流、旅游交流等为主题，对建交以来尤其是“一带一路”建设背景下的中巴人文交流进行全方位的思考，力图揭示中巴人文交流的现状和面临的诸多复杂问题，并尝试提出有针对性的解决方案。

① 王伟华：“信任构建与中国—南亚人文交流”，《东南亚南亚研究》，2013 年第 4 期，第 62—64 页。

# 第一章
# 中巴文化交流与合作

中国与巴基斯坦的文化交流源远流长，两千多年前两国人民就开始了友好往来，今日巴基斯坦境内的佛教圣地塔克西拉还保存着中国唐代高僧玄奘讲经的遗址。自1951年中华人民共和国和巴基斯坦伊斯兰共和国建交以来，两国政府积极倡导文化领域的交流与合作。中巴两国政府签订《中巴文化合作协定》及执行计划，设立文化中心助力文化交流，鼓励中巴文艺团体互访，加强两国文化作品互译与双向传播，开展考古文博交流与合作。这些举措为“一带一路”建设背景下的中国与巴基斯坦人文交流注入了强劲的动力与新鲜的“血液”。本章对此进行初步的探索和分析。

# 一、中巴文化交流与合作倡议

1951年5月21日，中国与巴基斯坦建立外交关系，双方政府积极倡导文化领域的交流合作。1965年3月26日，中国与巴基斯坦签订了《中巴文化合作协定》，并于同年签署了第一个年度文化交流执行计划。1979年，中巴两国商量签署每二年度文化交流执行计划。1997年起，两国将每二年度文化交流执行计划改为每三年度交流执行计划。2011年，中巴文化交流执行计划调整为每四年度执行计划，两国签署了2011—2014年文化交流执行计划。2018年，中巴文化交流执行计划再次调整，变更为每五年度交流执行计划，两国签署2018—2022年文化交流执行计划。为了推动中巴经济走廊沿线文化交流，2016年4月3日，中国华夏文化遗产基金会和中巴经济走廊委员会在巴基斯坦信德省卡拉奇市签订“中巴文化走廊”合作谅解备忘录，决定在文化遗产保护、传媒、互联网以及汉语言教学培训等方面进行合作。[①]双方商定，通过共同搭建文化合作平台，发挥各自优势整合文化资源，官民共建中巴文化走廊，使中巴经济走廊成为“一带一路”的典范。

在《中巴文化合作协定》及执行计划的指导下，两国始终保持着互派文

① “中国和巴基斯坦签订‘中巴文化走廊’合作谅解备忘录”，国际在线，2016年4月5日，http://news.cri.cn/201645/20ea5f11-885c-d9af-88b5-77a9c63a29d7.html。

化团组访问和定期举办展览的文化传统。进入 21 世纪以来，两国文化交流更加密切。2006 年穆沙拉夫访华后，两国高层更加关注以经济文化为主要内容的“低级政治”领域。中巴双方将 2015 年确定为“中巴友好交流年”，并举办了系列大型文化展览活动。2015 年习近平主席访问巴基斯坦，在巴媒体发表《中巴人民友谊万岁》的署名文章，特别强调中巴两国人文交流的重要性。他在文中表示，“我们要把两国人文交流更紧密联通起来，推动文明对话。两国应该把良好政治关系转化为人文交流的动力，打造不同文明交流互鉴、友好合作的样板。今年是中巴友好交流年，双方要精心组织、密切配合，办好系列庆祝活动。双方要扩大人员往来、语言培训、青年交流、地方友城、传媒和智库合作，让中巴友好扎根基层，让两国人民的心灵更加贴近”。[①]

2018 年 2 月 5 日，中国文化部部长雒树刚与到访的巴基斯坦新闻广播与文化遗产部部长玛利亚姆·奥朗则布代表双方政府，共同签署新一轮《中华人民共和国和巴基斯坦伊斯兰共和国政府文化合作协定 2018—2022 年执行计划》。该执行计划规划了未来五年中巴在文化、教育、影视、出版、体育等领域的交流与合作。雒树刚高度评价中巴文化关系的发展，建议双方加强“一带一路”文化建设合作，实施好中巴文化合作协定执行计划，充分发挥巴基斯坦中国文化中心的作用，共同推动中巴文化关系的持续发展。玛利亚姆·奥朗则布表示巴基斯坦政府高度重视对华文化关系，赞赏中国文化部为推动两国文化交流发挥的重要作用，支持“一带一路”倡议的实施，积极参与“一带一路”文化建设，深化务实合作，促进民心相通。[②]这一协议与“一带一路”倡议的愿景有关，涉及两国间的文化交流和民间友好。中巴文化交流执行计划的首要内容就是两国教育与民众的交流沟通，不仅要进一步促进两国文化交流的研究与发展，而且要促进两国人民尤其是青年之间在文化上的交流。此次中巴文化交流执行计划还涉及电影、旅游以及两个国家的文化遗产规划，巴方期待在中国展播电影、摄影作品以及其他一些文化产业成果，以增强两国人民之间的联系与了解。[③]

① “习近平在巴基斯坦媒体发表署名文章：中巴人民友谊万岁”，《人民日报》，2015 年 4 月 20 日。

② “中巴签署文化合作协定执行计划推动两国文化关系持续发展”，2018 年 2 月 14 日，https://www.sohu.com/a/222693816_120802。

③ 殷晓霞、刘梦雅：“中巴文化合作协定执行计划彰显‘一带一路’倡议愿景”，2018 年 2 月 28 日，http://cn.chinagate.cn/news/2018-02/28/content_50623383.htm。

为了密切中巴地方各层级的经济文化联系，两国共同提出了友好省份和友好城市的倡议。1984 年中国商业中心上海宣布与巴基斯坦经济中心卡拉奇结成友好城市，1985 年乌鲁木齐市与白沙瓦市结成友好城市，1992 年巴基斯坦历史文化名城拉合尔与中国历史文化名城西安结成友好城市。21 世纪以来，中巴更多城市建立了友好关系，成都市与拉合尔、烟台市与拉合尔、沈阳市与卡拉奇、青岛市与卡拉奇、喀什与阿伯塔巴德市、珠海市与瓜达尔市、克拉玛依市与瓜达尔市、濮阳与瓜达尔分别结为友好城市。同时，中巴多个省份建立了友好关系，新疆维吾尔自治区与开普省、江苏省与旁遮普省、四川省与旁遮普省、山东省与旁遮普省、湖北省与信德省建立友好省际关系。

2018 年巴基斯坦总理伊姆兰·汗访华期间，中巴两国领导人共同发表关于加强中巴全天候战略合作伙伴关系、打造新时代更紧密中巴命运共同体的联合声明，双方决定将 2019 年定为中巴友好城市年，推动建立更多友好省市关系，加强两国地方负责人之间的交流和对话。2019 年 3 月 28 日，中国、巴基斯坦友好省市合作论坛在北京举行，不仅落实了中巴领导人会晤达成的共识，也进一步推动了两国地方政府间的交流与合作。此次论坛以“深化务实合作促进共同发展”为主题，就促进中小企业发展、推动城市规划与发展、加强职业培训交流合作等双方共同关心的议题进行了深入探讨和交流。为有效落实会议成果，两国代表共同发出倡议：（1）以中巴友好城市年为契机，进一步加强两国地方政府务实合作，拓展合作的广度和深度，打造新时代更加紧密的中巴命运共同体。（2）增进中巴友谊，推动建立更多中巴友好省市，夯实中巴地方政府合作基础。（3）秉持“共商、共建、共享”原则，加强经贸合作，深化互联互通和产能合作，助力中巴经济走廊建设。（4）积极发挥地方优势，寻找利益共同点，在合作共赢的基础上推进地方人文交流的可持续发展。在中巴官方与民间着力推动下，截至 2021 年 10 月中巴两国共结成 9 对友好省份和 20 对友好城市。①

另外，中国官方媒体积极行动起来，推动两国文化交流倡议落地，真正扮演两国“文化联姻的媒人”。中国中央电视台的英语新闻频道、纪录国际频道在巴基斯坦开播，中国国际广播电台在巴基斯坦设立了“FM98 中巴友谊台”工作室。中巴两国在文化领域的交流合作不仅成为增进两国人民相互

① 2021 年 10 月 23 日巴基斯坦驻华大使莫因·哈克在“2021 中巴合作国际会议”上的致辞。

理解的桥梁，同时也为新时期中巴经济走廊建设以及其他全方位深入合作提供了现实可能性。

## 二、巴基斯坦中国文化中心

### 1. 巴基斯坦中国文化中心

中国和巴基斯坦两国政府于2010年签署互设文化中心谅解备忘录。2014年9月巴基斯坦中国文化中心（China Cultural Center in Pakistan, CCCP）投入试运行。2015年4月20日，中国国家主席习近平和巴基斯坦总理谢里夫在伊斯兰堡总理府为中国文化中心揭牌。2016年5月，中巴两国代表签署场地租借协议，中国文化中心正式落户巴基斯坦国家艺术委员会综合楼。2017年4月25日，巴基斯坦中国文化中心举办场地启用仪式。巴基斯坦中国文化中心是中国在南亚设立的第二个文化中心[①]，标志着中巴人文交流进入新的发展阶段。中国文化中心试运行以来，开展了大量促进中巴文化友好交流的活动。仅2017年，中国文化中心共举办各类文化活动38场，参与人数累计达3.6万人次，增强了中国在巴基斯坦的文化影响力。

2015年1月20日，在中国文化中心大力支持下，“中国—巴基斯坦艺术家采风创作展”在巴基斯坦国家艺术委员会开幕。巴基斯坦新闻广播与文化遗产部常秘穆罕默德·阿扎姆，中国驻巴基斯坦文化参赞张英保和当地艺术界、学术界等100多人出席了开幕式。此次展览是2013—2014年间10多位中国和巴基斯坦优秀艺术家前往对方国家进行的采风创作，包括《巴基斯坦画家眼中的中国》画展、《中巴友谊回顾图片展》等。为了庆祝2015中巴友好交流年，巴基斯坦中国文化中心举办了多种形式的文化交流活动，比如中巴友好年启动仪式文艺演出、欢乐春节——青海艺术团演出、欢乐春节进校园、中华美食之夜、中巴友好人士新春茶话会，以及武术、厨艺培训班等。[②]中巴友好年系列文化活动内容丰富、形式多样，受到当地公众和中外

① 2014年9月揭牌的斯里兰卡中国文化中心是中国在南亚地区设立的首个文化中心。

② 巴基斯坦中国文化中心，2015年3月10日，http://cn.cccweb.org/portal/pubinfo/001002002/20150310/277796b650e640169568ceaff47292c5.html。

媒体的高度评价，促进了两国人民间的彼此了解，增进了中巴友谊。2016年，中国文化中心承办了庆祝中巴建交65周年大型文艺演出、庆祝建国67周年中巴艺术联展、欢乐春节文化活动等一系列文化活动。

2017年4月25日，巴基斯坦中国文化中心举办场地启用仪式的同时举办了音乐会。中国驻巴基斯坦大使孙卫东在致辞中表示，中巴两国有着深厚的传统友谊，随着中巴经济走廊建设的不断深入，两国全天候战略合作伙伴关系进一步加强，文化作为桥梁和纽带，深化了中巴人民的友好情谊，拉近了两国人民心与心的距离。孙大使向来宾们介绍了中心自揭牌以来在推进中巴文化交流方面取得的进展。孙大使表示，文化中心场地的正式启用，打造了一个文明互鉴、民心相通的平台和窗口，是中巴友谊的又一象征。中心将继续通过多种形式，向巴基斯坦人民介绍中国的文化和历史，展示中国人民对巴基斯坦的友好情谊。在建设中巴经济走廊和构建中巴命运共同体的过程中，人文交流将发挥更加重要的作用。巴基斯坦新闻广播与文化遗产部部长玛利亚姆·奥朗则布在致辞中对中心的正式启用表示热烈祝贺，感谢中国文化中心为巴基斯坦的青年提供了一个了解中国文化的机会。她希望两国的文化交流不断深化，友谊不断加强，中巴经济走廊作为两国友谊的纽带之一取得更大的发展。中国驻巴基斯坦大使馆文化参赞兼中国文化中心主任游翼主持启用仪式，并带领来宾们参观了中心展厅、多功能厅、教室和阅览室等设施，观看了《丝路新颜》图片展。在参观过程中，孙大使和玛利亚姆部长提笔用中文和乌尔都语分别写下了“中巴友好”，祝贺中心启用。来自辽宁歌舞剧院民乐团的20名乐手为现场400多名观众奉献了“爱尚中华国乐盛典”中国传统音乐会。威武雄壮的《龙舞丰年》、深情婉转的《新月牙五更》、风趣诙谐的《百鸟朝凤》和脍炙人口的巴基斯坦民歌《美丽的国土》深深地打动了观众。演出中，观众多次起立鼓掌，经久不息的掌声一直持续到下一曲目开始。音乐会使不少巴基斯坦观众对中国传统乐器产生了浓厚兴趣，他们纷纷在演出结束后和演员合影留念。[①]

2019年9月27日，为庆祝中华人民共和国成立70周年，中国驻巴基斯坦大使馆、中国文化中心和中国电影股份有限公司联合在巴基斯坦国家艺术委员会举办“中国电影日”开幕式，中国驻巴基斯坦大使馆文化参赞兼中

---

① “巴基斯坦中国文化中心举办场地启用仪式暨民乐音乐会”，2017年4月28日，http://pk.chineseembassy.org/chn/zbgx/wenhuafuwu/t1457698.htm。

国文化中心主任张和清致辞。“中国电影日”期间免费展映《中国超乎你的想象》《美丽中国》《追梦人》《流浪地球》。影片反映了中国的壮丽山河、文化遗产、民俗风情、社会发展以及科技革新，让巴民众了解中国日新月异的变化，促进中巴文明互鉴，增进民心相通。

巴基斯坦中国文化中心多次与巴基斯坦当地文化教育机构联袂举办线下中国文化和旅游展览。2020 年 2 月、2020 年 11 月、2021 年 3 月中国文化中心分别在中心展厅、COMSATS 信息技术大学美术馆和白沙瓦“中国之窗”成功举办《古韵龟兹 · 丝路库车》大美新疆摄影展。同时中国文化中心在社交媒体推送“大美新疆”《古韵龟兹 · 丝路库车》《家园——新疆各民族生活》等展览和视频。① 这些活动让更多巴基斯坦民众和在巴外国留学生在欣赏大美新疆的同时，也了解了真实的新疆。

巴基斯坦中国文化中心围绕“文化活动、教学培训、思想对话、信息服务”等职能，举办演出、展览、讲座等各项文化活动，提供信息咨询、图书期刊借阅等服务，开展中国语言与文化技能培训。中国文化中心成为巴基斯坦人民体验中国文化的窗口，也是展示中国文化和中国形象的重要平台，将在深化中巴文化合作、增进两国人民相互理解中扮演桥梁角色。

### 2. 旁遮普—江苏文化中心

旁遮普地区自古以来就是南亚次大陆文明的摇篮。次大陆分治后，巴基斯坦旁遮普省是人口最多的省，占有全国人口的 56%。旁遮普省也是巴基斯坦高等教育重地，拥有 32 所大学。2014 年旁遮普省识字率为 74.6%，在巴基斯坦各省中位居首位，其人力发展指数为 0.670，位居各省之首。旁遮普首府拉合尔是巴基斯坦的历史文化中心，也被称为大学之城。位于拉合尔的旁遮普大学是巴基斯坦著名的高等教育机构，培养了巴基斯坦几代领导人。巴基斯坦旁遮普省与中国江苏省结为“姊妹省份”，并共同创办了旁遮普—江苏文化中心（Punjab-Jiangsu Cultural Center,PJCC）。

旁遮普—江苏文化中心位于拉合尔，是旁遮普省的第一个中国文化中心，服务于旁遮普与江苏人民之间的文化交流。目前，该文化中心由旁遮普省语言、艺术和文化委员会管理。为了加强江苏省与旁遮普省之间的文化联

① “巴基斯坦中国文化中心力推‘大美新疆’”，2021 年 4 月 13 日，https://www.163.com/dy/article/G7E33BFK0514A015.html。

系，江苏省政府派出了汉语教师，建立了演讲厅、图书馆、礼堂和中国博物馆，展出跟江苏相关的手工制品、艺术品、文化产品和文学作品。除了资助旁遮普省与江苏省之间的学生交流，旁遮普—江苏文化中心还开设了汉语课程，帮助旁遮普人民学习汉语，组织了各种文化活动，比如烹饪课程、中国国画课等，加深两国人民的了解与社会联系。该中心成为旁遮普年轻人学习汉语和了解中国文化的重要教育文化窗口。①

## 三、中巴文艺团体互访与交流

中国与巴基斯坦虽是不同社会制度的国家，两国人民信仰也不同，但由于两国政治友好，双边文化交流照样频繁。20 世纪 70 年代，我国文艺团体经常赴巴演出。其中杂技表演最为直观，观众不需要语言都能看得懂。武汉杂技团、沈阳杂技团、北京杂技团等都曾访巴演出，受到巴国民的热烈欢迎。歌舞团也不例外，特别是新疆歌舞团经常到巴访问演出，加深了巴民众对我国少数民族聚居区的文化了解。中巴积极探索体育方面的交流，我国羽毛球、乒乓球、篮球等项目教练赴巴执教，巴方则为我国训练曲棍球队。遗憾的是，我国体育强项体操和跳水却不能在巴施教，因为巴基斯坦国民信仰伊斯兰教，女性普遍着装长袖衣裤，不宜从事裸露四肢的体育项目。虽然古代莫卧儿王朝的宫廷画闻名于世，但现代巴基斯坦绘画艺术发展缓慢，主要原因是巴社会伊斯兰化保守趋势严重，伊斯兰教反对肖像崇拜，古兰经只有文字没有图画，连真主阿拉以及十二先知都没有画像。因此，巴基斯坦曾邀请我国友协画家林士庸访巴，走访了巴各大城市和农村采风，写生巴人物风土。林士庸回国后整理出版了一本巴基斯坦画册，人物栩栩如生，风土惟妙惟肖，装潢精美，受到巴国上下热烈欢迎和喜爱。巴总统、总理以至政府各部长等高官，将这本画册作为礼物送给贵宾，展现了中国绘画艺术影响力。②

20 世纪 80 年代中巴人文交流的盛事当属中国援建巴基斯坦体育综合设施。它坐落在伊斯兰堡中心地带，靠近玫瑰与茉莉公园，像一颗明珠镶嵌在

---

① BAI GUI & MUHAMMAD ARIF, “Exploring Channels of Cultural Communication between Pakistan and China”, *Media Watch*,7 (2) 2016, pp.190-191.

② 宋德亨：“在巴基斯坦的岁月”，载唐孟生、安启光编：《亲历巴基斯坦》，经济日报出版社，2012 年版，第 166 页。

伊斯兰堡。该项目包括可容纳5万名观众的体育场和有1万个座位的体育馆，还有运动员宿舍和练习馆，建筑总面积72000平方米。经过中巴双方工程技术人员和工人的艰苦努力，1984年10月体育综合设施的工程全部竣工。10月21日，齐亚·哈克总统亲自出席了体育综合设施的竣工仪式，同时举行了第五届亚洲乒乓球锦标赛的开幕式。巴政府官员和各界人士以及各国体育代表团盛赞这项体育工程，这是中巴两国人民合作取得的又一个丰硕成果。[①]另外，1986年中国和巴基斯坦互派艺术团，举办巡回图片展，共同拍摄电视剧《路之情》。

1991年5月21日是中巴建交40周年，作为庆祝活动的一部分，山东省济南杂技团赴巴访问演出。5月20日和21日，杂技团在首都伊斯兰堡演出了两场，受到巴观众的热烈欢迎。5月24日，杂技团赴拉合尔演出，旁遮普省文化部部长为济南杂技团举行欢迎晚宴。5月25日，杂技团举行首演，演出大厅里座无虚席。杂技演员的精彩表演令当地观众佩服不已。中国杂技团访巴演出一度引起轰动，旁遮普省和拉合尔市的高级官员、各界名流、工商巨子、文艺界人士以及普通市民连续两天观看演出。这次济南杂技团表演的每一个节目，如高台定车、高车踢碗、口技、顶碗、飞车展翅等，都得到观众的热热喝彩。杂技团的访问演出烘托出两国建交40周年的热烈气氛，使中巴两国人民能面对面地接触、交流，大大增进了彼此的友好情谊。[②]1993年11月17日，中国沈阳杂技团在拉瓦尔品第举行首演。[③]

2005—2006年，中国中央电视台、北京科学教育电影制片厂、中国玄奘研究中心组织了大型文化考察活动“玄奘之路”。该活动是迄今为止以集体方式，大规模对玄奘西行取经之路进行考察和追访的活动。文化考察队包括专家、学者、媒体和社会各界知名人士，驾车沿着玄奘西行路线，进行访古考察和文化采风活动，并拍摄纪录片和专题片，与沿途国家包括巴基斯坦展开文化学术交流活动。在2005年8月举行的活动开幕式上，巴基斯坦驻

---

① 王传斌：“在驻巴基斯坦使馆”，载唐孟生、安启光编：《亲历巴基斯坦》，经济日报出版社，2012年版，第16—17页。

② 邓俊秉：“亲如一家”，载唐孟生、安启光编：《亲历巴基斯坦》，经济日报出版社，2012年版，第74—75页。

③ 周刚、邓俊秉：“最真挚的友谊”，载唐孟生、安启光编：《亲历巴基斯坦》，经济日报出版社，2012年版，第54页。

华使馆参赞阿维斯·艾赫迈德·汗先生发表了热情洋溢的致辞。[①]2006年，巴基斯坦伊斯兰堡和拉合尔举办了新疆文化周。新疆图片展、新疆少数民族服饰展、维吾尔语书法展等文化形式展现了新疆人文气息和建设成就，新疆艺术团为巴民众进行了多场具有民族特色的表演，巴基斯坦电视台播放新疆宣传片。新疆文化周活动加深了巴基斯坦人民对中国的友情，促进了两地民心相通，加快了两国文化产业合作步伐。[②]

2013年11月，"中华名人展"在巴基斯坦开幕，重点介绍了宋庆龄、李大钊、鲁迅、郭沫若、茅盾、老舍、徐悲鸿、梅兰芳等人的生平事迹。中国驻巴基斯坦大使孙卫东、巴基斯坦科技部部长扎希德等出席开幕式。孙大使表示，此次展览是中巴人文交流与合作的重要组成部分，将帮助巴民众更全面、深入地了解中国的灿烂文化和民族精神。扎希德表示巴方高度重视中巴人文交流与合作，此次展览将进一步加深巴方对中国近现代历史与文化的认知与了解，为发展中巴友谊增添人文动力。[③]

2015年9月2日，河南省豫剧院二团的经典剧目《程婴救孤》赴巴基斯坦公演，取得了巨大的成功。《程婴救孤》改编自元杂剧《赵氏孤儿》，讲述了春秋时期晋国忠烈名门赵氏被奸臣陷害惨遭灭门，唯一的骨肉被托付给程婴。程婴为保全赵氏孤儿牺牲了自己的亲生骨肉。从此，程婴独自走上一条千秋忠义的漫长路……《程婴救孤》在巴基斯坦的演出反响空前，掀起了一股中国文化热潮。伊斯兰堡安全形势并不稳定，但是这并没有阻止巴民众前来看剧的热情。在荷枪实弹严格保护下的巴基斯坦国家艺术委员会剧场内，纷飞的泪水与如雷的掌声交相辉映。演出结束后，一批又一批观众走上舞台，争相与演员们合影、交流，久久不愿离去。公演第二天，伊斯兰堡主流媒体对演出盛况进行了集中报道，甚至将其与天安门广场阅兵相提并论。除了作品本身的魅力外，《程婴救孤》在巴基斯坦的公演成功还源于以下原因：一是该剧符合巴基斯坦的宗教文化习惯。由于历史传统和宗教信仰的缘故，巴基斯坦民众对公共文化活动持比较严肃、认真的态度，反感现代西方

① "大型文化考察活动'玄奘之行'近日启动"，《现代传播》，2005年。

② 杜江、于海凤、王海燕："中巴经济走廊背景下中巴文化产业合作：现状、路径选择与对策"，《南亚研究季刊》，2019年第3期，第45页。

③ "中华名人展在巴基斯坦开幕 中巴加强人文交流与合作"，2013年11月15日，http://news.163.com/13/1115/11/9DNH5JMO00014JB5.html。

崇尚的薄、透、露以及纯粹娱乐性的节目。中国传统戏剧服饰规范，表现含蓄，与巴审美情趣有相似之处，不会对巴观众造成心理冲击和文化障碍。二是《程婴救孤》在巴演出之前，剧情和台词均已翻译成英文，有助于巴基斯坦民众提前熟悉剧情，观看时更好地产生了情感共鸣。三是中巴经济走廊建设拉近了巴民众与中国人及其文化的距离。随着中巴经济走廊建设的推进，巴方从中资企业及中方员工身上看到自强不息、坚韧顽强、重信守义、勇于担当等中华民族优秀品格，而这些也是《程婴救孤》剧情传达给观众的信息。[①]《程婴救孤》不仅是豫剧和中原文化的一朵奇葩，而且已经成为民族戏曲和中国文化的一张名片，成为让世界聆听中国声音的一个动人音符。在编剧陈涌泉看来，程婴不单单是民族大义或民族精神的道德符号，而是民族精神、人格力量和理性光辉三者的统一，展示了困境中的生命极限和人类不可战胜的刚毅与坚强。该剧以巨大的情感力量触及了最深处的人性，超越了时空、民族和文化差异而具有普遍价值。《程婴救孤》海外公演获得广泛认可，是我国在和平与发展时代展示给世界的核心理念，也是在全球化时代维系和促进文化多样化发展的重要元素。

2016 年 8 月 28 日，中外友好国际交流中心和英杰硬石艺术博物馆共同接待了来自“2016 中巴经济走廊治理能力建设研修班”的 21 位巴方代表。巴方代表参观奥加美术馆举办的李英杰先生藏画展，欣赏英杰硬石艺术博物馆的馆藏硬石作品，还参加了一场中国婚礼。三个环节的活动安排拉近了中巴朋友间的距离，令活动氛围异常轻松活跃。活动后，中外友好国际交流中心主任柯志华表示，“一带一路”和中巴经济走廊建设的成功，需要多方面的努力，人文交流是最基础性的工作，是确保民心相通、构筑命运共同体的保障；中巴人文交流中要非常注重两国企业的作用，注重发挥两国艺术家的影响，注重双方的交流互动和共同参与，注重广大民众的期待和需求。研修班巴方代表、巴基斯坦工商联合会副主席扎法尔·巴克塔瓦里先生在活动感谢致辞中表示，中巴文化交流悠久而紧密，伊斯兰文明与中华文明长期和平共处、共同繁荣，今天必须让两国人文交流与经贸等其他领域交流并驾齐驱；除了两国的深厚政治友谊，巴基斯坦民众非常希望了解当代中国的文化发展。他积极倡议建设“中巴文化走廊”，欢迎中国文化企业到巴基斯坦进行交流、

① 穆海亮：“中国戏剧唱响世界舞台——豫剧《程婴救孤》赴泰国、巴基斯坦公演成功的文化启示”，《中国戏剧》，2015 年第 11 期，第 54—57 页。

寻求合作。①

2017年3月22日，巴基斯坦驻华大使馆与世界和平基金在中国国家博物馆共同组织了长达一周的“巴基斯坦艺术、文化和遗产展览”，庆祝巴基斯坦独立70周年和中巴建交66周年。此次展览主要是巴基斯坦著名艺术家吉米·恩吉里尔（Jimmy Engineer）以巴基斯坦历史、独立、景观、建筑为题材的100多幅作品。吉米·恩吉里尔不仅是著名的艺术家，而且是慈善家，在巴基斯坦乃至国外赢得广泛尊敬。吉米·恩吉里尔创作了3000幅绘画及1000多幅书法作品，大约50万复制品被世界上60多个国家的私人所收藏。巴基斯坦驻华大使马苏德·哈立德在致辞中表示，相信巴基斯坦著名艺术家的作品有助于促进中巴文化关系，认为作品中有关中国领导人、哲学家、科学家、诗人、演员和运动员的铅笔画展示了巴基斯坦艺术家对中国和中国人民的热爱和感情。这是中国国家博物馆第一次展览巴基斯坦艺术家的作品，中巴友协主席沙祖康在展览会上表示非常高兴看到巴基斯坦艺术家的作品在北京展览，中国与巴基斯坦长期保持友好关系，这种铁杆弟兄情谊是国际关系的典范。他还说中巴全天候友谊基于互相理解、互相信任，相互支持共克时艰。沙祖康表示，中国和中国人民不会忘记巴基斯坦在困难时刻予以的支持，艺术与文化交流对于提升两国人民友谊非常重要。他希望两国可以安排更多文化艺术展览，以便继续提升现存友谊，加强人文交流。吉米·恩吉里尔对于在北京举办展览感觉非常荣幸，表示展览是为了向中国和中国人民传达来自巴基斯坦的友爱与和平。他认为此次展览中的创造性作品有助于中国人民了解巴基斯坦的文化与风光，同时希望借由其丰富的社会工作经验服务于中国人民。②

2017年底，中国文化部、巴基斯坦新闻广播与文化遗产部及巴基斯坦国家艺术委员会共同策划了“中巴经济走廊文化大篷车”活动，作为“一带一路”倡议的重要延伸项目。2017年12月23日，巴基斯坦国家艺术委员会主席贾马尔·沙率领巴基斯坦代表团一行四人乘机抵达西安，拉开了“中巴经济走廊文化大篷车”项目西安段采风活动的序幕。2018年2月25日，“中

---

① “建设中巴文化走廊 21位巴基斯坦代表亲密接触中国文化”，2016年8月30日，http://intl.ce.cn/specials/zxgjzh/201608/30/t20160830_15408736.shtml。

② “Exhibition titled ‘Art, Culture, Heritage of Pakistan’ inaugurated”, *Balochistan Times*, 03/23/2017.

巴经济走廊文化大篷车节”在巴基斯坦国家艺术委员会开幕，期间进行了音乐表演、时装秀、摄影展和纪录片放映。中国驻巴基斯坦大使姚敬和巴基斯坦新闻广播与文化遗产部部长玛利亚姆·奥朗则布作为主宾出席了活动。姚大使在活动上表示，中巴经济走廊的成功取决于两国人民的互动与合作，文化合作可以增强两国人民联系，维持双边经济与政治关系。玛利亚姆·奥朗则布部长则表示中巴经济走廊的成功实施将为巴基斯坦国家带来繁荣，推动地区一体化发展。此次文化大篷车节以巴基斯坦“多尔鼓”伴奏的地方音乐舞蹈表演拉开序幕，期间举行了一场由中巴经济走廊文化大篷车的艺术家带来的大型艺术展。另外，大篷车文化节还发布了系列图书和研究报告，旨在记录、保护和推广丝绸之路和中巴经济走廊沿线各个群体的文化和艺术。文化节上播放了《大篷车之旅》的纪录片，展示了中巴摄影师和艺术家的作品，同时上映了电影制作人拍摄的中巴经济走廊青年竞技、纪录片和照片剪辑，每个项目针对中巴经济走廊沿线的一个城市，讲述它的文化、历史、景点和纪念碑。文化大篷车节上中巴音乐家表演传统音乐，与此同时文化摊位上展卖中国和巴基斯坦的美食、服饰、瓷器、壁挂和手工艺品。在讨论环节，来自中巴电视、戏剧和电影产业的艺术家纷纷表达了自己行业面临的机遇与挑战。①

为了持续深入策划“中巴经济走廊文化大篷车”项目，继续提高两国文化艺术学术研究水平，2018 年 5 月 24 日，“中巴经济走廊文化艺术研究所”落户西安工程大学。西安工程大学高岭校长、巴基斯坦国家艺术委员会贾马尔·沙主席、伊斯兰堡汉内卡达视觉与表演艺术学院阿姆娜·沙院长、西安工程大学新媒体艺术学院马冬院长等人参加了揭牌仪式。高岭校长对此次中巴合作给予充分肯定，贾马尔·沙主席为与西安工程大学再次合作感到非常高兴。研究所聘任贾马尔·沙主席为荣誉所长、马冬院长为执行所长。中巴经济走廊文化艺术研究所是基于中巴在时尚、新媒体及文化交流等领域的迫切需要而设立的，着眼于艺术类学科建设及发展的需要，推动中巴传统文化时尚化、国际化传播，致力于两国在“一带一路”合作背景下实现共赢、共荣局面。

“一带一路”倡议背景下，中巴两国的文艺团体不仅直接进行双边互访，而且在多边平台上共同交流与切磋。2018 年 9 月，第五届丝绸之路国际艺

① “CPEC Cultural Caravan Festival celebrates music, art and culture of China”, *Dawn*, 02/26/2018.

术节在中国陕西省举行，巴基斯坦派出25名代表组成的表演团参加艺术节。巴基斯坦在内的大约20个国家以及中国各省艺术团在为期两周的艺术节上带来83场舞台表演。同期还举行了“2018国际青年中国学家工作坊”“2018国际现代艺术周”“2018国际儿童戏剧周”“2018国际创新动漫和动画周”“2018丝绸之路长安大学生艺术节”。[①]2019年11月18日，首届国际伊斯兰堡艺术节开幕，来自中国、美国、法国、德国、俄罗斯、埃及、土耳其等34个国家的艺术家参加了为期13天的艺术节活动。艺术节主要负责人贾马尔·沙表示，艺术具有使人创新性且批判性地亲近自然和文化遗产的独特能力，可以团结和加强整体人类社会。[②]2019年3月，中国—南亚国际文化论坛落地云南，为云南深化对南亚国家的高层次、宽领域合作搭建了新平台。为推动疫情下中国与南亚各国的民间交流，保持人民间的友好往来，推动云南的对外开放、民间对外交往和国际友城工作，由中国人民对外友好协会和云南省人民政府主办、云南省人民对外友好协会和昆明市人民政府承办的第九届中国—南亚国际文化论坛系列活动，以“美丽家园”“美美与共”“智库论坛”“城市之光”等四个板块的小视频、云展览和视频会议等形式分期分批于2020年8—12月在线上举办。当前，“美丽家园——中国与南亚国家摄影展”已如期上线。本次展览展示了85位中国和南亚国家摄影家精心创作的111幅作品。摄影家们用镜头记录了中国与南亚各国的自然风光、人文景观、多彩生活及民俗文化，通过光影与色彩展现了绚烂多姿的亚洲文明，传递了民相亲、心相通，共促地区和平稳定、共建美丽家园的美好愿望。[③]为纪念中巴建交70周年，2021年8月1日，中巴多家机构在上合示范区国际贸易中心联合推出“犍陀罗的微笑”——走进巴基斯坦系列文化展。本次展览分为四大板块：犍陀罗文化古迹展、中巴建交70周年大事记、巴基斯坦古迹及人文地理片滚动放映区、巴基斯坦人文风光照片墙。同期，青岛国际啤酒节上合示范区分会场还举行了2021上合之夏“感受巴铁、多

① “Pakistan 25-member cultural troupe performing in 5th Silk Road Int’l Arts Festival”, *Balochistan Times*, 09/17/2018.

② “Artists of 34 countries including Pakistan to participate in Islamabad Art Festival”, *Balochistan Times*, 11/17/2019.

③ “美丽家园——中国与南亚国家摄影展线上开展”，云南省友协，2020年8月14日。

彩上合”巴基斯坦主题日活动。[①]此次文化展活动有助于加强中外人文交流、促进文化事业发展，亦有助于了解巴铁、了解巴基斯坦古代文化，是青岛市、上合示范区推动“一带一路”人文交流的有益探索。

## 四、中巴文学作品双向传播与文化产业合作

为了贯彻习近平主席在亚洲文明对话大会上提出的“中国愿同有关国家一道，实施亚洲经典著作互译计划”重要倡议精神，2021 年 1 月 5 日，中国与巴基斯坦相关部门签署《中华人民共和国国家新闻出版署与巴基斯坦伊斯兰共和国国家遗产和文化署关于经典著作互译出版的备忘录》。此次备忘录是中国与亚洲国家签署的第二份备忘录，[②]为 2021 年中巴建交 70 周年系列庆祝活动增添了色彩。中巴双方约定，未来 5 年将共同翻译出版 50 种两国“最为经典、最为重要、广受好评”的经典作品。中巴经典著作互译出版备忘录的签署和实施将为共建中巴命运共同体注入新的人文动力，为巩固中巴全天候友谊夯实人文基础。[③]近年来，中巴文化作品互译与传播取得初步成效，经典文学作品与影视作品的市场需求也开启了中巴文化产业合作的步伐。

2008 年宁夏人民出版社出版了北京大学乌尔都语教授孔菊兰的《巴基斯坦民间文学》。作者在阅读了大量原文作品的基础上，通过文本分析对巴基斯坦民间文学进行了归纳、分类，总结了巴基斯坦民间文学的性质、特征和功能，阐释了民间文学与宗教、民俗等的关系。2012 年辽宁少年儿童出版社出版了孔菊兰、唐孟生编撰的《巴基斯坦民间故事》。在前书的基础上，2018 年安徽文艺出版社联合作者重版《神奇的丝路民间故事：巴基斯坦民间故事》，供中小学生了解“一带一路”沿线重要节点国家巴基斯坦，通过精彩纷呈的民间故事展示巴基斯坦丰富多彩的历史与人文风貌。为了庆祝中巴建交 65 周年，巴基斯坦著名诗人哈立德・阿巴斯・阿萨迪用乌尔都语创作了诗集《巴中友谊颂》，内容涉及中国革命、建设、领导人、历史、文化、

① “‘走进巴基斯坦’系列文化展首展在青岛上合示范区启动”，《齐鲁晚报》，2021 年 8 月 2 日。

② 2020 年 12 月 8 日中国首次与亚洲国家新加坡签署经典著作互译出版备忘录。

③ “中国巴基斯坦签署关于经典著作互译出版的备忘录为共建中巴命运共同体注入新的人文动力”，中国驻巴基斯坦大使馆，2021 年 1 月 6 日。

外交政策、中巴关系等方面。中国的乌尔都语专家兼诗人张世选将诗集翻译成中文，并于 2016 年由人民文学出版社出版。《巴中友谊颂》诗集包含 16 首诗，热情歌颂中巴友谊，受到了中巴人民热烈欢迎和赞赏。[①]另外，2019 年，北京大学乌尔都语教师张嘉妹等精选乌尔都语优秀诗歌，翻译并出版了《“一带一路”沿线国家经典诗歌文库：巴基斯坦诗选》。

巴基斯坦资深外交官、巴基斯坦上海合作组织国家协调员扎胡尔·艾哈迈德（Zahoor Ahmed）翻译出版了乌尔都语版《三国演义》。《三国演义》作为中国四大古典名著之一，集中体现了中国传统价值观、人生观和世界观，是中国人民伟大智慧的展现。扎胡尔·艾哈迈德曾于 2010 年至 2013 年在巴基斯坦驻华大使馆担任公参，深感中国文化的博大精深，对中国古典名著《三国演义》情有独钟。他希望巴基斯坦读者能够通过乌尔都语版《三国演义》，深入了解中国文化和中国人民，促进中巴民心相通。乌尔都语版《三国演义》的翻译与出版在中巴两国文化界引发热烈讨论与高度赞赏，激发了两国民众对彼此文学作品及文化的浓烈兴趣。2018 年 12 月 3 日，扎胡尔·艾哈迈德在北京外国语大学做题为《中国和巴基斯坦的文化交流——从〈三国演义〉乌尔都文译本谈起》的报告，时任巴基斯坦驻华大使马苏德·哈立德、中巴友好协会会长沙祖康、《人民画报》乌尔都文版前主编张世选、北京外国语大学乌尔都语师生参与报告会。与会者纷纷就自己眼中的中巴关系、中国和巴基斯坦文学文化等进行了友好而坦诚的分享，推动了中巴人文交流。[②]

在 2019 年 9 月 27—29 日举办的第六届伊斯兰堡文学节上，乌尔都语版《三国演义》成为一大亮点。中国驻巴基斯坦大使馆文化参赞兼巴基斯坦中国文化中心主任张和清、巴基斯坦外交部辅秘、《三国演义》乌尔都语版译者扎胡尔·艾哈迈德出席文学节活动并参加乌尔都语版《三国演义》交流座谈活动。巴基斯坦著名作家、音乐策划萨里夫·阿万主持座谈会。张和清表示，加强中巴在古典文学方面的交流与合作，促进中巴经典互译是推动中巴人文交流的重要举措。中国驻巴基斯坦大使馆正与巴国家历史与文学遗产

① ［巴基斯坦］哈立德·阿巴斯·阿萨迪著：《巴中友谊颂》，张世选译，人民文学出版社，2016 年版。

② “中国和巴基斯坦的文化交流——从《三国演义》乌尔都文译本谈起”，北京外国语大学亚非学院，2018 年 12 月 3 日。

部探讨签署有关文件，为推动中巴经典文学作品互译构建体制机制保障。[①]《三国演义》这部文学经典，已深深扎根在亚洲国家人民的文化生活中，成为亚洲人民精神家园的一个组成部分。扎胡尔·艾哈迈德翻译的乌尔都语版《三国演义》，让巴基斯坦人民有机会阅读和欣赏到这部中华经典，为深化中巴友谊做出了巨大贡献。据主办机构估计，大约300名文学爱好者参与此次文学节。在问答环节，现场观众积极提问，对《三国演义》充满好奇。张和清和扎胡尔·艾哈迈德分别就读者关心的问题，与现场观众进行了互动交流和对话。[②]

随着中巴经济走廊建设的推进，中巴文化交流与传播的形式越来越丰富，影视文化作品的交流迅速发展起来。在新疆拍摄的动画片《天香公主》中融入了本地区的文化特色，受到巴基斯坦等“一带一路”沿线国家民众的欢迎。新疆制作的《足球小巴朗》动漫作品，成功入围第11届中国国际动漫节“金猴奖”，促进足球文化在中巴经济走廊沿线地区的普及与传播。中国产的电视剧《扶摇》通过文化贸易出口到巴基斯坦，并受到观众热追。[③]2017年，巴基斯坦国家艺术委员会成立电影俱乐部，计划每月向电影爱好者放映两部外国优秀影片。电影俱乐部开播的首场电影则是1999年中国潇湘电影制片厂摄制的优秀影片《那山那人那狗》，通过影视传播促进两国人民的文化沟通和相互了解。[④]在中国驻巴基斯坦大使馆的大力推动下，巴基斯坦电影《翱翔雄心》于2020年11月13日进入中国院线，成为过去45年来进入中国院线的第一部巴基斯坦影片，揭开了中巴影视交流与合作的新篇章。《翱翔雄心》由巴基斯坦莫米娜·杜莱德制片公司和哈姆影业联合出品，2018年公映时创造了巴基斯坦最高票房纪录。影片讲述了一群满怀爱国激情与年轻活力的飞行学员在经历种种挑战和磨难后，最终成长为巴基斯坦最优秀的战斗机飞行员的故事。中巴联合研发的第四代战斗机“JF-17”在电影中勇

① 2018年3月，中国驻巴基斯坦大使馆文化参赞游翼与巴基斯坦国家历史与文学遗产方面的总理顾问伊尔凡·希迪基达成协议，即中巴将扩大文学、艺术和文化领域的合作，将于次月在北京举行相关问题的对话。

② 邢立军：“乌尔都语版《三国演义》亮相第六届伊斯兰堡文学节”，中国驻巴基斯坦大使馆文化处，2019年10月3日。

③ 杜江、于海凤、王海燕：“中巴经济走廊背景下中巴文化产业合作：现状、路径选择与对策”，《南亚研究季刊》，2019年第3期，第45页。

④ 程云洁、武杰：“中国与巴基斯坦人文合作现状及对策研究——基于中巴经济走廊背景下”，《乌鲁木齐职业大学学报》，2017年第3期，第15—16页。

武亮相，彰显了中巴特殊友谊。[①]

2018 年 10 月 11 日，中国和巴基斯坦合拍电影《天路》的签约仪式在西安举行，成为第五届丝路国际电影节重点活动项目。《天路》将由陕西广电影视文化产业发展有限公司和巴基斯坦汉内卡达电影公司联合出品，是对中国改革开放 40 周年、“一带一路”倡议 5 周年的最好献礼。《天路》是一部以真人真事为原型创作的电影，将真实记录中国企业响应“一带一路”倡议，与巴方共同建设中巴经济走廊、促进地区发展繁荣的历史进程，歌颂那些为中巴友谊作出重要贡献的中巴企业家、社会活动家，展现中国人民和巴基斯坦人民之间互帮互助、和谐友爱的亲密关系。此前 2018 年 6 月 13—17 日首届上合组织国家电影节期间，《天路》召开中巴洽谈会，受到巴基斯坦驻华大使馆的大力支持，得到山东省新闻出版广电局的充分肯定。有关各方希望将此项目打造成为中巴两国影视文化合作的典范。巴基斯坦合作方汉内卡达电影公司，是巴基斯坦汉内卡达视觉和表演艺术学院的附属机构，拥有成熟的拍摄团队和硬件设备，曾经制作多部影视作品、纪录片、戏剧作品、音乐录像等。汉内卡达电影公司的主席贾马尔·沙是巴基斯坦著名的制片人、导演、编剧和演员，参演过不少国际电影和电视作品，比如英国第 4 频道的电视连续剧《traffik》、好莱坞故事片《K2》等，曾经荣获 11 个国际奖项。《天路》计划由中国电视艺术家协会编剧委员会主任王海平担任总策划，著名剧作家北村和作家陈璞平担纲编剧，由《青岛往事》制片人赵荔、《北京爱情故事》出品人李亚平、《岁岁年年柿柿红》制片人张东灵联合制片。《天路》制作团队阵容庞大，有望成为展现大国情怀的重量级作品。[②]

2021 年是中巴建交 70 周年，两国举办了系列人文交流庆祝活动。其中，3 月中旬巴基斯坦驻华大使莫因·哈克与中国电影合作制片公司经理刘春、西安白露风河旅游文化传播有限公司总经理张继磊等进行专题会谈，就增强两国电影合拍合作工作以及推广宣传好中巴首部合拍电影上映等事宜进行交流。哈克大使表示中国是世界第二大电影制作中心和市场，巴基斯坦需要向中国学习电影制作，尤其是动画电影的制作。建交 70 周年之际，中巴

---

① “巴基斯坦电影《翱翔雄心》定档 11 月 13 日”，《巴基斯坦华商特刊》，2020 年 10 月 29 日。

② “新的工程——中国和巴基斯坦将合作建设天路”，中安华盾公众号，2018 年 10 月 15 日。

首部合拍动画电影《奇幻森林之兽语小子》和首部合拍故事片《巴铁女孩》即将上映。[①] 作为系列庆祝活动的特色安排，中国驻巴基斯坦使馆携手短视频平台，举办“我和中国的不解情缘”短视频主题创作大赛。活动为期 4 个月，分为月度比赛和总决赛两个阶段，前 3 个月为月度赛形式，每月 1 日发布当月主题，并计划于 2022 年春节拉开总决赛帷幕。10 月启动月的主题是“我与中国的故事”，吸引了众多关注，参与短视频数 4217 个，播放总量超 3300 万次，获赞 185 万次，在巴刮起短视频话中巴友谊的热潮。通过探索更多新颖活泼的社交文化活动，中国驻巴基斯坦大使馆努力给中巴友好注入新动力和新元素，吸引越来越多的年轻人投入中巴友谊的代际传承。[②] 未来，中巴将推动更多合拍电影，充分利用短视频平台促进双方文化交流，增进两国人民友谊。

文化交流合作是文化产业合作的前提，文化产业合作反过来能够促进文化交流合作。中国和巴基斯坦两国文化交流历久弥新，成为中巴文化产业合作的深厚历史基础。建交以来，中巴两国出台了系列文化交流倡议，搭建巴基斯坦中国文化中心及孔子学院等文化合作平台，促成了大批文艺团体互访，举办中巴文化展、摄影展、国画展、文艺演出、欢乐春节、美食节等文化活动，召开文化交流研讨会，加强双方语言与历史文化的学习与培训。近年来，中巴两国教育界加强学术交流、互派留学生、联合培养、联合办学等，为文化产业合作奠定了思想基础、人才基础和语言基础。中国和巴基斯坦两国拥有丰富的文化资源，奠定了各自文化产业发展的强大基础，为两国文化产业合作提供可资利用的资源和必备条件。以毗邻巴基斯坦的中国新疆维吾尔自治区为例，2018 年底新疆共有 119 个文化馆、110 个艺术表演团、107 个公共图书馆、87 个博物馆。同期新疆维吾尔自治区广播节目和电视节目的综合人口覆盖率分别为 97.83% 和 98.07%。另外，中国和巴基斯坦的创新技术互补性强，中国的创新指数与商业环境完备性指数排名明显优于巴基斯坦，因此两国可以在文化创新以及技术、知识产权转让方面开展合作。[③] 未来，

① “以两国电影合拍为新起点 为中巴人文交流注入新力量”，凤凰网音乐，2021 年 3 月 15 日，https://yue.ifeng.com/c/84dOIoKBP5P。

② “4200 个短视频里的中巴故事——‘我和中国的不解情缘’短视频主题创作大赛迎来开门红”，中国驻巴基斯坦大使馆，2021 年 11 月 2 日。

③ 杜江、于海凤、王海燕：“中巴经济走廊背景下中巴文化产业合作：现状、路径选择与对策”，《南亚研究季刊》，2019 年第 3 期，第 42—44 页。

中国与巴基斯坦需要大力调动两国青年参与“一带一路”及中巴经济走廊文化建设，鼓励他们在网络艺术展、影视、电视剧、音乐、动漫、游戏等文化产业开展创新性合作，激发两国民众加强文化交流与合作的兴趣与动力，为中巴人民相互交流与了解创设更多平台和桥梁。[①]

## 五、中巴考古文博交流与合作

巴基斯坦是古丝绸之路上的重要节点国家，中巴两国经贸文化交流密切，留下了许多珍贵的历史文化古迹。在“一带一路”倡议背景下，中巴两国日益重视在考古文博领域的交流与合作，加强了历史文化遗产的发掘、保护与开发。2018 年，中国对巴基斯坦首都修建国家博物馆提供技术支持，帮助巴基斯坦在国际平台展示其丰富的历史与文化遗产。[②]2021 年 5 月 11 日，中国国家文物局与巴基斯坦国家遗产和文化署签署《关于协同开展“亚洲文化遗产保护行动”的联合声明》，中巴将在联合考古、文化遗产保护修复、世界遗产、博物馆展览交流、防止文物非法贩运、人才培养等领域开展务实合作。[③]中巴两国在考古文博领域的合作有助于进一步增强双边关系。

2018 年 9 月 18 日，北京大学举办名为“多元文明交融下的犍陀罗艺术”为主题的文研论坛，此次论坛亦为“犍陀罗的微笑——巴基斯坦古迹文物巡礼展”的开幕式。论坛由张嘉妹副教授主持，北京大学外国语学院党委书记李淑静、巴基斯坦驻中国大使馆一等政治秘书拉希勒·达利克（Raheel Tariq）先生出席并致辞。李淑静对巴基斯坦驻华大使对此次论坛及文物巡展的鼎力支持表示感谢，认为这次论坛和文物巡展将有助于我们全面了解犍陀罗的地理沿革、历史变迁，以及宗教和建筑艺术，从而丰富了我们对两国文化交流历史、丝绸之路历史的认知。拉希勒·达利克分享了与犍陀罗相关的一些历史文化知识，还介绍了近年巴基斯坦佛教旅游的盛况，并诚邀各位学者前往巴基斯坦考察探索。

① 王丽、泽米尔·阿万：“中国与巴基斯坦的文化交流历久弥新”,《国际人才交流》, 2019 年第 8 期，第 59 页。

② “Pakistan, China to have dialogue for expanding cooperation in literature, art and culture”, *Balochistan Times*, 03/21/2018.

③ 亚洲国家首次签署《关于协同开展“亚洲文化遗产保护行动”的联合声明》，央视新闻，2021 年 5 月 11 日。

北京大学外国语学院段晴教授、中国人民大学国学院李肖教授、故宫博物院孟嗣微研究员、北京外国语学院范晶晶助理教授分别作主题报告，汇报了犍陀罗之行的考察成果。李肖作了题为“犍陀罗佛教影响下的铁尔梅兹佛教遗址”的主题报告，介绍了对铁尔梅兹旧城的卡拉特佩、法亚兹特佩和祖尔马拉佛塔三个地点的考察情况，指出阿姆河地区的佛教不属于粟特地区，而与阿富汗北部的文化为一体。段晴在“探索犍陀罗佛教艺术的多元文明”的报告中提出，犍陀罗地区是一个多元文明交织的地区，在犍陀罗地区传播希腊文化的是斯基泰人。范晶晶在“焦利安——千佛的故乡”的报告中，阐述了佛教文献如何由释迦牟尼一佛逐渐发展出多佛乃至千佛，以及这一过程在犍陀罗地区的图像表现,并结合焦利安佛寺遗址中的诸多佛像进行了说明。孟嗣微在“犍陀罗雕刻‘燃灯佛授记’：文本与图像的产生与传播”的报告中，从四个方面分析了“燃灯佛授记”这一故事在犍陀罗地区的图像表现以及这一故事在中国的传播情况。论坛结束后，范晶晶带领大家参观了“巴基斯坦古迹文物巡礼展”，并与段晴教授一起为大家作详细讲解。①

2020 年 4 月 24 日，亚洲文明展在山东曲阜孔子博物馆开幕，包括“文明肇始 和谐共生”“兼收并蓄 多元共生”“交流对话 情感共生”“开放融通 互利共生”四个部分。本次展览以文物为载体，从艺术形象的嬗变中窥探亚洲各民族多元的文化传统，展示亚洲文明的风采和魅力以及陆上丝绸之路、海上丝绸之路等古老商路上各民族交流互鉴的动人故事。来自巴基斯坦、印度、阿富汗、伊朗、土耳其、柬埔寨等 10 个国家和地区展示了展品，从思想、文学、艺术、科技、贸易等多角度探索亚洲文化艺术魅力，生动展现亚洲文明间的交流互鉴。巴基斯坦考古与博物馆带来的展品主要包括彩绘陶罐和陶瓮棺。彩绘陶罐代表了公元前 2700 年—前 2400 年的库里文化，陶罐图案展现了史前丰富的农业景观。陶瓮棺属于公元前 1000 年的犍陀罗墓葬文化的陶像，出土于巴基斯坦扎里夫科鲁纳。②

巴基斯坦历史文化遗产丰厚，吸引了大批中国文化考古学家前去探寻，

① “外院主办‘多元文明交融下的犍陀罗艺术’论坛暨巴基斯坦古迹文物巡礼展”，北京大学，2018 年 10 月 10 日，http://news.sina.com.cn/o/2018-10-10/doc-ifxeuwws2839219.shtml。

② “济宁孔子博物馆迎来亚洲文明展”，2020 年 4 月 25 日，https://www.sohu.com/a/391112221_222033。

有助于双方共同探讨文化古迹的修复、保护与研究。2016 年 1 月，清华大学巴基斯坦中心主任李希光教授在巴基斯坦参议院国防委员会主席穆沙希德的安排下，在斯瓦特王子亲自陪同下，对斯瓦特进行了 48 小时的历史文化田野考察。其间，李教授走访了斯瓦特著名的佛教文化遗址，在斯瓦特考古博物馆作了题为“以斯瓦特和塔什库尔干为核心，建立‘一带一路’文明区”的报告，感受了斯瓦特独特的人文风情。通过此次短暂而高效的考察活动，李教授探索了斯瓦特是如何从人间天堂变成人间地狱，以及新时期斯瓦特社会转型面临的机遇与挑战。穆沙希德称李希光教授的斯瓦特之行是自美国入侵阿富汗 15 年来独一无二的旅行，是在创造历史。①

另外，民间艺术团体在中巴文化艺术交流中扮演了不可或缺的重要角色，特别值得一提的是巴基斯坦拉斐比尔工作室。拉斐比尔工作室是一个致力于从事巴基斯坦民间艺术走向国际社会的私人机构，与中国的木偶、皮影等表演艺术行业关系密切。拉斐比尔（Rafi Peerzada）是巴基斯坦家喻户晓的木偶艺术世家，主要进行木偶表演、制作、教学、展览等艺术活动，同时承担其他艺术交流与推广活动。20 世纪 30 年代，拉斐在德国柏林学习西方舞台表演艺术，学成后回到巴基斯坦，立志弘扬巴基斯坦木偶等舞台表演艺术。拉斐制作了广播剧和舞台剧，并与他人合作复兴私人剧院，成为巴基斯坦舞台艺术的先驱。拉斐的五个儿子生活在艺术之家，受到父亲艺术追求的熏陶，从小就表现出对艺术的热爱和过人天赋，各自在艺术领域取得非凡的成就。

1974 年拉斐去世后，儿子们继承了父亲的志业，在拉合尔成立了拉斐比尔工作室。拉斐比尔工作室主要从事与木偶戏相关的工作，同时推动国内舞台表演，特别是传统木偶戏表演的发展。经过 40 多年的发展，工作室的活动项目不断得到扩充，逐渐成为具有高度地方知名度、一定国际影响力的民间艺术机构。拉斐比尔工作室由办公室、民间工艺展示厅、木偶博物馆、露天剧院和咖啡厅组成，工作人员多为接受过高等艺术教育、热爱巴基斯坦传统艺术推广的专业人士。同时，拉斐比尔工作室也与当地艺术类院校保持了紧密的联系，为志趣相投的艺术学生提供实习乃至就业机会。拉斐比尔工作室的员工们借助木偶工艺延续着传统艺术的生命力，把木偶艺术及其体现

① 李希光：“斯瓦特文化考察笔记（一）”，《文化软实力》，2016 年第 2 期。李希光：“斯瓦特文化考察笔记（二）”，《文化软实力》，2016 年第 3 期。

的价值美德传递给未来一代。他们利用旗下的电影、电视等传媒力量，开办木偶制作与表演培训班，举行木偶展览，形成了一套完整的运作机制。工作室非常注重与国际同行保持联系，吸收他国经验、帮助弘扬本国传统艺术。拉斐比尔工作室还计划到中国拍摄京剧表演，在民俗节上展示中国皮影和手影改编剧，为中国和巴基斯坦民间艺术交流提供了难得的机遇。

2011 年末至 2012 年，北京大学乌尔都语言文学专业的刘高力有幸成为到拉斐比尔工作室实习的第一个中国学生，对巴基斯坦木偶、民谣等民间艺术传承进行了深入体验考察。她还不畏风险，对巴基斯坦的特殊群体进行了长期的社会学考察，并在国内期刊上发表了相关论文。[①] 通过参与工作和筹备各种节日活动，中国留学生感受到巴基斯坦民间组织、民间艺术家对保护传统艺术的热情、努力与成效。虽然私人力量参与民俗文化保护存在风险与挑战，但是其在民间艺术表演和传统文化推广上具有十分重要的作用。民间力量具有非常灵活的运作模式，可以有效减轻政府机构在文艺推广上的沉重负担。拉斐比尔工作室选址独特、管理先进，在中巴民间艺术交流方面发挥了重要的示范作用。[②]

① 刘高力："巴基斯坦性少数群体现状考察"，《东南亚南亚研究》，2017 年第 2 期。

② 刘高力："民间力量在传统艺术的保护和发扬中的重要作用——以拉斐比尔工作室 (RafiPeer Workshop) 为例"，《"田野调查·立身之本"——民族学与社会学学院第六届研究生学术研讨会》，2012 年 11 月 30 日，第 311—320 页。

# 第二章
# 中巴教育交流与合作

21 世纪以来，中巴两国高层决定加强双方的全天候战略合作伙伴关系，在“一带一路”建设和中巴经济走廊建设的大背景下，打造更加紧密的中巴命运共同体。巴基斯坦是新时期中国周边外交的优先方向，中巴经济走廊成为深化中巴关系的重要抓手。中巴经济走廊不仅包括架桥修路等硬项目，而且涉及教育文化等软项目。由于中巴两国在语言文化和意识形态方面存在巨大差异，中巴经济走廊项目实施中的社会文化风险日益凸显。教育合作与交流在促进跨文化交流传播、规避社会文化风险上面具有特殊意义。在“一带一路”建设背景下，民心相通是其他“四通”（政策沟通、设施联通、贸易畅通、资金融通）的前提和基础，而教育合作与交流是实现民心相通的有利途径。同样，民心相通是建设中巴经济走廊的社会基础，中巴教育交流与合作成为这一基础的有效手段。中巴教育交流与合作不仅为经贸合作提供人才、智慧与科技等方面的广泛支持，而且有助于对巴基斯坦传播中国文化和政治价值观，增强巴基斯坦民众对中国文化的认同，促进跨文化间的相互理解和信任，为中巴经济走廊建设营造良好的人文环境。① 本章拟从中巴高等教育、职业教育、语言教学和教育合作前景四个角度出发，对“一带一路”倡议背景下的中国与巴基斯坦教育交流与合作进行系统考察与分析。

## 一、中巴高等教育交流与合作

巴基斯坦高等教育历史悠久，旁遮普大学建立于 1882 年。然而，由于地缘政治复杂、经济落后、文化保守等多重原因，巴基斯坦高等教育发展长期滞后于其他发展中国家，致使巴大批精英子女纷纷到欧美发达国家留学。2002 年巴基斯坦成立高等教育委员会 (Higher Education Commission)，开启了一场全新的高等教育改革。此后，巴基斯坦高等教育发展取得了巨大进步，高等教育规模和高等教育质量得到大幅提升。2017 年巴基斯坦高等教育委

① 祝东、高婉妮：“教育合作交流对中巴经济走廊建设的意义初探”，《一带一路报道》，2019 年第 6 期，第 118—120 页。

员会出台了《高等教育 2025 愿景》，评估了巴高等教育近年来取得的成就，拟定了下一阶段高等教育的四个主要发展目标，即正式确立三级大学分类发展模式，扩大高等教育规模；积极寻求国际援助，强化教师队伍建设；大力发展工程教育，重视工程技术人才培养；关注国内大学排名，注重提升大学知名度。①

近年来，巴基斯坦高等教育机构数量有所增长，但增长速度较为缓慢。《2018 年泰晤士高等教育》亚洲大学排名中，仅有 3 所巴基斯坦大学进入前 200 名，它们分别是真纳大学（Quaid- i- Azam University）、COMSATS 信息技术大学（COMSATS Institute of Information Technology）、国立科技大学（National University of Sciences and Technology）。巴基斯坦高校师资发展不均衡，人才流动乃至人才流失现象明显。巴基斯坦高等教育毛入学率低，仍然处于高等教育精英化阶段。根据联合国教科文组织的统计数据，巴基斯坦出国留学人数逐年增多，并将中国视为主要留学目的地。全球化背景下高等教育国际化是各国高等教育发展的必然趋势，也是发展中国家建设一流大学和一流学科的必由之路。从此种意义上讲，中巴高等教育交流与合作机遇良多，前景广阔。

## （一）孔子学院

孔子学院是“一带一路”倡议下中外高等教育合作的重要领域。截至 2016 年底，“一带一路”沿线 51 个国家中建立了 134 所孔子学院和 130 个孔子课堂。2013 年以来，中国与“一带一路”沿线各国领导人多次出席孔子学院活动，通过联合声明、公报等明确支持孔子学院的建设。根据各国国情以及当地需求，孔子学院开展了灵活多样的汉语教学，推出了从学历教育到非学历教育、从“零起点”到高端学术研究的教学体系。为了不断满足当地人民对经贸、旅游、中医、职业技能等领域的汉语需求，孔子学院还开设了商务汉语、语言翻译、中医理论等特色汉语课程，深受当地民众欢迎。②目前，巴基斯坦共建有 5 所孔子学院和 2 个孔子课堂。5 所孔子学院分别是

① 史雪冰、张欣：“中国高校在巴基斯坦高等教育 2025 愿景中的机遇与作为”，《比较教育研究》，2019 年第 4 期，第 32 页。

② “孔子学院助推‘一带一路’民心相通”，《孔子学院》，总第 49 期，2017 年 3 月第 2 期，第 10 页。

位于国立现代语言大学的伊斯兰堡孔子学院、卡拉奇大学孔子学院、费萨拉巴德农业大学孔子学院、旁遮普大学孔子学院、萨戈达大学孔子学院；2个孔子课堂分别是穆扎法尔格尔短波收听俱乐部广播孔子课堂和佩特罗中学孔子课堂。

2005年，中国国家汉办、北京语言大学、巴基斯坦国立现代语言大学合作建立伊斯兰堡孔子学院。国立现代语言大学是巴基斯坦国内从事中巴教育文化交流最早、影响力最大的公立教育机构，20世纪70年代就开设了汉语教学。它在巴基斯坦主要城市均建立了校区，包括卡拉奇、拉合尔、白沙瓦、奎达、海得拉巴、木尔坦和费萨拉巴德。随着巴基斯坦本土汉语教师的加入和中文语言实验室的建立，国立现代语言大学中文系的实力不断加强，成为巴基斯坦境内推广汉语和中国文化的重要平台。每年，成百上千的巴基斯坦学员在国立现代语言大学学习初级和专业汉语。国立现代语言大学的汉语项目不仅有助于向巴基斯坦人民介绍中国，而且成为中巴间相互了解的新窗口，加强了中巴间文化和民众的交流。伊斯兰堡孔子学院不仅是巴基斯坦境内的第一所孔子学院，而且是穆斯林世界的第一所孔子学院，在中华文明与伊斯兰文明交流互鉴中发挥重要作用。

伊斯兰堡孔子学院自成立以来组织了多场中国文化活动和汉语比赛，以便吸引巴基斯坦民众对中国、中国文明以及中国经济和技术成就的关注。2008年北京奥运会前夕，伊斯兰堡孔子学院组织了一场有关奥林匹克运动会的知识竞赛，来自中国、巴基斯坦、中亚国家的参赛者同台竞赛，气氛热烈而紧张，既增长了知识，也增进了友谊。每年数百名学生参加孔子学院的汉语课程，他们毕业后要么被派往中国高校深造，要么在巴基斯坦中资企业里谋得工作。2011年，伊斯兰堡孔子学院的汉语教学项目继续扩大规模，资助了巴境内27个汉语教学中心，计划将汉语学习者人数提升到6000人。伊斯兰堡孔子学院还发起了本土汉语教师遴选和培训项目，吸引了4万多名竞争者。在孔子学院汉语推广努力之下，巴基斯坦政府宣布将汉语教学纳入全国教育计划。伊斯兰堡孔子学院成立十多年来，在中巴文化和教育交流领域取得巨大成就，分别获得2007年、2008年、2010年度优秀孔子学院奖。①作为有力的文化交流媒介，伊斯兰堡孔子学院正在成为中巴人民之间欣欣向

① BAI GUI & MUHAMMAD ARIF, "Exploring Channels of Cultural Communication between Pakistan and China", *Media Watch*,7 (2) 2016, p.188.

荣的文化桥梁。

巴基斯坦的第二所孔子学院落户在卡拉奇大学。信德省是世界古老文明——印度河文明的发祥地，卡拉奇市是信德省首府。卡拉奇以拥有现代的、自由的和普适的教育中心而闻名。20 世纪中叶以来，卡拉奇就是巴基斯坦的出口中心、工业与商业枢纽，不仅拥有数十亿美元的大型工程，而且是许多巴基斯坦公司的总部，也是许多跨国公司的办公室。卡拉奇位于阿拉伯海滨的绝佳位置，使其成为主要的国际航运中心，卡拉奇海港成为通往亚洲、非洲和欧洲的门户。早在 1984 年，为了加强中巴间的经济与文化联系，中国商业中心上海就宣布与巴基斯坦经济中心卡拉奇结成“姐妹城市”。近年来，信德省与中国达成了多个双边合作项目，比如高级别官员的经常互访、城市规划方面的交流、学者和学生交流等，目的是提升两国间的文化和教育联系。2015 年 3 月，四川省教育厅与信德省政府签署谅解备忘录，将为信德省提供汉语学习课程。在新的中巴双边教育合作框架下，卡拉奇建立许多新的文化传播中心，给学生和职业人士教授汉语和中国文化。信德省的许多中学和大学也与中国教育机构开展合作，架起两国友好交流的民间桥梁。信德省政府宣布将在三年内实施从小学六年级到高中毕业阶段汉语教学为义务教育，汉语优秀学生将得到加分，在高等教育阶段获得奖学金和出国机会，甚至到中国接受职业培训。信德省政府在推广汉语的过程中还努力获取中国相关部门的技术支持，比如设计教学计划、派遣中国教师、建立语言实验室等。①

2013 年 5 月，中国国务院总理李克强总理访问巴基斯坦时发表演讲，承诺“未来 5 年中国将为巴基斯坦培训 1000 名本土汉语教师，在巴增设多家孔子学院”。当天晚上，在李克强总理出席、四川师范大学代表团见证下，中国国家汉办与卡拉奇大学签署共建孔子学院的协议。在此背景下，2015 年 11 月，由四川师范大学合办、卡拉奇大学承办的卡拉奇大学孔子学院在信德省省督府举行揭牌仪式，12 月卡拉奇大学孔子学院正式挂牌成立。近年来，中资企业在卡拉奇的经贸活动愈发活跃，当地人对于汉语学习的需求强烈。此前卡拉奇没有正式的汉语教学机构，大多数时候私企聘请英文翻译来充当临时汉语教师，但是教学效果不彰显，不能满足企业的发展需求。卡

① BAI GUI & MUHAMMAD ARIF, “Exploring Channels of Cultural Communication between Pakistan and China”, *Media Watch*,7 (2) 2016, pp.190—192.

拉奇大学孔子学院的成立标志着卡拉奇地区拥有正式的推广汉语教学与中国文化的汉语教学机构，也标志着汉语教学在巴基斯坦呈现南北并进的格局，有助于促进中巴经济文化交流。

卡拉奇大学孔子学院在成立后两年时间里取得了丰硕成绩，学生人数激增到200人，班级发展到8个，包括日常班、周末班、网络班和卡拉奇大学公共管理系的公开班。汉语教师增加到5名，均来自中国。卡拉奇大学孔子学院积极开展语言教学与文化交流活动，并且与卡拉奇本地教育机构、中资企业进行了广泛交流。它开展了“孔子学院十周年”纪念活动，协办了巴基斯坦空军学院的“国家文化美食节”，成功地扩大了孔子学院的影响力。2015年6月，卡拉奇大学孔子学院与信德省海德拉巴市军方所属的佩德罗中学成功合建孔子课堂，为来自军方精英家庭的孩子提供中国语言与文化训练。2015年10月，卡拉奇大学孔子学院与卡拉奇市的普雷斯顿大学签订了汉语学分课协议。

截至2016年，卡拉奇大学孔子学院开设的课程只有基础汉语课程，没有另行设立专业汉语，也还未开设例如口语课、听力课、综合课等课程。孔子学院8个班级中有3个初级班，分为上午班、下午班和周末班，周末班课程时间安排在周末的两个下午；2个二级班，分为上午班和下午班；1个三级班，在上午上课。另外还有一个网络班和卡拉奇大学工商管理系的公开班。5名任课教师每人带1个班，另外3个班级由5位老师共同负责教学。平均每位教师的周课时有20个。教师使用的主要教材有以下几本：《新实用汉语课本1、2》《快乐汉语1、2》《新概念汉语1》等，还有一位老师使用的是自编教材。2015年7月卡拉奇大学孔子学院成功申请了汉语水平考试（HSK）考点。

当然，卡拉奇大学孔子学院运行中也存在一些挑战，需要采取稳妥的改进措施。第一，汉语教师缺口大。以目前的发展速度，卡拉奇大学孔子学院的班级和学生人数规模将会越来越大，因此需要更多的汉语教师，尤其是懂乌尔都语的汉语教师。巴基斯坦本土汉语教师比中国教师更有优势，能够直接使用乌尔都语教学，对学生与课堂的管理更加有效。然而，卡拉奇汉语教学起步晚，过去长期没有正式的汉语教学机构，卡拉奇大学并没有建立中文系，汉语课程不是必修课或选修课，短时期内还难以培养出本土汉语教师。第二，课程设置单一。卡拉奇大学孔子学院目前只设置了基础汉语，没有安排其他课程类型和课程门类。这样的设置在孔子学院建立初期，学生人数少、零基础汉语水平的时候能够适用。但是，随着学生人数越来越多，孔子学院与当地企业、各级学校的交流合作逐渐增多，仅仅基础汉语课程已经不能满足学生需求。卡拉奇大学孔子学院需要建立科学、系统的课程规划，适时开设口语、听力、商务汉语、中国文化体验课等课程。第三，没有统一教材。卡拉奇大学孔子学院汉语教师自选教材，教材种类多样，功能各异。汉语教师并非长期在卡拉奇大学任职，汉办公派教师任期 2 年，汉语志愿者任期 1 年，结果学生所用教材频繁更换，学习内容不连贯。况且，《快乐汉语》是面向青少年的教材，并不太适合孔子学院成年人居多的学生群体。因此，孔子学院及教师应该共同协商教材的选用，尽量使用规范统一的教材，保证每个汉语学习阶段拥有相对稳定的教材，避免教材选用不合理的问题。

根据双方合作协议，四川师范大学也将授予克什米尔大学汉语学生学位，资助优秀毕业生前往四川师范大学学习一年高级课程。同期，中国政府也宣布将为孔子学院派遣中方汉语教师，为合格学生提供奖学金等。卡拉奇大学副校长穆罕默德·卡伊泽尔将孔子学院的成立看作中巴文化交流史上新的里程碑。卡拉奇大学孔子学院是信德省人民与中国建立更多商务和文化联系的新的教育和文化平台。多家中资企业在卡拉奇从事石油和矿产开采业务，孔子学院可以帮助当地商界和年轻人在获得汉语技能后，从中国公司谋取经济利益。除了经济机会，孔子学院也将与中国学术机构建立商务和专业联系，为两国间学术交流打下基础。卡拉奇大学孔子学院的设立是“一带一路”建设背景下中巴文化教育合作的盛事，是双方致力于加强人文交流的新成果，将为中巴两国人民进一步增进相互了解、深化传统友谊提供新的重要平台。

2014 年 2 月 19 日，中巴两国代表签署新疆农业大学与费萨拉巴德农业大学共建孔子学院的协议，这是巴基斯坦建立的第三所孔子学院。这也是新疆农业大学首个共建孔子学院，将成为该校在国际文化尤其是农业交流领域中新的、重要的突破口。费萨拉巴德农业大学孔子学院的未来影响力不仅局限于汉语教学与文化领域，对双边的农业教学、科研、留学生互访也将发挥积极的促进作用。2015 年 6 月，江西理工大学与旁遮普大学签署共建孔子学院的协议；2016 年 8 月，承办旁遮普省首席部长汉语奖学金项目，标志着孔子学院正式运行。2019 年 6 月，中国国家副主席王岐山和巴基斯坦总理伊姆兰·汗共同见证了江西理工大学与旁遮普大学孔子学院的揭牌仪式。旁遮普大学孔子学院有力地推动了国际汉语传播，增进了中巴文化交流，促进了中巴友好交往，体现了服务中巴经济走廊建设和“一带一路”倡议的大学责任担当。2019 年 10 月，中巴两国签署关于在萨戈达大学建立孔子学院的合作协议。2020 年 1 月，河南师范大学与萨戈达大学签署《关于合作建设萨戈达大学孔子学院的执行协议》。2020 年 4 月，萨戈达大学孔子学院正式获批，将进一步发展为中巴教育合作与人文交流的重要平台，为中巴世代友好培养更多接班人。

孔子学院促进了中巴高等教育交流合作，为中巴经济走廊建设提供人才智力支持，在中巴人文交流中发挥了不可替代的作用。一方面，孔子学院开展了高水平、高质量的文化交流活动，积极为巴基斯坦优秀文化团体来华交流牵线搭桥，对外展示中巴教育文化合作的成功经验。伊斯兰堡孔子学院积极在巴基斯坦推广汉语与中国文化，开设了基础汉语、商务汉语、少儿汉语、长城汉语、中国功夫班等相关项目。伊斯兰堡孔子学院的成功运行为巴基斯坦其他孔子学院提供了范例，促进了巴基斯坦人民对中国语言文化的了解，有助于推动两国在经济、文化、科技、艺术等领域深入合作。中巴两国借助孔子学院这一重要平台，积极传播中国传统文化，并与巴基斯坦本土文化相互融合发展，有力推动了中巴高等教育的国际化。巴基斯坦广播孔子课堂的师生曾经参加土耳其儿童节，与来自世界各地的儿童艺术代表团进行交流，并建立了友谊，向国际友人展示了中巴文化交流和合作的成果。另一方面，孔子学院为中巴经济走廊建设提供人才智力支持，大力促进经贸合作。由于中巴经济走廊建设的推进，近年来巴基斯坦国内汉语热不断升温。为了满足巴基斯坦人民汉语学习需求，孔子学院和孔子课堂努力提高办学质量和文化活动影响力，积极寻求与当地教育机构合作开设更多汉语教学点，争取派出更多中方汉语教师，加强本土汉语教师培养，设计符合当地学情的汉语教材与资料。孔子学院不断扩大奖学金规模，为巴方优秀青年创造来华深造机会，甚至鼓励中资企业参与孔子学院建设，为中资企业培养本土员工。比如，2017 年起，中国三峡南亚投资有限公司在旁遮普大学孔子学院设立奖学金，组织当地青年在旁遮普大学和江西理工大学攻读“2+2”模式的电气工程专业学士学位，开启了高校、孔子学院、企业三方共同培养技术人才的新型合作模式，更好地服务于中巴经济走廊建设。为此，巴基斯坦媒体高度评价旁遮普大学孔子学院是中巴经济走廊的重大项目，肯定孔子学院在汉语教学、文化活动和人文交流中的积极作用，认为其将进一步提升两国在中巴经济走廊上的合作层次和水平。①

## （二）中巴经济走廊大学联盟

2017 年 7 月，中国高等教育学会代表团前往巴基斯坦进行学术交流与访问，参加题为“高等教育公平入学与质量的挑战”的巴中学术论坛，并与巴基斯坦高等教育委员会就未来中巴高等教育交流与合作提出了三个构想，即由中巴双方的高水平大学组成“中巴经济走廊大学联盟”（CPEC Consortium of Universities），推行文明和谐的理念；创办“一流商学院联合会”，为两国的经济发展提供支撑力量；巴基斯坦社科界率先为创建内部和谐与和平而付出努力。② 在中国高等教育学会和巴基斯坦高等教育委员会的共同协商与努力之下，双方牵头首先建成“中巴经济走廊商学院联盟（CPEC Consortium of Business Schools）”，并在其成功经验基础上建立“中巴经济走廊大学联盟”，共商两国高等教育合作新领域，努力为中巴经济走廊建设和实施提供智力支持和专业人才。

2017 年 8 月 28 日至 29 日，来自中国与巴基斯坦两国教育管理部门和著名高校的领导与学者齐聚巴基斯坦国立科技大学，参加中巴经济走廊商学院联盟成立大会。中国高等教育学会杜玉波会长、巴基斯坦联邦教育与培训部穆罕默德·布莱·拉赫曼部长、巴基斯坦高等教育委员会穆赫塔尔·艾哈迈德主席、阿萨德·阿里主任、巴基斯坦内务部阿桑·伊克巴尔部长、中巴经济走廊顾问穆罕默德·阿斯加尔将军以及巴基斯坦国立科技大学那维德·扎曼校长等重要嘉宾出席活动。中巴经济走廊商学院联盟成员包括中巴两国 50 余所大学的知名商学院。参加联盟的中方大学主要包括北京大学、清华大学、复旦大学、上海交通大学、浙江大学、中国科技大学、南京大学、上海大学、西安交通大学、西安建筑科技大学、西北大学、上海对外经贸大学、云南大学、香港理工大学；参加联盟的巴方大学包括国立科技大学、

① “江西理工大学巴基斯坦旁遮普大学孔子学院揭牌”，2019 年 6 月 4 日，http://www.jxedu.gov.cn/info/1015/143093.htm。

② 中国高等教育学会代表团：“巴基斯坦高等教育发展现状与前景——访问巴基斯坦的调查报告”，《中国高教研究》，2017 年第 9 期，第 74—79 页。

国立现代语言大学、旁遮普大学、拉合尔科学技术大学、卡拉奇商学院、COMSATS 信息技术大学、苏哈克工商管理学院等。

2017 年 8 月 29 日，联盟成立论坛上发布了《中巴经济走廊商学院联盟声明》，提出了中巴双方开展紧密合作，促进中巴经济走廊建设的一揽子计划。其中包括：整合人力资源与开展多类别项目的研究，为实现中巴经济走廊的目标、促进两国人民的文化和谐发挥作用；建立联合学术研究项目、教师和学生交换项目，联合开展教师和学生培训，加强中巴社会经济法律研究，为中巴经济走廊建设提供技术、人才、案例和成功经验等学术支撑；开展项目和商业机会可行性研究，开展中国工业增长和商业成功模式移植的可能性研究，开展金融、经济、创新、创业与跨学科等方面的研究，进一步拓展中巴双方在各领域合作的深度与广度。

中国高等教育学会和巴基斯坦高等教育委员会作为联盟成员单位，负责组织协调工作。在中巴教育部门共同努力下，2017 年 11 月 4 日“中巴经济走廊大学联盟”交流机制第一次会议在复旦大学举行。中国高等教育学会会长杜玉波，中国高等教育学会副会长、复旦大学校长许宁生，中国高等教育学会副会长、秘书长康凯，巴基斯坦高等教育委员会成员、中巴经济走廊顾问穆罕默德・阿斯加尔将军，巴基斯坦高等教育委员会总干事萨夫达尔・阿里・沙，来自教育部、中联部、中国高等教育学会、巴基斯坦高等教育委员会和中巴双方“9+9”联盟成员高校相关代表出席了会议。会议讨论通过了《中巴经济走廊大学联盟章程》，建立了联盟交流机制委员会，决定中方委员会主任由高等教育学会会长担任，执行主任由复旦大学校长担任，中方联盟秘书处设在复旦大学。会上举行了“中巴经济走廊大学联盟”交流机制中方秘书处揭牌仪式。《中巴经济走廊大学联盟章程》主要明确了建立联盟交流机制及推进联盟工作取得成效的相关问题，以及拓宽联盟合作空间、确定联盟交流方式、继续争取相关支持、同步推进联盟工作研究等关键问题。“中巴经济走廊大学联盟”交流机制首次会议深入讨论了中巴高校未来交流合作的重点工作，并确定了项目清单。

2018 年 1 月 29 日，中国高等教育学会会长杜玉波在教育部会见了巴基斯坦驻华大使马苏德・哈立德先生。杜会长重点介绍了学会的基本情况，学会推动中巴高等教育交流与合作情况以及未来构想。学会将根据中巴经济走廊大学联盟交流机制工作计划，在浙江大学召开联盟机制第二次年会，交流总结联盟高校合作情况，确定下一年联盟工作清单。学会将成立中国高等教育学会“一带一路”研究分会，积极搭建中巴两国高等教育及学术交流合作平台，鼓励巴基斯坦高校专家学者到中国参加国际会议，充分利用“高等教育国际论坛”及“中国高等教育博览会”等学会品牌活动，积极推动中巴经济走廊大学联盟各项工作的落实。马苏德·哈立德大使介绍了近期巴方在高等教育领域开展的交流与合作情况，希望学会参与使馆正在组织的中巴青年学生知识竞赛、文化遗产等方面的活动，欢迎学会派出更多学术团组访问巴基斯坦。这次会谈是杜玉波会长在 2017 年出访巴基斯坦后，再次与巴基斯坦方面就中巴高等教育交流进行的积极磋商。①

2018 年 4 月 26 日，中巴经济走廊大学联盟交流机制座谈会在武汉召开。中国高等教育学会、巴基斯坦高等教育委员会、巴基斯坦驻华大使馆、中巴 9 所高校的 30 余名嘉宾出席了座谈会。作为构建人类命运共同体和响应“一带一路”倡议的具体实践，中巴经济走廊大学联盟在贯彻全新发展理念、形成全面开放格局、增添共同发展动力、推动中巴两国高校合作与交流等方面发挥着重要作用。中方代表张大良副会长着重介绍了本年度中巴经济走廊大学联盟和学会的重点工作，巴方代表穆罕默德·阿斯加尔将军回顾了中巴经济走廊大学联盟交流机制第一次会议后巴方工作的主要进展，同时就如何进一步落实联盟工作，推动中巴两国高等教育的共同发展提出了设想和建议。最后，中国高等教育学会副会长管培俊强调，中巴两国有着牢不可破的友谊，在国际形势千变万化的环境中仍然保持着全天候战略合作伙伴关系，这为双方在经济、贸易、文化和教育方面的交流与合作提供了良好的支持。他希望联盟机制秘书处在座谈会后，进一步完善交流机制工作内容，加强与有关方面的交流和沟通，尽可能促进座谈会上提出的建议和意见落地落实，期待中巴高等教育交流合作结出丰硕果实。②

2018 年 11 月 1 日，“中巴经济走廊大学联盟”交流机制第二次会议在浙江大学紫金港校区举行。来自中国、巴基斯坦 30 多所高校的 70 余名代表齐聚一堂，共商两国高等教育合作发展。中国高等教育学会杜玉波会长在讲

① “中国高等教育学会会长杜玉波同巴基斯坦驻华大使马苏德·哈立德在京举行会谈”，《中国高教研究》，2018 年第 3 期。

② “‘中巴经济走廊大学联盟’交流机制座谈会在武汉召开”，《中国高教研究》，2018 年第 5 期。

话中指出，在“中巴经济走廊大学联盟”交流机制建立一周年之际，两国高校代表共享一年来交流机制所取得的成绩和经验，共谋交流机制未来的工作和规划，这对于推动这一交流机制向纵深发展，深化中巴两国高等教育交流合作，更好地服务中巴经济走廊、服务两国经济社会发展，具有重大意义。一年来，这一交流机制充分调动中巴高校的积极性，积极推动双方互访、促进学术交流和人才培养等，实现了从“大写意”到“工笔画”、从“校相亲”到“教相融”，取得了一系列可喜成绩：一是促成了双方多次互访；二是促进了高校间学术交流；三是促进了合作培养人才；四是促进了合作研究；五是促进了合作培训师资。关于未来联盟交流机制工作，他强调一是瞄准重点领域，进一步深化重点领域高校的合作研究；二是适应新形势，抓紧研究，更有针对性地扩大中巴高校合作的范围和层次；三是谋划好“中巴经济走廊大学联盟”交流机制第三次会议。巴基斯坦高等教育委员会委员、中巴经济走廊顾问穆罕默德·阿斯加尔将军通过视频致辞，总结了一年来联盟成员高校之间的人才培养、科学研究、学术交流和社会服务等方面的工作，充分肯定了交流机制取得的成绩。他还围绕两国大学之间建立信息与知识交流平台，启动基础科学与应用技术联合研究，强化两国师生交流，组建联合智库，构建互通互认培养体系等方面的重要性进行阐述并提出相关建议。会议期间，浙江大学、香港理工大学和巴基斯坦国立科技大学共同签署了三方联合培养博士研究生项目的合作协议。本次会议还围绕创新创业、信息工程、农业生物科学、医学健康等主题举办了四场分论坛，中巴两国学者进行了充分的交流，积极探讨两国高校未来在相关领域的深入合作。本次会议内容丰富、成效显著，为“中巴经济走廊大学联盟”交流机制下一步工作奠定了良好的基础。①

2019 年 11 月 18—19 日，中国高等教育学会和巴基斯坦高等教育委员会联合举办的“中巴经济走廊大学联盟”第三次年会及中巴首次高等教育展开幕式在巴基斯坦伊斯兰堡举行。中国高等教育学会副会长管培俊、中国驻巴大使姚敬及巴计划部部长巴赫蒂亚尔、巴高等教育委员会顾问穆罕默德·阿斯加尔将军、巴高等教育委员会执行主任马里及来自中巴 50 多所高校的代表参加。大会为期三天，设置了中巴高等教育论坛、中巴高等教育展、联盟

① “‘中巴经济走廊大学联盟’交流机制第二次会议在浙江大学顺利召开”，中国高等教育学会，2018 年 11 月 7 日。

交流机制第三次工作会议三个议程。“中巴高等教育论坛”主题是可持续伙伴关系间的学术合作，主要回顾了联盟的工作进展并重新调整交流与研究领域的工作。中巴政要在会议上发表致辞，两国18位专家学者在“研究型大学在国家发展中的作用”“基于毕业生就业能力的教学”“中巴经济走廊研究”三个平行论坛上分别作专题报告。会议期间，中方代表团还访问了巴基斯坦国立科技大学、巴基斯坦真纳大学、巴基斯坦国际伊斯兰大学、COMSATS信息技术大学。本次会议的召开对“中巴经济走廊大学联盟”交流机制的建设具有重要作用，必将深入推进中巴两国高等教育的交流与合作。

2021年10月15日，“中巴经济走廊大学联盟”交流机制第四次会议以线上与线下相结合的形式在北京和伊斯兰堡召开，来自中巴外交部、教育部以及82所中巴经济走廊大学联盟成员高校和北京大学巴基斯坦籍留学生代表等约300位嘉宾参会。此次会议在中巴建交70周年的重要时刻召开，具有积极意义。中国驻巴基斯坦大使农融表示，中巴经济走廊推动了两国高等教育交流合作不断扩大，此次会议是中巴高等教育交流合作中新的里程碑，为中巴经济走廊大学联盟下一阶段合作注入新的动力。中国高等教育学会会长杜玉波表示，联盟交流机制已成为中巴高等教育领域交流合作的重要平台，在学术交流、科研合作、人才培养等方面取得了丰硕成果。未来要从推动关键领域精准合作、推动科技赋能教育发展、推动人文交流惠及民生、推动产教融合协同育人四个方面发力，为构建新时代更加紧密的中巴命运共同体作出更大贡献。巴基斯坦教育部部长马哈茂德表示，本次会议是中巴友好合作的重要见证，也是中巴经济走廊人文交流的旗舰项目，证明了不同文化背景的国家能够进行友好平等的人文学术交流。中巴两国嘉宾纷纷表示，“中巴经济走廊大学联盟”进一步丰富了两国高等教育交流合作机制，为中巴经济走廊建设作出了积极贡献，希望借助联盟机制不断深化两国高校交流和科研合作，推动两国高等教育交流与合作的高质量发展。①

近年来，中巴高等教育交流与合作日益频繁，巴在华留学生已超过2.8万人。2017年双方建立中巴经济走廊大学联盟机制，吸纳两国数十所高校参与，为双方培养高端人才、服务走廊建设发挥了建设性作用。中巴经济走

① “驻巴基斯坦大使农融出席‘中巴经济走廊大学联盟’交流机制第四次会议”，中国驻巴基斯坦大使馆，2021年10月18日。

廊大学联盟机制将成为中巴高等教育交流对话的有效平台，推动两国高校开展更多联合研究，实现师生互访、学术交流常态化，吸纳更多院校成为大学联盟成员，更好地服务于中巴经济走廊和“一带一路”建设，为构建中巴命运共同体作出新的更大贡献。姚敬大使表示，中巴两国全方位务实合作正在全面推进，双方成立“中巴经济走廊大学联盟”并召开年度会议，对促进中巴高等教育合作与学术交流具有重要意义。在中华人民共和国成立 70 周年之际，中巴首次举办高等教育展，进一步体现了双方对于增进高等教育相互了解、拓展深层次合作的高度重视。中巴举行中巴经济走廊大学联盟交流机制会议及中巴高等教育展，具有三重意义：一是打造中巴经济走廊的“学术臂膀”，为走廊项目建设和管理培养优秀人才；二是通过高等教育领域交流，进一步促进中巴间的文化教育交流，促进中巴文明交流互鉴；三是鉴于高等教育在中国崛起和社会经济发展中的重大贡献，巴方高校期待通过大学联盟平台向中方学习，提升自身实力，更好地服务于巴国家建设和经济发展。①

中巴经济走廊是中巴经济合作的平台，也是中巴人文交流与合作的平台，“中巴经济走廊大学联盟”在助力走廊建设、推进中巴人文交流方面将发挥更加积极的作用。“中巴经济走廊大学联盟”的成立，标志着中巴两国高等教育交流与合作迈出了新步伐。中巴要把大学联盟建设成增进交流互信、厚植两国友谊的有效载体，充分发挥联盟高校的学科专业优势、科研优势及社会资源优势，要努力把联盟高校建设成为中巴高层次人才培养基地、协同创新基地、服务经济走廊建设基地，力争通过联盟学校的交流合作，引领两国高等教育改革发展和质量整体提升。

### （三）来华巴基斯坦留学生

中巴友谊世代相传，历久弥新，加强两国教育交流与合作是促进“一带一路”框架下中巴民心相通的重要举措。中巴建交以后，巴基斯坦开始派出留学生到中国深造，早期来华巴基斯坦留学生数量不多。然而，在“一带一路”倡议背景下，巴基斯坦来华留学生数量激增。“一带一路”倡议尤其是中巴经济走廊建设以来，中巴两国在经贸、基建、瓜达尔港、产业园区各领域的合作不断推进，巴基斯坦掀起了“留学中国热”。中国正在成为巴基

① “‘中巴经济走廊大学联盟’年会暨中巴首次高等教育展开幕式在巴举行”，中国驻巴基斯坦大使馆，2019 年 11 月 19 日。

斯坦学生的热门留学目的地，2012 年巴基斯坦在华留学生为 9630 人，2018 年已经达到 28023 人，增长近 2 倍。[①]

随着中巴两国经贸和基建合作的加强，巴基斯坦就业市场急需大量既具有专业知识储备，又掌握良好汉语能力的复合型人才，中国留学经历成为毕业生求职面试的一大加分项。阿迪尔是葛洲坝集团位于巴基斯坦达苏水电站工程项目的经理助理，曾在中国留学 7 年。他最初在北京语言大学攻读汉语和中国文化本科，然后会讲中文的他继续在校攻读中国文化专业硕士学位。对巴基斯坦年轻人来说，前往中国留学具有多重利好因素，中巴传统友谊及对华好感是首要因素。此外，签证便利、费用合理、文凭管用等也是推动巴基斯坦学生赴华留学的重要因素。相较于欧美国家对普通巴基斯坦人的高门槛签证政策，中巴政府为双方民众往来提供了便利的签证手续和程序。高性价比是促使巴基斯坦学生到中国留学的另一个重要考量。近年来，中国不断提升教育水平与质量，高等教育国际排名显著增长，吸引了世界各地留学生。重要的是，来华留学费用和生活成本并不高，这大大减轻了留学生家庭的经济负担。何况，“一带一路”倡议背景下中国加大了对来华留学生的资助力度，中国政府奖学金对沿线和周边国家的吸引力不断上升。2016 年，来自“一带一路”沿线的中国政府奖学金留学生占比为 61%，巴基斯坦奖学金人数排名前列。[②]

大部分巴基斯坦在华留学生享受中国政府提供的奖学金。中国政府欢迎巴基斯坦优秀青年赴华留学，积极投身中巴友好关系和中巴经济走廊建设，为构建中巴命运共同体作出贡献。中国驻巴基斯坦使馆长期为巴优秀青年赴华留学提供便利和服务，希望获得奖学金的学生成为两国文化教育交流的使者和友好交往的践行者。在巴基斯坦留学生看来，中国政府向巴学生提供全额奖学金和宝贵的留学机会，展现了中国人民对巴的深情厚谊，这坚定了他们不负青春韶华，珍惜学习机会，学成回国报效国家，为中巴友好贡献力量的信心。

与此同时，中资企业也向巴基斯坦来华留学生提供奖学金。中国路桥修建了世界上平均海拔最高的跨境国际公路——喀喇昆仑公路。喀喇昆仑公路

---

① 国务院侨务办公室：“在华留学生超 2.2 万　巴基斯坦掀起‘留学中国热’”，2018 年 5 月 31 日，http://www.gqb. gov.cn/news/2018/0523/44908.shtml。

② 丁雪真：“巴基斯坦掀起留学中国热”，《人民日报》，2018 年 5 月 23 日。

跨越崇山峻岭，连接中巴两国，是名副其实的中巴友谊之路。2017 年，中国路桥与巴基斯坦高等教育委员会、东南大学达成合作协议，5 年内全额资助 100 名巴基斯坦联邦及各省政府在职人员、技术人员与优秀毕业生前往中国，进行为期 2 年的硕士研究生学习，培养基础设施建设领域的管理与技术人才。2019 年 7 月 12 日，中国路桥全额资助的首批 10 名巴基斯坦交通运输专业硕士留学生从东南大学毕业，回国后将参与中巴经济走廊与“一带一路”建设，以所学知识服务经济建设，共建友谊之路，同架合作之桥。①

巴基斯坦来华留学生学成回国后积极投入到推动中巴友好关系的事业中，其中最典型的是泽米尔·阿万父子。泽米尔·阿万于 20 世纪 80 年代到中国留学，能够讲流利的汉语，是巴基斯坦知名汉学家和中国通，不仅经常在中国和国际媒体上撰写关于中国发展和中巴合作的文章，而且积极参与和中国有关的论坛、会议、活动，在国际场合为中国讲话，以中巴友好为毕生的事业。2010—2016 年，泽米尔·阿万担任巴基斯坦驻中国大使馆的科技和教育参赞，他积极推动巴基斯坦学生到中国留学，想方设法与中国大学协商以多招收巴基斯坦的留学生。在泽米尔·阿万的努力之下，在华巴基斯坦留学生人数从 2010 年的 2000 人上升到 2016 年的 18000 人。②2016 年，泽米尔·阿万卸任后，重新回到巴基斯坦国立科技大学，成立中国研究所，充当中巴友好的民间大使。他亲自开设中国发展经验的课程，帮助学生寻求并适应中国企业的工作。他还在 3 年时间内带领 83 位巴基斯坦学生到中国实地考察，感受中国的伟大。泽米尔·阿万通过个人努力，继续在中巴青年一代之间架起友谊的桥梁。随着中巴经济走廊的建设，中国相关课程越来越受到巴基斯坦大学生的青睐，泽米尔·阿万遂于 2019 年正式开设了中国学硕士专业，主要由曾经到华留学的巴基斯坦人任教中国政治、历史、改革开放、中文等 10 门课。

在父亲和巴基斯坦学校教育的影响下，泽米尔·阿万的孩子们不仅从小就对中国文化生活方方面面非常熟悉，而且将中国作为他们求学的目的地。长子穆阿兹·阿万在天津大学从本科到博士攻读土木工程专业，同时热心于

① “中企全额资助的首批巴基斯坦来华留学生毕业”，中国南亚商务门户，2019 年 7 月 15 日。

② “巴基斯坦父子：我们从未想过要离开中国”，2019 年 8 月 6 日，http://oversea.huanqiu.com/article/2019-08/15256644.html?agt=97。

中巴友好事业，积极参加各类和中国有关的社会活动。次子穆阿瓦兹·阿万在上海交通大学攻读机械制造专业，喜欢钻研学术。泽米尔·阿万为孩子们对中巴友谊的贡献而骄傲，称他们是青出于蓝而胜于蓝，是当之无愧的民间外交家。比如，穆阿兹·阿万在中国求学期间，曾代表巴基斯坦青年参加了上海合作组织青年峰会并发表演讲；曾经为巴基斯坦旁遮普省和天津市之间的高级别投资峰会做过协调员；曾经在天津大学文化节中向中国民众介绍巴基斯坦文化和美食；曾经在巴基斯坦国家电视台录制的“中巴经济走廊时代”节目中担任主持，向巴基斯坦观众介绍中巴经济走廊的机遇与挑战。他还创办了微信公众号“巴铁快线”，用中英文双语和一些视频短片介绍中巴两国的政治、文化和友谊，吸引了大量中国和巴基斯坦粉丝，每篇文章都有成千上万的点击率。①

此外，高等科技教育合作越来越受到两国政府和高校的高度重视。教育和科技交流与合作是“一带一路”倡议的重要内容，中巴高等科技教育合作不仅有利于推动巴基斯坦经济社会发展，而且有助于发挥中巴经济走廊潜力，造福于地区繁荣与安全。2007 年 8 月 31 日，中国教育部和巴基斯坦高等教育委员会在巴首都伊斯兰堡签署合作备忘录，双方将共同建立“巴基斯坦中国科技大学”。据介绍，巴中科技大学将以理工科为主，包括计算机技术、电讯、卫星通信等专业，计划投资 5 亿美元，预计于 2008 年 6 月举行挂牌奠基仪式，10 月正式开学。中方将由北京邮电大学牵头、联合中国其他大学，同巴方一起设计规划、管理、运作该大学。投资完全由巴方承担，中方将从国内著名大学挑选一些教师前往任教。双方计划首期招收 5000 名本科生、硕士生和博士生。2018 年 11 月“中巴经济走廊大学联盟”交流机制第二次年会期间，浙江大学、香港理工大学和巴基斯坦国立科技大学共同签署了三方联合培养博士研究生项目的合作协议。2018 年 5 月，中国热带农业科学院与巴基斯坦热带农业科技教育的主力军信德省农业大学签署谅解备忘录，将开展热带农业科学技术交流与合作。2017 年 5 月，中国石油大学（克拉玛依校区）与巴基斯坦理工大学、巴基斯坦信息技术学院达成合作意向，决定推动更多实质性教育合作。中国石油大学是国内石油特色鲜明、以工为主的 211、985 大学，巴方合作学校在工科领域具有较强学术能力，

① “巴基斯坦父子：我们从未想过要离开中国”，2019 年 8 月 6 日，http://oversea.huanqiu.com/article/2019-08/15256644.html?agt=97。

双方的合作意向将为联合培养“高层次、应用型、国际化”的人才目标打下坚实的基础。[①]根据巴基斯坦高等科技教育分布的特点，以及地区自然资源禀赋差异，中巴高等科技教育合作应该因地制宜，满足巴基斯坦不同地区对高等科技教育的需求。比如，旁遮普省是农业大省，省内水利资源丰富，是中巴加强农业教育合作的理想省份。俾路支省金属矿产资源丰富，是中巴开展矿业类高等科技教育的可能地区。吉尔吉特—巴尔蒂斯坦、巴控克什米尔和开普省境内山高水急，风景奇特，可能成为中巴水电和旅游高等教育合作的地区。信德省煤炭资源丰富，适合开展煤电、煤炭化工技术教育。总之，中巴高等科技教育合作的重要支点将是合理利用巴基斯坦不同地区的自然资源和人力资源，帮助巴基斯坦建设符合地方特色的专业高等教育院校。[②]

## 二、中巴职业教育合作

教育的国际交流与合作是“一带一路”建设的题中应有之义，也是实现“五通”的前提条件和重要保障。在中巴经济走廊背景下，职业教育上升为中巴教育合作的重要领域。中巴职业教育合作不仅能为巴基斯坦培养国家发展所需的高级职业技术人才，而且能增进中巴两国友谊，深化中巴教育合作成果。中巴两国的技术合作和人文交流离不开技术技能人才的支撑，中巴职业教育国际合作得以全面展开。

### （一）中巴职业教育合作机遇

在“一带一路”倡议下，中巴职业教育合作具有良好的发展机遇。

首先，中巴经济合作协议和建设项目的实施对技术技能人才的需求，为中巴职业教育国际合作提供了动力。中巴经济走廊首次投资总额多达460亿美元，涉及多个重大项目及诸多产业，对劳动力特别是特定技术和专业背景的劳动力提出了需求。电站、机场、铁路、公路等建设需要培养大批职业技术工人，但是巴基斯坦职业教育发展较为滞后，难以适应中巴经济合作对技

① 王丽、泽米尔·阿万:“中国与巴基斯坦的文化交流历久弥新”,《国际人才交流》,2019年第8期，第57页。

② Amna Munawar，任定成、曹志红：“巴基斯坦高等科学技术教育现状简析”，《全球科技经济瞭望》，2019年第6期，第61页。

术技能人才的需求。巴基斯坦国内具有培养资质的专业职业技术院校较少，35 岁以下的青年劳动力文化程度较低，技术技能人才较为匮乏。这就要求我国与巴基斯坦开展职业教育国际合作，为中巴经济走廊建设和中巴经济合作提供技术技能人才支撑。

其次，中巴两国政府对职业教育国际合作的重视和支持，为中巴职业教育合作提供了良好的政策环境。中国政府出台了一系列政策推动教育和职业教育，包括教育部《推进共建“一带一路”教育行动》和《现代职业教育体系建设规划（2014—2020）》，不仅鼓励教育为共建“一带一路”提供人才支撑，发挥先导性和基础性作用，而且鼓励骨干职业院校走出去，为国家对外开放战略服务。巴基斯坦联邦政府也非常重视职业技术培训，促进青年就业。2011 年 7 月，巴基斯坦主管教育的行政机构被更名为“联邦教育与职业培训部”(Ministry of Federal Education and Professional Training)，表明巴基斯坦政府愿为所有公民提供获得教育与技能的公平机会，表明巴政府对职业教育的高度重视。巴基斯坦年轻人口多，但文化教育程度较低，技术型、技能型劳动力缺乏。据估计，自 2016 年起，巴基斯坦每年新增劳动力市场参与者的培训需求约为 240 万个，但是巴基斯坦国内现有培训能力大约 17%，职业技术培训需求十分强劲。2016 年，巴联邦政府利用 2.2 亿美元专项拨款设立“总理青年培训计划”，计划资助约 20 万名受过教育的失业青年接受职业技能培训，与私营部门合作开展各类技术和职业培训。

最后，中国职业教育的持续发展和国际交流经验的累积，为中巴职业教育合作奠定了坚实基础。多年来，中国职业教育积极走出去，开展了合作办学和国际交流，开发国际化教学标准，不断扩大留学生招生规模，受到国际同行的好评。2016 年，全国有 100 所高职院校开发了 283 个国（境）外认可的行业或专业教学标准，有 172 所高职院校接受全日制国（境）外留学生，为中国职业教育对外交流史积累了丰富的国际合作经验。2018 年 4 月 24—26 日，“巴基斯坦—中国职业教育国际合作论坛及资源展览洽谈会”在巴基斯坦卡拉奇举行。本次中巴职业教育国际交流活动由巴基斯坦联邦职业教育委员会倡议，信德省职业技术教育委员会联合中国巴基斯坦投资贸易促进会共同主办。来自中国 22 所高等职业技术学院的 62 名代表参加了此次对接合作交流。

## （二）中巴职业教育合作进展

目前中巴职业教育合作处于起步阶段，主要涉及向巴学生提供职业培训、共同建立职业技术机构、为巴职业学校提供设备物资等。

### 1. 向巴学生提供职业技术培训

位于中国苏州职业大学的中巴经济走廊文化传播中心拥有世界一流的设施和师资，主要开展中巴学生交流、学术研究和研讨会、职业教育，组织中国文化体验营和教师交流。中巴经济走廊文化交流中心获得中国教育部和国际教育委员会支持，与世界上多所大学签署了独家代理，打造“一站式国际化教育服务”，致力于资源与需求、渠道的无缝对接。该中心设立跨境教育项目 OW（Oriental Wisdom），旨在通过整合资源、建立连接，将中国教育推向世界。OW 项目在巴基斯坦经营多年，与巴各大教育及培训权威机构保持密切合作关系，并与巴智库“巴基斯坦之家”Pakistan House 和“中巴经济走廊能力建设中心”CPEC Excellence Center 签署合作协议。OW 项目惠及 100 多所巴基斯坦高校及职教平台，覆盖 80% 以上的巴方职业教育培训市场。2018 年 11 月，中巴经济走廊文化传播中心的“人才走廊计划”为 1000 名巴基斯坦学生提供奖学金，开展为期一年的职业培训，主要包括三级计划：最高级教授外层空间和高速列车技术，中间级传授水电和太阳能教育能源工程，最低级接受不同机器和类型设备的驾驶培训，包括挖掘机器和履带式机器等。1000 名奖学金学生分布于从高水平到低水平的班级，共涉及 20 个专业，而上一年仅设有 6 个专业共 100 个奖学金。[①]2020 年 11 月 25 日中巴经济走廊文化交流中心主任曾信凯一行到访辽宁工业大学，就搭建中巴职业技能培训基地项目展开洽谈，以选拔优秀巴基斯坦学生来辽工大进行专业度较高的职业教育。辽工大可以为巴方提供优质教育平台和服务，以巴方市场需求为导向，共建职业技能培训基地，在机械、电气、控制、汽车、建筑等领域培养专业技术人才，为中企和巴企服务，为“一带一路”经济圈提供智力支持。[②]

① “‘人才走廊’计划：1000 名巴基斯坦学生在中国接受职业培训和教育”，2018 年 7 月 2 日，http://cn.dailypakistan.com.pk/story/cepc/4231/。

② “中巴经济走廊文化交流中心主任曾信凯博士一行访问我校”，2020 年 11 月 25 日，https://gjxy.lnut.edu.cn/info/14137/184615.htm。

随着中巴经济走廊建设的推进，巴基斯坦对工程技术人才的需求激增。为了适应这一需求，巴基斯坦孔子学院积极探索“汉语 + 职业技术培训”的高效教学模式。新疆农业大学与巴基斯坦费萨拉巴德农业大学合作共建的孔子学院与华能山东如意（巴基斯坦）能源有限公司萨希瓦尔燃煤电站合作签订“汉语 + 焊接技术”教学培训协议并开展相关教学。“汉语 + 焊接技术”培训班课程分为汉语培训课程和实训课程两个阶段，共 1160 学时。第一阶段为汉语培训课程，由孔院教师采取集中强化培训模式，对学员的汉语技能进行系统性培训。通过 12 周 360 学时的学习，学员基本达到 HSK 三级水平。之后，教学内容增加焊接技术相关汉语知识，为学员后期焊接实训夯实语言基础。第二阶段为实训阶段，学员将进行 6 个月 800 课时的“理论 + 实操课程”学习。焊接专业技术人员进行实践教学，学员将焊接技术理论知识与实际运用相结合，学习并掌握焊接技术。此次“汉语 + 焊接技术”培训项目的顺利开展，不仅为孔院开展汉语教学和中华文化推广搭建了新平台，而且树立了孔院与海外中资企业合作的典范。孔院开辟的“汉语 +”教学模式拓宽了“一带一路”及中巴经济走廊建设新思路，为当地技术教育扶贫和社会民生建设服务，扩大孔院影响力，展示中国良好形象。[①]

2021 年 6 月 2 日，巴基斯坦职业技术交流研修班举行线上开班仪式。这是中巴两国在援外框架下开展培训合作以来，首个职业技术教育领域的双边培训班。此次培训共有 111 名政府官员、教师报名参加。中国驻巴基斯坦大使农融、巴基斯坦职业教育委员会主席哈桑、中国人力资源与社会保障部国际合作司副司长钱晓燕、宁波职业技术学院院长吴翔阳教授出席开班仪式并致辞。农融大使希望广大学员认真学习并汲取中国职业技术教育发展的成功经验，学以致用，为巴基斯坦职业技术教育作出积极贡献。[②]

### 2. 共建职业技术培训机构

中巴经济走廊建设进入第二阶段，人力资源开发具有特殊意义，中国

① “费萨拉巴德农业大学孔子学院携手中资企业举办‘汉语 + 焊接技术’培训项目 助力中巴经济走廊建设”，2020 年 5 月 1 日，http://news.xjau.edu.cn/2020/0501/c1839a67365/page.htm。

② “农融大使出席巴基斯坦职业技术交流研修班开班仪式”，中国驻巴基斯坦大使馆，2021 年 6 月 3 日。

决定提供资金帮助巴基斯坦全国开设六家职业培训机构，以培养成熟的劳动力。2020年7月，大约7万名巴基斯坦人直接受雇于中巴经济走廊不同项目。估计到2030年，中巴经济走廊可以间接创造120万个就业岗位。巴基斯坦职业技术培训能力有限，每年只能培训44.5万名技能熟练工人，巴基斯坦的中国公司面临着技术人员严重短缺的问题。据估计，通过增加六个职业培训机构，巴基斯坦能够为本地和国际市场产出大量技术工人。①

2019年12月16日，中国援助巴基斯坦瓜达尔的职业技术学院和医院两个民生项目正式动工。据了解，职业技术学院项目总建筑面积7500多平方米，包括教室、实验室、图书阅览室以及学生和教职工宿舍等。该项目由中国港湾工程有限责任公司承建，计划工期约19个月。在当天的开工仪式上，巴基斯坦俾路支省财政部部长扎胡尔·布勒迪向中国政府和人民表示感谢，认为这两个民生项目将帮助瓜达尔开发当地人力资源，提高医疗条件和水平。中国驻巴基斯坦大使馆经商公参王志华表示，中国在瓜达尔的所有援巴项目体现了中国政府帮助瓜达尔实现发展、倡导共赢合作的承诺。②

除中国政府援建巴职业教育学院，我国职业院校也积极到巴基斯坦开展合作办学。潍坊职业学院在巴基斯坦设立“中巴特潍塔高级技术培训学院”，天津现代职业技术学院与旁遮普技术教育与职业培训局合作共建“巴基斯坦鲁班工坊”，天津职业技术师范大学、天津工业大学、天津城建大学联合在巴基斯坦建立“旁遮普天津技术大学”。陕西铁路工程职业技术学院与巴基斯坦开普省高等教育厅签署“中国—巴基斯坦‘一带一路’国家骨干技能人才联合培养合作备忘录，四川西南航空职业学院正在积极探索在巴基斯坦创建“泛美航空学院”，共建中巴航空文化教育走廊。③

### 3. 为巴基斯坦职业学校提供设备物资

除了援建职业学院，中国也给巴基斯坦现有职业培训机构提供设备物资，帮助其实现现代化发展。2020年7月，中国通过国家职业技术培训委

① “巴陆军长为姚大使办欢送宴中巴签特区发展协议”，《巴基斯坦华商特刊》，2020年9月21日。

② “中国援助巴基斯坦民生工程在瓜达尔动工”，中国南亚商务门户，2019年12月18日。

③ 吕佳：“全球新冠疫情下中巴经济走廊建设进入新阶段的研究”，《当代经济·月刊》，2020年第9期，第16页。

员会为巴基斯坦各地的职业培训机构（学校）提供了价值400万美元的培训设备。7月8日，中国驻巴基斯坦大使姚敬与巴经济事务部常秘艾哈迈德共同签署中国政府援巴职业学校设备物资项目换文。据中国驻巴基斯坦大使馆介绍，中方将向巴基斯坦50所职业学校捐赠包括柴油发电机、电脑、打印机、投影仪、家具在内的设备物资，预计将直接惠及超过10000名学员。姚敬大使表示，职业学校设备物资捐赠项目是中巴经济走廊框架内两国民生合作早期项目之一；援巴职业学校设备物资项目的实施，有助于提升巴全国职业教育系统硬件设施，为年轻人获得现代化的教育、提升劳动技能创造更好条件；中方将在继续协助巴方做好新冠肺炎防疫工作的同时，更加重视巴经济恢复和民众福祉，与经济事务部共同努力落实好后续民生领域的援助项目；中巴经济走廊第二阶段将更加关注技能培训、农业、扶贫、健康等领域的合作，中国政府将继续支持巴基斯坦实施以人为本的两国民生合作项目。艾哈迈德在换文签署仪式上表示，中国是巴基斯坦的真朋友，在巴面临新冠肺炎疫情防控、蝗虫防治等严峻压力的困难时刻，中国给予了大力帮助和支持；职业教育是伊姆兰·汗总理和巴政府重点关注的领域，中国政府提供的物资将帮助巴方职业学校升级设备设施，提高职业教育培训能力，这与巴基斯坦政府推广职业教育培训、提高生产力的愿景十分契合；该项目的实施非常及时，为更多人就业创造良好条件，有利于巴经济恢复。①

2020年8月13日，中国驻巴基斯坦大使姚敬与巴联邦教育部部长马哈茂德共同出席中巴职业技术培训合作启动仪式。姚大使表示，中方重视同巴方在职业技术培训领域开展合作，中巴经济走廊民生合作框架下专门确定职业技术培训合作项目，充分体现“一带一路”合作促进民心相通的宗旨。中方今后将继续通过提供职业教育设备物资、共同教学等方式加强巴相关能力建设，还将利用中国政府和企业资源，向巴青年提供赴华培训和实习、工作等机会。中方希望与巴教育部和国家职业技术培训委员会保持密切协作，调动中巴两国政府、巴国家职业技术培训委员会和中资企业等各方力量，深入推进双方职业技术培训合作，促进巴人力资源发展。马哈茂德赞赏中国政府对巴抗疫和恢复经济的大力支持，积极评价中巴经济走廊向高质量发展，并对中国政府和企业在职业技术培训领域提供的大力支持和帮助表示感谢，表

① “驻巴基斯坦大使姚敬签署援巴职业学校设备物资项目换文”，中国驻巴基斯坦大使馆，2020年7月8日。

示巴政府重视职业技术培训对经济发展的推动作用，期待同中方在职业教育师资力量培养、走廊项目用工培训等领域开展紧密合作。①

## （三）职业教育合作挑战及应对

当然，中巴职业教育合作也面临一些挑战。

首先，中巴职业教育管理体制、发展模式、教学标准以及职业教育发展水平存在很大差异。中巴政治体制、文化传统和经济发达程度有异，导致两国职业教育发展模式有所差别。中巴职业教育合作还处在起步阶段，双方的职业教育合作机制、专业标准、课程体系均在探索过程中，尚未发展成熟。如何迅速建立起适应中巴经济走廊建设需求的合作办学体制、职业技能人才培养模式，成为一个巨大挑战。

其次，巴基斯坦社会对职业教育存在一定程度的偏见。巴基斯坦职业技术教育的课程运作效率和教育质量相对较低，致使社会上对职业教育与培训普遍存在负面认知和误解，并对职业学校生源质量、资金投入和合作办学产生负面影响。这也成为中巴职业教育国际合作的另一个重要挑战。

最后，中国职业教育人才培养模式、师资队伍建设现状还不能满足中巴职业教育合作对人才的需求。中国职业教育院校普遍采用的“双证书”人才培养模式，以及“双师型”职业师资队伍建设模式，都没有充分重视教师和学生的国际视野、语言能力和跨文化交际能力。大部分职业教育学院的学生以工科专业为主，具有明显的技术优势，但语言能力和文化素养是弱项。鉴于中巴间文化差异巨大，职业教育合作中潜藏着巨大的文化冲突可能性和宗教风险，因此如何增进双方文化适应，进行系统有效的专业训练和知识储备，实现民心相通的使命，成为中巴职业教育合作中的又一重大挑战。

为了应对中巴职业教育国际合作面临的上述挑战，中巴教育管理部门以及职业院校需要协同努力采取以下措施。第一，开发课程体系，创新教学模式。职业院校应该积极与中巴经济走廊建设相关的企业、组织、机构开展合作，加强对走廊建设相关产业布局、行业特征、人才需求进行调研，共同商讨开发中巴经济走廊建设急需、发挥中国职业教育优势，与巴基斯坦职业教育相衔接的国际化、标准化教学模式、课程体系和教学标准。课程设置强调

---

① “驻巴基斯坦大使姚敬出席中巴职业技术培训合作启动仪式”，中国驻巴基斯坦大使馆，2020 年 8 月 14 日。

技能培养，突出应用特色，聚焦相关企业需求，针对当地学生特点，打造科学、合理、高效的“一带一路”技术技能人才培养体系。第二，集中职业院校资源，打造精品示范项目。发挥重要职业院校的师资优势，充分利用政府利好政策和企业资金、技术、人才资源，集中力量打造中巴职业教育国际合作精品项目，发挥示范效应和先导作用。比如，天津职业技术师范大学、天津工业大学和天津城建大学与巴基斯坦旁遮普省技术教育与职业培训部合作成立了巴基斯坦旁遮普天津技术大学，为中巴经济走廊建设和中巴经济合作培养应用型技术人才。三所学校优势互补，分别承担该校工程技术学院、纺织工程技术学院和建筑工程学院共计 7 个专业的建设任务，是天津市高校为“一带一路”建设和中巴经济走廊建设而合力打造的中巴职业教育合作示范项目。另外，天津轻工职业技术学院积极参加巴基斯坦举行的职业技术教育培训会议，努力与巴方达成师资培训合作事宜。[①] 中国天津充分发挥职业技术教育资源优势，既可与巴基斯坦职业教育机构联合办学，也可寻求职业教育师资合作，从而实现两国职业教育的国际化发展。这种合作模式直接为“一带一路”建设和中巴经济走廊建设输送紧缺技术人才，对加强中外职业教育合作具有示范和借鉴意义。第三，提高职业教育质量，拓宽学生就业渠道。为了消除巴基斯坦社会对职业教育的负面印象，一方面需要中巴职业院校合作，加强学校特色、专业优势、教学质量及学生就业前景的宣传，营造有利于中巴职业教育合作的良好舆论氛围；另一方面要加强学校内涵建设，保证办学质量，配备优秀师资，培养过硬专业人才，打造职业教育合作办学及境外办学品牌。中巴职业教育合作需要充分利用中国政府奖学金机会，吸引巴基斯坦职业院校优秀学生来华学习，增强职业教育的影响力和吸引力。另外，中巴职业院校要有意识加强校企合作，推动产教融合，与参与中巴经济走廊建设的企业在课程设计、实验实训、人才培养、就业促进等方面开展全方位合作。中巴职业院校还需鼓励企业高技术人才参与管理和教学，与企业签订定向就业协议，提升职业教育院校学生的就业率、就业回报率和满意度。第四，适应“一带一路”建设要求，推动人才培养模式升级。根据“一带一路”建设“五通”要求，职业院校要培养具有国际视野、扎实理论知识和过硬技术技能的复合型人才，在强调理论知识和实践技能并重的同时，将跨文化交际

① 刘进、徐丽：“‘一带一路’沿线国家的高等教育现状与发展趋势研究（八）——以巴基斯坦为例”，《世界教育信息》，2018 年第 13 期，第 27 页。

能力和国际交往能力纳入职业人才培养目标和教师能力建设标准。中巴职业院校要结合中巴经济走廊建设过程中的人才需求实际，开创全新的职业教育合作和境外办学模式，学习孔子学院教育理念、培养模式和考核方式，加强语言课程、中巴国家概况和跨文化交际课程建设，推动职业教育培养模式由“两位一体”即“理论＋实践”模式向“三位一体”即“理论＋实践＋国际化”模式的转变。只有经过这样的转型，中巴职业院校才能为开展职业教育国际合作扫除文化冲突和语言障碍，顺利完成职业教育国际化办学和国际合作各项任务，传播中巴命运共同体理念，增进中巴友好，促进民心相通。[①]

## 三、巴基斯坦的汉语教育与中国的乌尔都语教育

### （一）巴基斯坦的汉语教育

自 20 世纪 70 年代以来，巴基斯坦汉语教育得到迅速发展，高等院校的汉语课程逐渐增多，众多中小学也将汉语纳入学校课程体系。巴基斯坦高等院校的汉语教育包括两类：汉语专业教育和汉语辅修教育。汉语专业教育就是把汉语语言文学作为专业课程学习的高等教育，汉语辅修教育即非汉语专业的学生将汉语作为外语辅修的高等教育。一般情况下，大学里的商务、经济、电子通信等专业会开设汉语辅修教育，旨在培养具备基本汉语交际能力、了解中国文化的巴基斯坦人才。巴基斯坦国立现代语言大学中文系和伊斯兰堡孔子学院分别在巴基斯坦汉语专业教育和汉语辅修教育中发挥了重要作用。

巴基斯坦的汉语教育始于汉语专业教育，而国立现代语言大学的中文系是最早从事汉语专业教育的重要机构。1970 年，在中巴两国政府和巴基斯坦军方的支持下，巴基斯坦成立国立现代语言学院，汉语系作为学院创建的一个重要部分。2000 年，国立现代语言学院改为国立现代语言大学，汉语系升级为中文系。国立现代语言大学中文系在中巴政府交往、沟通与合作中发挥了非常关键的作用，承担了两国交往所需的很多口译与笔译任务。同时，为了方便中巴民众相互交流与了解，国立现代语言大学中文系承担了乌尔都

① 王慧、翟风杰：“‘一带一路’背景下中巴职业教育合作研究”，《职业教育研究》，2019 年第 4 期，第 10—13 页。

语中文词典项目，为中巴人文交流架起语言桥梁。

国立现代语言大学中文系以其强大的软硬件实力，始终为巴基斯坦汉语教育及发展提供支持与服务。中文系的系主任通常由中国政府委派，拥有非常专业的汉语教育师资和良好的资源条件。中文系的本土教师与中国国家汉办公派教师比例约为 2∶1，本土教师占教师总量的比重呈上升趋势。中文系所用教材主要是北京语言大学汉语学院编写的《汉语教程》系列教材，也有部分教师使用自编教材，暂时没有专门的本土化汉语专业系列教材。[①] 中文系具有五大主要任务：培养巴基斯坦本土汉语人才，建设汉语语言学位，从事汉语研究，编写汉语教材，组织本土汉语教师培训。近年来，随着巴基斯坦汉语学习需求的增长，中文系正在努力寻找更多的合作与交流机会，通过扩大交换学生数量增加本国汉语人才，旨在为中巴未来合作作出更多贡献。

国立现代语言大学中文系早期主要为巴基斯坦军方和政府培养汉语人才，满足中巴两国军事和政治交流需要。后来，中文系逐渐向社会普通人群开放，满足巴基斯坦民众与中国进行经贸以及教育文化交流的需要。中文系学生中学位学生与非学位学生的比例大概为 11∶238，表明巴基斯坦国内汉语学习人群对汉语学习要达到的水平要求并不高，短期培训学习能够满足学生出国或基本交流需求。另外，随着汉语课程水平程度的提高，学习汉语的人数逐渐下降。之所以出现这种情况，主要是因为巴基斯坦国内对高级汉语水平人才的需求并不是特别旺盛；汉语级别水平越高难度越大，学员害怕困难而放弃；优秀汉语学生容易获得奖学金赴华留学。

伊斯兰堡孔子学院成立后积极推进巴基斯坦高等院校汉语辅修教育的发展。截至 2011 年底，巴基斯坦全国开设汉语辅修课程的高等院校已有 7 所。根据伊斯兰堡孔子学院的统计，2015 年以来，巴基斯坦年轻人中学习汉语者数量大幅上升。2016 年参加汉语水平考试（HSK）的考生达到了 1350 人，比 2015 年翻了一番，而 2017 年考生人数则突破 3600 人。[②]

伊斯兰堡孔子学院为汉语学习者提供了五种不同类型的汉语课程，即口语课、听力课、文化课、综合课和 HSK3-4 辅导班。当然，每年孔子学院的汉语课程设置并非一成不变的，而是根据生源实际情况与社会需求进行调整

① “巴基斯坦汉语教育最新概况”，《国际汉语教育》，2012 年第 2 期，第 85 页。

② 丁雪真：“巴基斯坦掀起留学中国热”，《人民日报》，2018 年 5 月 23 日。

与变化，努力实现因材施教乃至学以致用。孔子学院的学生以社会在职人员为主，为了照顾学员学习时间需求，课程基本安排在下午。孔子学院负责组织安排汉语水平考试，为学习者提供了方便。同时，孔子学院的课程设置也有 HSK 辅导课程，并根据学生水平分为初级、中级与高级班，一般情况下初级班数量与学生人数明显多于中高级班。HSK 考试不仅方便学生检测自己的汉语成绩与汉语水平，而且为其申请赴华留学和交流提供有效证明。

伊斯兰堡孔子学院在国立现代语言大学六个校区开设汉语学习课程，也与其他大学、中小学合作开设汉语教学点。孔子学院负责向各个汉语教学点派遣汉语教师，并根据各个地区不同学生的需求开设不同类型的汉语课程。2015 年，伊斯兰堡孔子学院合作教学点的汉语学习者数量明显多于孔子学院直属教学点的注册人数。伊斯兰堡孔子学院有力地促进了汉语教学在巴基斯坦各个地区的发展与传播，扩大汉语以及中国文化在巴基斯坦的影响力。

除了师资与生源外，伊斯兰堡孔子学院也拥有非常丰富的汉语教学资源与设施条件。2015 年，孔子学院启用了新的教学大楼，配备现代化的语言教学设施，包括 22 间教室、1 间阅览室、1 间图书馆、2 个会议室、3 个办公室、3 个教师休息室、1 个仓库。同时，孔子学院拥有丰富的、最新的汉语教材等教学资源，这对于巴基斯坦的汉语教学大有助益。

事实上，在中巴经济走廊建设背景下，汉语熟练者在巴基斯坦拥有越来越多的优势。[①] 走廊建设第一阶段已有大批中资企业进入巴基斯坦基础设施、能源、港口等领域，为巴当地人创造了大量就业机会。走廊建设第二阶段中资企业将更多进入产业园区和社会民生领域，尤其需要懂汉语的当地人才。2020 年 2 月，巴基斯坦白沙瓦“中国之窗”文化中心举行的汉语结业证颁发仪式上，巴基斯坦中国文化中心主任张和清参赞勉励巴基斯坦青年努力学习汉语，以在中巴经济走廊建设中谋求就业，并同意向优秀学生提供奖学金资助其前往中国留学。开普省旅游公司总经理萨迦达·阿赫默德鼓励巴基斯坦人学习汉语，以便将来从事旅游行业。在他看来，犍陀罗文化将吸引大量中国游客，中国将对巴基斯坦旅游行业做出贡献。[②] 诚然，对于巴基斯坦学生来说，学好中文成为跻身中国企业必不可少的条件，同时也可以通过个人

① 丁雪真：“巴基斯坦掀起留学中国热”，《人民日报》，2018 年 5 月 23 日。

② “China-Pakistan friendship everlasting, says Chinese Cultural Consular Zhang Heqing”, *Balochistan Times*, 02/28/2020.

积极参与走廊项目为国家建设作贡献。况且，孔子学院的优秀学员容易申请中国政府奖学金赴华深造，学成回国后多投入到前景美好的行业。通过口口相传这些成功案例，汉语教育在巴基斯坦学生和家长心目中的吸引力不断提升。

随着中巴经济走廊建设继续深入，巴基斯坦孔子学院和孔子课堂的教学已经无法满足当地日益高涨的汉语学习需求。中国努力帮助巴基斯坦学生实现学习汉语的梦想，派遣汉语教师、设立汉语奖学金满足巴基斯坦人的汉语学习热情。2014 年《中华人民共和国和巴基斯坦伊斯兰共和国关于深化中巴战略与经济合作的联合声明》强调了语言在促进人文交流中的重要作用。为了增强巴基斯坦的汉语教学能力，满足更多人渴望学习汉语的需求，中国国家汉办决定向巴基斯坦派遣 60 名汉语教师，邀请 140 名巴本土汉语教师来华培训。[①] 中国还需要不断加大与巴基斯坦相关各方的沟通力度，借助中巴经济走廊建设之力，实现孔子学院和孔子课堂全覆盖、全落地。在新冠肺炎疫情全球大流行背景下，中巴双方可以商议开展汉语慕课，开发汉语学习软件等，弥补巴基斯坦国内汉语师资力量的不足，使汉语在巴传播普及化，让更多巴基斯坦人受益。此外，为了扩大中国与包括巴基斯坦在内的南亚各国人文交流，推进南亚各国汉语教师本土化建设，相关部门设立了孔子学院奖学金“南亚国家汉语师资班项目”，遴选南亚优秀留学生来中国学习，学成后回国担任汉语教师。通过在中国的学习与生活，这些南亚留学生有望成为中国和南亚国家之间交流合作的民间大使，成为南亚精英群体中的“知华派”和“友华派”，从而产生更加广泛而深远的影响。[②]

在“一带一路”倡议和中巴经济走廊建设背景下，中巴两国地方政府也发起语言教育项目，为两国的大学和中学建立教育与文化交流平台。2015 年 8 月，瓜达尔市政府和新疆克拉玛依市政府签署教育合作协议，目的是为俾路支省瓜达尔地区的教师提供培训机会。2015 年 10 月，首批巴基斯坦教师在克拉玛依高中的国际部学习初级汉语和中国文化课程。克拉玛依与瓜达

① “中华人民共和国和巴基斯坦伊斯兰共和国关于深化中巴战略与经济合作的联合声明”，http://www.fmprc.gov.cn/web/gjhdq_676201/ gj_676203/yz_676205/1206_676308/1207_676320/ t1130162.shtml,2018-05-29。

② 徐娟：“语言服务推动中国在南亚形象的提升”，中国社会科学网，2019 年 12 月 22 日。

尔的教育交流是不断出现的中巴文化交流平台的新范例，表明两国人文交流中心逐渐从发达城市向欠发达地区转移，以便增强互惠的发展进程。①

## （二）中国的乌尔都语教育

乌尔都语是巴基斯坦的国语，也是南亚次大陆的重要语言之一。随着中巴友好关系特别是中巴经济走廊项目持续推进，中国对乌尔都语人才的培养和需求越来越高。北京大学是我国较早开设乌尔都语的大学，培养了一批懂乌尔都语的外交官、媒体人士、研究人员。另外，北京外国语大学、中国传媒大学、广东外语外贸大学、天津外国语大学、西安外国语大学、新疆师范大学、滇西科技师范学院也开设了乌尔都语专业。

北京大学乌尔都语教研室以及后来建立起来的巴基斯坦研究中心在我国乌尔都语人才培养和中巴民间文化交流中发挥了无可替代的重要作用。20 世纪中叶，北京大学东语系就开设了乌尔都语专业，成为我国知识界了解巴基斯坦文化的重要平台。北大乌尔都语专业也培养了大量直接从事中巴友好关系的名人，比如中国驻巴基斯坦大使馆政务参赞安启光、中国国际广播电台乌尔都语译审陆水林等。以 1954 年的乌尔都语专业为依托，北京大学巴基斯坦研究中心于 2008 年 6 月 19 日在时任巴基斯坦驻华大使萨尔曼·巴希尔主持下成立，标志着我国巴基斯坦语言文化的研究和教学工作进入更高阶段。

北京大学巴基斯坦研究中心酝酿成立初期，2004 年 7 月末至 8 月初，乌尔都语专业师生就应前巴总统穆沙拉夫的邀请访问了巴基斯坦。同学们充分领略了巴基斯坦历史的悠久与现代化发展的坚实步伐，更感受到了巴基斯坦人民对中国人民的深情厚谊。此后，利用北大巴基斯坦研究中心这一平台，中巴两国学者开展文化交流和互动访问。比如中心接待了多批巴基斯坦外交部青年外交官的来访；邀请巴方教授来校讲座，并与乌尔都语师生座谈；接待了巴基斯坦伊斯兰大学的副校长和教务长，一起探讨了两校之间的交流事宜；接待了卡拉奇大学校长、副校长来访以及穆斯林联盟领袖派秘书长、著名新闻人物穆贾希德·侯赛因先生的访问和采访。2008 年 8 月 8 日，巴基斯坦总理、人民党领袖吉拉尼出席北京奥运会期间亲切会见了乌尔都语专业师生。2009 年暑假期间，中心应巴方邀请，组织师生赴巴学习访问；2010 年 3

① BAI GUI & MUHAMMAD ARIF, “Exploring Channels of Cultural Communication between Pakistan and China”, *Media Watch*,7 (2) 2016, p.191.

月 14 日，中心还应巴基斯坦文学院和巴基斯坦驻华大使馆邀请，组织国内巴基斯坦研究领域的专家学者赴巴参加“苏非主义与和平”国际学术会议。

近年来，巴基斯坦学生开始进入北大巴研中心学习，从 2010 年开始巴基斯坦学生进入北大乌尔都语专业攻读博士学位。巴基斯坦有关方面也一直在为北大巴研中心及乌尔都语专业的教学和科研工作提供帮助和支持，先后选派到乌尔都语专业任教的巴籍专家学者累计 8 人次，为我国乌尔都语专业教学和科研工作的进步与发展作出了积极的贡献。

2014 年初，北京大学孔菊兰教授领衔编撰的《乌尔都语汉语词典》在高等教育出版社正式出版。这本词典凝聚了中国几代乌尔都语专家的心血，是国内多家单位乌尔都语学者通力合作的成果。《乌尔都语汉语词典》的出版弥补了国内此类词典的空白，满足了高校外语教学、自学乌尔都语、对外交流等诸多方面的需要。巴基斯坦驻华使馆非常重视该词典的出版，前驻华大使马苏德・哈立德先生提议并促成了马姆努恩・侯赛因总统出席《乌尔都语汉语词典》的发布会。2014 年 5 月 20 日，《乌尔都语汉语词典》新书发布会在复旦大学举行，马姆努恩・侯赛因总统在致辞中不仅高度评价了词典的编撰和出版，认为其是中巴友好交往的一项重要成就，而且对中巴友谊渊源与承继予以高度重视。他表示，中巴两国的友好交往源远流长，在几代领导人的持续努力下建立了牢固友谊，《乌尔都语汉语词典》的出版将进一步巩固双方传统友谊，为双方在文化、教育、艺术、体育等领域的深入交往提供便利。发布会后，马姆努恩・侯赛因总统不辞辛劳、耐心地为词典编纂者和读者签名留念，甚至笑称签名任务也是传播中巴友谊。[①]

北京大学乌尔都语教研室以及巴基斯坦研究中心已成为中巴民间交流的坚实平台，巴驻华大使馆一直对中心的活动提供支持与帮助。中心经常受邀参加两国间的官方及民间互访活动，中心举办的活动如乌尔都语演讲比赛、中巴大学生论坛等也得到巴驻华大使馆的积极支持，同时使馆方面为中心提供的课余翻译工作及观看演出等则为学生提供了良好的实践机会。这些交流活动如涓涓细流，滋养了中巴间如大海般的深情。[②]

① 唐孟生：“我与马姆努恩・侯赛因总统二三事”，载陆树林主编：《我们和你们：中国和巴基斯坦的故事》，五洲传播出版社，2015 年版，第 23—25 页。

② 唐孟生：“中巴友谊在北大延伸”，载唐孟生、安启光编：《亲历巴基斯坦》，经济日报出版社，2012 年版，第 307—308 页。

### （三）信息通信技术与民间机构在语言教育中的作用

2014 年，在中国政府资助下，国立现代语言大学中文系建立了巴基斯坦最先进的语言实验室，可同时供 36 名学生使用。新的语言实验室配备了笔记本电脑、整套多媒体设备，可以提供录音、录像供学生讨论研究，为汉语学习提供支持与帮助。语言实验室的投入使用，既满足了在校学生的汉语学习需求，也为偏远地区学生的远程汉语学习创造了条件。

中国高校充分利用具有成熟经验的智慧教育优势，帮助巴基斯坦打造一批智慧校园以及智慧课堂。智慧教育作为“互联网 + 教育”大生态圈共同努力的方向，不仅有利于消除区域间的教育鸿沟，更有利于促进教育领域的国际交流。为了把信息通信技术嵌入高等教育，中国的华为公司与巴基斯坦早已建立合作关系，于 2017 年联合举办了首场华为 - 巴基斯坦信息通信技术技能大赛，给巴基斯坦高校展现了最具创新性和最具前沿的信息通信技术。同样，在巴基斯坦汉语传播中要充分发挥智慧教育的作用。根据巴基斯坦来华留学生的背景数据分析，有针对性地建设在线中文语言课程体系，为他们提供更多、更便利、更符合其需求的中文语言学习资料。中巴联合开发多款汉语学习软件投放到巴基斯坦市场，吸引更多巴基斯坦人通过在线语言课程掌握汉语技能，提升中巴教育文化交流的层次与质量。① 中国政府对巴基斯坦汉语推广努力给予了大力技术支持，援建巴哈里亚大学中文语言实验室，推动中巴大学开展务实合作，服务中巴经济走廊建设。② 另外，中巴高校可以借助智慧教育平台，实现及时在线交流，打造互联互通平台，探讨中巴经济走廊涉及的政治、安全、经济、人文等话题，共同研究，协同攻关，创造性地产出一批解决实际问题的科研成果，打造中巴高校科研共同体，树立“一带一路”智库合作的典范。③

除了官方机构，巴基斯坦民间机构在汉语推广中也发挥了重要作用。2001 年以来，中巴关系稳定友好，巴基斯坦的文化传播重心从公共机构转

---

①　白玲、安立魁：“智慧教育：中巴高校合作的战略选择与施为路向——基于巴基斯坦《高等教育 2025 愿景》”，《比较教育研究》，2020 年第 7 期，第 33 页。

②　“驻巴基斯坦大使姚敬出席巴哈利亚大学中文语音实验室启用仪式”，中国驻巴基斯坦大使馆，2020 年 3 月 5 日。

③　白玲、安立魁：“智慧教育：中巴高校合作的战略选择与施为路向——基于巴基斯坦《高等教育 2025 愿景》”，《比较教育研究》，2020 年第 7 期，第 32 页。

向了私人机构。巴基斯坦城市里涌现了许多从事汉语和中国文化教学的私人机构，这些机构发起了创新性的文化交流项目，目的是继续拓宽中巴友谊空间。巴中学会（Pakistan-China Institute,PCI）是位于首都伊斯兰堡、首个从事中巴文化交流的民间智库。2009 年，巴基斯坦资深外交官、重要政治人物、巴基斯坦参议员穆沙希德·侯赛因成立了巴中学会，开启了活跃的中巴民间文化交流。巴中学会致力于从各个方面特别是文化外交和教育领域推动中巴两国人民之间的联系，特别关注青年和妇女交流。

巴中学会自成立以来发起了多个中巴文化交流项目，比如共同研究和培训项目、出版、电视制作、教育合资企业等。巴中学会经常邀请中国艺术和文化团体访问巴基斯坦，激发巴基斯坦人对中国、中国文化与文明、历史、经济和技术成就的关注。在教育领域，巴中学会帮助巴基斯坦教育机构扩大与中国共同办学的合作规模，帮助在巴基斯坦建立中国语言教学机构，克服两国人民和文化交往中的语言障碍。巴中学会帮助中国国际广播公司（China Radio International）和根深千禧年教育集团（Roots Millennium Schools）达成合作协议，共同在巴基斯坦学校提供汉语教学。这个名为 CRI-Roots Confucius Classroom 的项目开始于 2011 年，为中巴人民扩大文化联系开辟了新的渠道。通过该项目，大约 4000 名学生注册入学学习汉语。考虑到巴基斯坦年轻人学习汉语的迫切需求，巴中学会还发起了另一个创新性项目，即从 2014 年开始在巴基斯坦大学利用视频技术开启在线汉语学习班。巴中学会帮助三家教育机构即孔子学院、全国科技中心（Latif Ebrahim Jamal National Science Information Centre）和卡拉奇大学达成高新技术驱动的教育合作项目。现在，巴基斯坦年轻人从在线汉语教学项目中受益良多，不仅降低了学习费用，避免学习时间冲突，而且为偏远地区的学生减轻了长途跋涉求学的艰辛。网络时代的远程汉语教学拉近了中巴人民之间的距离，增强了两国之间的文化纽带。①

## 四、中巴教育交流合作前景

中巴经济走廊不仅仅是一条贸易经济走廊，而且对巴基斯坦人力资源开

① BAI GUI & MUHAMMAD ARIF, "Exploring Channels of Cultural Communication between Pakistan and China", *Media Watch*,7 (2) 2016, pp.191—193.

发具有长远的影响。中巴经济走廊的基础设施和高技术项目有赖于人力资本的开发，可持续的人才供给是实现中巴经济走廊项目必不可少的条件。中巴高校、企业与政府需要在教育合作中发挥协同作用，克服挑战，为中巴经济走廊培养优秀的建设者，为中巴友谊世代相传培养接班人。

## （一）发挥高等教育的主导作用

中巴两国互信的政治关系、深度的经济交往和友好的文化交流为中巴两国高等教育交流与合作打下了坚实的基础。特别值得一提的是，随着“一带一路”倡议和中巴经济走廊的建设，巴基斯坦意识到高等教育在社会建设和经济增长中的关键作用，积极探寻知识人才储备和人力资源开发的多种路径。同时，巴基斯坦高等教育委员会认识到，中国高等教育机构将在巴基斯坦人才培养战略中发挥重要作用，中巴高等教育联合培养模式将有助于打造中巴知识走廊。中国高等教育机构需要深入挖掘巴基斯坦《高等教育2025愿景》，探索巴基斯坦高等教育领域未来发展中的主要规划，结合自身优势，在中巴教育交流合作中积极作为。比如，搭建高校交流平台，建立教育交流机制；提供援助项目，联合开展师资培训；扩大相互留学规模与层次，加强国际人才培养；集中优质教育资源，大力培养工程技术人才等。①

巴基斯坦高校需要根据中巴经济走廊项目要求改革课程大纲，不仅需要提高职业技术训练，而且需要重视教育在人力资本开发和积聚中的重要性。根据东亚地区发展的经验，高等教育对一个国家经济增长的影响非常大。这就清楚地表明，只有对巴基斯坦三级教育体系进行大量投资，巴基斯坦才能从中巴经济走廊建设中受益。随着中巴经济走廊建设的推进，巴基斯坦大学需要克服高等教育领域内部的诸多挑战，才能让学者和受教育者从走廊建设中获得最大收益。毫无疑问，中巴经济走廊建设将在互相确保经济利益的基础上加强经济联系，带来和平与繁荣。巴基斯坦大学可以通过从事各种研究项目，分析和指导利益攸关者了解中巴经济走廊的社会经济与环境影响，以及相关的人力资源需求。大学还需要提供训练有素的人才，帮助走廊项目成功实施。通过这些步骤，也可以为专业技术人员创造就业机会。只有巴基斯坦大学提出创新性的教学、学习、训练、研究方法，给毕业生提供满足中巴

① 史雪冰、张欣：“中国高校在巴基斯坦高等教育2025愿景中的机遇与作为”，《比较教育研究》，2019年第4期，第32—35页。

经济走廊需求的高效工作的技能，这些才能实现。

大学在学界、政界和工业界的合作中发挥了关键作用，不仅利用现存知识创造新知识，而且把参与社会经济发展作为重要使命。这些合作联系有助于提升大学在科研开发中的作用。在巴基斯坦大学建立中巴经济走廊政策研究单元，经常举办学界与政界的对话及共同活动，为政府提供决策咨询，探索走廊实施的创新和促进模式。另外，可以在巴基斯坦大学成立研究和创新中心办公室，发挥其在工业和政府之间有效联系节点的作用。巴基斯坦大学意识到其在中巴经济走廊建设中的关键作用，开始采取多方面行动。比如在白沙瓦大学建立中国研究中心，中心研究主题包括但不限于中巴关系、中巴共同工程、瓜达尔港和中巴经济走廊。中国研究中心将有助于加强与中国大学和智库的机制联系。中巴经济走廊沿线的其他巴基斯坦大学也需要建立中国研究中心，不仅为了与中国高等教育机构建立联系，以便在不同知识领域提升合作，而且可以加强有关中巴经济走廊、高等教育、贸易、运动、文化、文明间合作以及其他互惠领域的科学研究。

## （二）争取政府对教育的重视与投入

巴基斯坦政府需要重视人力资本和教育的投入。为了实现中巴经济走廊建设的巨大潜力，巴政府需要在教育领域采取下列举措：第一，联邦和省政府应该至少为高等教育划拨 4% 的年度预算。其中大部分预算应该落实到基于应用 / 市场的研发和创新。当然，教育预算并不应该仅仅局限于公共教育机构，私立教育机构也应该被允许和鼓励使用预算基金。第二，应该鼓励大学注册专利以及专利商业化，从而帮助大学筹集资金。为了提倡专利文化，应该在高校业绩评估中给予专利、创新和技术开发高度认可。第三，政府应该建立现代职业培训中心，重新设计职业培训中心的教学计划并充实现代化内容。第四，可以雇佣中国职业训练师和指导人员，也可以鼓励中巴职业培训机构和大学签署互惠的谅解备忘录。比如，巴基斯坦工程委员会签署国际上本科工程学历互认的《华盛顿协议》就值得效仿。[①] 另外，巴基斯坦联邦政府资助走廊西线省份，如吉尔吉特—巴尔蒂斯坦、开普省和俾路支省建立

① Fahad Khan Afridi, Saima Urooj, “A Need for Linking Universities Curriculum with China Pakistan Economic Corridor”, *Journal of Managerial Sciences*, Volume14, Issue 4, October-December 2019, pp.21—25.

了 3 所大学，这些大学将为欠发达地区带来资本投资和经济繁荣，推动其与工业、技术中心和外国大学的联系。

旁遮普省政府和旁遮普高等教育委员会也推出了一些倡议，积极参与大学活动。为了给 500 名巴基斯坦专业人员和大学毕业生培训中国语言和文化，旁遮普省政府与拉合尔教育大学合作设立了为期 2 年的汉语奖学金项目，奖学金总额为 6 亿卢比。在该项目之下，350 名巴基斯坦同学获得奖学金，150 名被派往中国学习。旁遮普高等教育委员会也与中国的职业技术大学、旁遮普某些大学的汉语和文化中心签署了谅解备忘录。在旁遮普省政府的资助下，拉合尔大学政府学院也建立了中国研究中心，从各个方面提升中巴双边关系。该中心在客观研究基础之上向联邦和省政府提供政策建议，同时积极探索中巴经济走廊背景下继续加强中巴关系的路径。

根据 2016 年 QS 全球高等教育体系实力排名（QS Higher Education System Strength Rankings 2016），中国高等教育体系以 83.5 分被誉为世界上最好的高等教育体系，而巴基斯坦仅得 9.2 分。2013 年，中国签署了 71003 份国际教育合作文件，而巴基斯坦仅签署了 4278 份。巴基斯坦急需学习中国乃至亚洲国家的经验，改善高等教育现状，提升巴基斯坦大学在地区和国际层面的排名。巴基斯坦需要学习中国建设世界一流大学等新型项目的努力，用政府资金支持集中建立一批具有全球竞争力的大学。比如，中国大学 985 工程就是为了把中国综合实力强的大学打造为世界知名大学，韩国也发起了 21 世纪智慧韩国高水平大学建设工程。学习国际上最好的教育实践和经验，与中国高等教育机构建立有效联系，这些也是推广巴基斯坦教育、引入国际标准的好机会。[①]

## （三）调动企业参与教育规划

中巴高等教育机构应该与企业合作制定教学计划及目标。在中巴经济走廊背景下，企业对劳动力具有特殊的需求，比如培养理性认知的能力、解决问题的能力、软行动能力、积极认知态度、特殊的职业储备等。巴基斯坦高等教育委员会在《高等教育 2025 愿景》中对上述能力培养有所涉及，但是仍然需要设计一套特别适合中巴经济走廊需求的行动方案。比如，公

① Muhammad Murtaza Noor, “CPEC: Challenges for Pakistani Universities”, June 8, 2017, https://balochistanvoices.com/2017/06/cpec-challenges-pakistani-universities/.

私部门的工程师必须学习中国语言，这就要求工程类大学尤其需要重新调整教学计划。

## （四）解决留学生的实际困难

巴基斯坦来华留学生数量逐年增长，但是中巴文化差异尤其是饮食文化差异导致巴基斯坦留学生在华较难适应新生活，容易产生不良情绪。针对来华巴基斯坦留学生饮食适应困难的现状，教育部门需要予以高度重视，并采取相应措施。相关各方需要帮助巴基斯坦留学生改善饮食状况，让其尽快适应新生活，提高学习效率。比如，加强对留学生进行中国饮食文化的教育，加强高校清真食堂建设，进一步完善留学生宿舍生活配套设施等。为了满足巴基斯坦留学生喜吃咖喱、手抓饭、面食等餐食需求，湖南中医药大学甚至在留学生宿舍厨房里安放煎锅、蒸炉、砧板、擀面杖等炊具，提高寝室电压，保证留学生能够安全地烹调符合自己需求的日常食物。①

与巴基斯坦来华留学人数相比，中国选择前往巴基斯坦交流或留学的学生人数仍然偏少，虽然每年都有少量增幅，但是增长率较低，造成现实中留学流动方向单一的问题。生源流动如此不均衡的局面必然影响高等教育的深入合作。为了纠正相互留学极其失衡的现象，中国高校需要继续保持与巴基斯坦大学的合作，持续扩大中国高校的国外办学空间，不断完善赴巴留学生管理程序、奖助学金资助制度和服务就业体系。中国教育部留学基金委可以设立巴基斯坦留学专项基金，鼓励和引导中国学生赴巴基斯坦了解和学习当地的语言和文化，培养对巴基斯坦友好、了解巴基斯坦、愿意为中巴交流作出贡献的工程技术、语言、文化、法律和国际贸易人才，为中巴各个领域的合作提供全面的人才保障。

另外，在新冠肺炎疫情全球大流行背景下，中巴智慧教育合作的探讨更加具有现实意义。巴基斯坦《高等教育2025愿景》倡导充分发挥信息通信技术在教育中的潜力，发展智慧教育，从而提高巴基斯坦高等教育的生产力和质量效益，加强与其他国家高校的合作，进而促进自身高等教育的国际化。巴基斯坦对智慧教育的高度重视与中国智慧教育的发展战略高度吻合，为中

① 李泽铖等：“从饮食情况分析来华巴基斯坦留学生‘文化休克’原因及其对策——以我国中部地区高校巴基斯坦留学生为例”，《教育教学论坛》，2020年1月第5期，第99—100页。

巴高校进一步合作提供了路径选择。除了高等教育领域人才培养和科学研究合作外，中巴教育合作还应该涉及初等和中等教育。中方可以帮助巴基斯坦建设教育基础设施，特别是面向农村和女童的学校。同时，中巴需要促进各个级别的教育团体互访，互相分享经验教训，充分发挥教育在塑造多元包容的现代社会中的作用。相信在相关机构的带动下，中巴两国教育交流与合作的机会越来越多，这不仅有助于中巴经济走廊建设与实施，而且有助于夯实两国的全天候战略合作伙伴关系。

# 第三章
# 中巴智库交流

智库是沟通政府与社会的桥梁，旨在为国家治理建言献策。智库在欧美等发达国家出现较早，帮助西方国家建立了国际话语权。作为曾经的殖民地，巴基斯坦在建国后也成立了自己的智库，但是早期巴智库的运行受到西方话语的深刻影响，这不利于建构符合巴基斯坦国情的话语体系。长期以来，国际关系与区域研究领域缺乏替代话语，使得西方中心主义的主流话语控制并事实上自然化特定身份的再现。[①]比如，“伊斯兰恐怖主义”“文明冲突”等西方论调不断渗入巴基斯坦社会，结果巴基斯坦的“教派暴力”“自杀袭击”似乎成为自我实现的预言。非西方学者在国际知识生产和传播中受到限制或边缘化，一方面由于国际出版领域长期存在中心—边缘的霸权格局。另一方面由于非西方教育部门结构性因素制约。内外因素致使来自巴基斯坦的替代话语失声，结果在西方主导的巴基斯坦话语霸权中发挥了共同作用。[②]为了纠正西方知识界对“一带一路”倡议的偏见叙事，中国和巴基斯坦的智库需要携手合作，推进中巴经济走廊建设顺利实施，深化中巴全天候战略合作伙伴关系。本章先介绍中巴两国涉及双边关系研究的主要智库，再对“一带一路”建设背景下的中巴智库交流以及相关的问题进行初步概述和分析。

## 一、两国从事中巴关系研究的主要智库

### （一）巴基斯坦从事中巴关系研究的主要智库

1973 年成立的伊斯兰堡战略研究所（Institute of Strategic Studies Islamabad）是巴基斯坦最早从事国际问题研究的智库。无论是从国际、地区还是双边层面的视角来看，中巴关系始终成为该智库的重要研究领域。“一

① Ahmed W. *Waheed, Constructing ‘Pakistan’ through Knowledge Production in International Relations and Area Studies*, Palgrave Macmillan, 2020, p.140.

② Ibid., 2020, p.142.

带一路”倡议提出以来，随着中巴经济走廊建设顺利开展，巴基斯坦战略研究所日益重视中巴关系研究，并将此前的“中国研究中心”(China Study Center) 更名为“中巴研究中心”（China Pakistan Study Center）。

1979 年成立的巴基斯坦政策研究所（Institute of Policy Studies, IPS）是一个非营利、非政府民间社团，在巴基斯坦的国际关系研究领域发挥着举足轻重的作用。该研究所与中国多家机构建立了密切合作关系，2011 年 4 月 11—12 日，该研究所与四川大学南亚研究所、云南社科院南亚研究所在伊斯兰堡联合主办“中巴关系六十年：历史、趋势与措施”国际学术研讨会。[①] 政策研究所的中巴关系研究涉及政治、经贸、外交、安全等各个方面，亦重视新疆在中巴关系中的角色。2016 年 5 月 11—12 日，巴基斯坦政策研究所与白沙瓦大学联合举办为期两天的中巴关系国际会议，探讨中巴经济走廊对巴基斯坦的重要战略意义与机遇。2017 年 8 月 10 日，巴基斯坦政策研究所举办“中巴关系：中巴经济走廊及其超越”研讨会，评估近期中巴合作关系的进展，消除有关中巴经济走廊建设的质疑。2018 年 5 月 8 日，巴基斯坦政策研究所召开“中巴经济走廊对巴基斯坦的文化影响”研讨会，与会专家普遍认为中巴经济走廊为中巴文化交流互鉴共赢创造机会。

1999 年成立的伊斯兰堡政策研究所（Islamabad Policy Research Institute, IPRI）与巴政府关系极为密切，主要研究有关巴基斯坦国家利益的战略问题，高度关注中国内外政策及其对巴基斯坦的影响。该研究所从宏观与微观层面探讨中巴经济走廊与巴基斯坦的红利以及对地区互联互通的促进作用，并召开“优化中巴经济走廊连通性：区域内及以外”研讨会。

21 世纪以来，巴基斯坦多所高校成立了中国研究中心，分别对中国经济、政治、社会等予以全方位关注。2013 年，位于拉合尔的巴基斯坦信息技术大学（COMSATS Institute of Information Technology, CIIT）成立中国研究中心，通过增强对中国社会文化和经济发展的理解，推动中国成为巴基斯坦最重要的地缘政治和经济伙伴。该中心主要关注与中国的教育、科学和商务联系，努力推动与中国大学里的巴基斯坦研究中心及其他研究机构的广泛合作和共同研究，加强中巴两国学者和学生间的对话联系，向中国人民展示巴基斯坦的真实形象。目前，中心开设汉语教学课程，举办与中国相关的文

① 四川大学南亚研究所课题组：《南亚智库研究》（第一辑），时事出版社，2017 年版，第 241—243 页。

化艺术活动，通过中巴商务论坛促进双边经贸关系。①

在中国驻巴基斯坦大使馆的资金与技术支持下，2016 年 10 月 17 日，白沙瓦大学中国研究中心成立。时任中国驻巴基斯坦大使孙卫东莅临揭牌仪式并发表讲话，他表示中国提倡和平共处五项原则，尊重每个国家的政治制度，中巴关系历经时间的考验，基于双方的共同利益，尊重彼此的主权。白沙瓦大学中国研究中心旨在通过研究、学习、机构联系与人员交流来加深两国之间的深入了解，努力让白沙瓦大学成为中国知识的重要来源，从而为巴基斯坦特别是开普省人民塑造更加美好的未来。该中心的研究活动包括但不限于中国社会、经济、政治制度、历史、文化、文明、中巴关系、中巴共同项目、中巴经济走廊、“一带一路”、上海合作组织、区域一体化和文化合作。首任中心主任扎希德·安瓦尔教授于 2017 年 6 月初访问中国西安的西北大学，取得丰硕成果。西北大学同意在白沙瓦大学建立孔子学院。在白沙瓦大学与中国高教所的谅解备忘录指导下，双方将开展学者互访与师生交流，以民间密切互动加深两国相互了解。②

2019 年 7 月 22 日，在中国驻巴基斯坦大使馆和俾路支大学合力支持下，巴基斯坦西南部的俾路支省成立第一个中国研究中心，目的是加强与中国政府和民间机构的联系，促进该省不同地区的人民对中国的认知。该中心在俾路支大学开设 6 周的语言短训班，6 个月的汉语 diploma 证书班，以及 4 年的中国研究项目，同时从事中巴双边关系与中巴经济走廊议题研究。中国驻巴基斯坦大使馆临时代办赵立坚参加揭牌仪式，表示该中心是巴基斯坦国内的第 17 个中国研究中心，表明巴基斯坦人民急于了解中国、学习汉语的热情。同时为了促进双边了解，中国将在未来三年向巴基斯坦学生提供 20000 个奖学金名额。③

① China Study Center, COMSATS Institute of Information Technology, http://www.2.comsats.edu.pk/csc/aboutus.aspx.

② Zahid Anwar, *Annual report 2017-18*, China Study Center, University of Peshawar.

③ “1st Chinese study center in Pakistan’s southwest Balochistan inaugurated,” 2019-07-23, http://www.xinhuanet.com/english/2019-07/23/c_138249776.htm.

表 3-1 巴基斯坦主要高校里的中国研究中心

| 地区 | 学校 | 级别 | 成立时间 | 研究领域 |
|---|---|---|---|---|
| 旁遮普省 | COMSATS 信息技术大学 | 校级 | 2013 年 | 中巴教育、科技、商务联系，汉语教学 |
| 开普省 | 白沙瓦大学 | 校级 | 2016 年 | 中国社会、中巴关系、中巴经济走廊、区域一体化和文化合作 |
| 俾路支省 | 俾路支大学 | 校级 | 2019 年 | 中巴关系、中巴经济走廊、汉语教学、中国研究 |
| 旁遮普省 | 萨戈达大学 | 校级 | 2018 年 | 汉语教学、中巴关系 |
| 旁遮普省 | 拉合尔大学政府管理学院 | 院级 | 2017 年 | 中巴关系、中巴经济走廊 |
| 伊斯兰堡 | 巴哈利亚大学 | 校级 | 2019 年 | 中巴海洋科研、成果转化 |

2000 年巴基斯坦海军建立了巴哈利亚大学，主体校区位于伊斯兰堡，同时在卡拉奇和拉合尔设有分校区。经过 20 年发展，巴哈利亚大学已发展成为巴教研实力雄厚、科研成果丰硕的综合性大学，尤其在海洋学科领域具有巴基斯坦领先水平。为支持“一带一路”建设和中巴经济走廊建设，学校于 2019 年筹建中国研究中心，希望科研机构、高校及企业在学术交流、科技研发、成果转化等方面加强与中方合作。①

巴基斯坦还成立了 3 家专门从事中巴关系研究的新型智库，分别是 2009 年巴前外长哈克成立的巴中理事会（Pakistan Council on China）和巴参议院军事委员会主席穆沙希德·侯赛因建立的巴中学会 (Pakistan-China Institute)，2017 年巴政府成立的中巴经济走廊能力建设中心（Center for CPEC Excellence）。②2009 年 10 月 1 日中华人民共和国成立 60 周年之际，巴基斯坦首个中国智库——巴基斯坦中国学会成立。巴中学会是一个非政府、非党派和非政治的研究机构，将致力于巴中两国在安全、经济贸易、能源、教育和文化五大领域的合作研究。研究所首任主席为巴基斯坦穆斯林联盟（领袖派）秘书长穆沙希德·侯赛因。③

除了上述对中巴关系及中巴经济走廊予以重点关注的智库外，巴基斯坦

① “驻巴基斯坦大使姚敬会见巴哈利亚大学校长谢菲克”，中国驻巴基斯坦大使馆，2019 年 8 月 5 日。

② 曹升生：“巴基斯坦外交新智库研究”，《云南社会科学》，2020 年第 2 期，第 130 页。

③ http://world.people.com.cn/GB/57507/10075415.html.

还有众多地区和世界事务智库也对涉华议题以及中巴关系感兴趣，它们不定期地推出研讨会，发布相关研究报告，推动中巴友好关系的深入发展。

## （二）中国从事中巴关系研究的主要智库

四川大学南亚研究所是国内从事中巴关系研究的重要机构。四川大学南亚研究所是我国高校中从事南亚研究时间最长、研究人员最集中、研究资料最完整、研究成果最多的研究机构，在中国南亚学界占有十分重要的地位。该研究所推出的《巴基斯坦的政治发展》《巴基斯坦经济发展》《当代巴基斯坦》《列国志：巴基斯坦》对于了解巴基斯坦的政治、经济与社会概貌，促进中巴关系健康发展具有重要意义。此外，中国国际问题研究院、中国现代国际关系研究院、中国社科院、云南社科院、上海国际问题研究院等专设南亚研究机构开展对巴基斯坦及中巴关系的研究。为了有效整合国内南亚研究力量，2017 年中国南亚研究中心高端智库落户四川大学，成为国家部署在西部高校，同时也是国家唯一专门从事南亚研究的国家高端智库。中国南亚研究中心以政策研究咨询为主要方向，致力于南亚地区的学术研究与国际交流。

新世纪以来，随着中巴传统友好关系的不断升温，巴基斯坦政府在中国高校资助建立首批 4 家巴基斯坦研究中心，以发挥智库在巴基斯坦与中巴关系研究中的重要作用。2007 年 4 月 14 日，在巴政府支持下清华大学成立巴基斯坦文化传播研究中心，主要从事中巴文化相关的科研与学术活动，推动中巴两国在文化传播领域的交流与合作，通过追溯中巴历史文化加深两国人民的相互了解与理解。2008 年 6 月 19 日，在巴基斯坦穆沙拉夫总统的亲自关心下，长期从事乌尔都语教学的北京大学成立巴基斯坦研究中心，继续在乌尔都语教研基础上推动中国的巴基斯坦研究，促进中巴关系深入发展。在巴基斯坦总理阿齐兹访问四川大学，鼓励四川大学加大对巴基斯坦研究力度的背景下，2008 年 11 月 18 日，四川大学巴基斯坦研究中心正式成立，对巴基斯坦政治、经济、外交、安全等展开全面研究，建立巴基斯坦研究数据库、推出了《巴基斯坦研究报告》等系列研究成果。2009 年 10 月 26 日，巴基斯坦政府与复旦大学合作成立了巴基斯坦研究中心，旨在促进中巴两国高层学术交流与合作。①

① 涂华忠、聂娇、查文仙：“中国的巴基斯坦研究述评——基于中国知网数据库的分析”，《印度洋经济体研究》，2017 年第 3 期，第 110 页。

除上述巴方与中国高校合作设立的巴基斯坦研究中心外，近年来其他高校也涌现了一批巴基斯坦研究中心，增强国内的巴基斯坦研究力量，为中巴关系的健康发展献计献策。2011 年 3 月，徐州师范大学（现更名为江苏师范大学）成立中国—巴基斯坦教育文化研究中心，简称巴基斯坦研究中心，并推出《巴基斯坦研究论文集汇编》等纪念成果。2013 年 9 月，西华师范大学成立巴基斯坦研究中心，对巴基斯坦历史、政治、外交与安全进行深度探究。2016 年 6 月，云南民族大学成立巴基斯坦研究中心，旨在推出一批有关巴基斯坦政治、经济、文化与社会的指导性与应用性科研成果，为提升中巴交流与合作提供参考资料。2017 年 11 月 8 日，四川师范大学巴基斯坦研究中心揭牌，充分利用该校与巴基斯坦良好的合作基础及现有资源，为中巴文化教育交流开辟一个新平台，为中巴经济走廊建设培养人才，为中巴友谊大厦添砖加瓦。前巴基斯坦驻成都总领事、巴基斯坦外交部中国司司长穆罕默德·提普参与仪式，并表达将大力支持中心建设，开拓更多交流合作渠道。2019 年 4 月，中国传媒大学巴基斯坦研究中心成立，并成功举办了“一带一路”倡议下中国与巴基斯坦文化交流与传播研讨会。据初步统计，目前中国高校里建立了 15 家巴基斯坦研究中心。另外，2019 年 6 月，第七届中国—南亚东南亚智库论坛在云南昆明开幕，期间云南社科院南亚与东南亚研究院成立巴基斯坦研究中心。2018 年安徽师范大学历史与社会学院成立巴基斯坦研究院。北京大学、复旦大学、上海外国语大学、喀什大学都专门成立了中巴经济走廊研究智库。

**表 3–2　中国高校里的巴基斯坦研究中心**

| 地区 | 学校 | 级别 | 成立时间 | 研究领域 |
| --- | --- | --- | --- | --- |
| 北京市 | 清华大学 | 校级 | 2007 年 | 巴基斯坦文化、中巴历史交流、国际关系、媒体发展研究 |
| | 北京大学 | 校级 | 2008 年 | 巴基斯坦问题和南亚次大陆的研究 |
| | 北京工商大学 | 校级 | 2016 年 | 中巴科技、经济与文化交流研究 |
| | 中国传媒大学 | 校级 | 2019 年 | 中巴媒体、文化 |
| 上海市 | 复旦大学 | 校级 | 2007 年 | 经济、历史环境、商业管理、国际关系和战略研究 |

续表

| 地区 | 学校 | 级别 | 成立时间 | 研究领域 |
|---|---|---|---|---|
| 四川省 | 四川大学 | 校级 | 2008 年 | 巴基斯坦学术研究、相关的学术讲座，资助课题研究、学术会议 |
| | 西华师范大学 | 校级 | 2013 年 | 巴基斯坦历史、政治、外交与安全 |
| | 四川师范大学 | 校级 | 2017 年 | 巴基斯坦语言、教育、文化 |
| 江苏省 | 江苏师范大学 | 校级 | 2011 年 | 巴基斯坦历史、语言文化、宗教和社会关系、经济与巴中经贸关系、国内和国际政治形势研究 |
| 内蒙古自治区 | 内蒙古师范大学鸿德学院 | 院级 | 2015 年 | 巴基斯坦的文化、历史、经济、政治、教育研究 |
| 新疆维吾尔自治区 | 喀什大学 | 校级 | 2016 年 | 巴基斯坦的经济、历史文化及喀什、巴基斯坦关系研究 |
| 云南省 | 云南民族大学 | 校级 | 2016 年 | 巴基斯坦的政治、经济、文化和社会、南亚区域研究、南亚国别研究 |
| 广东省 | 华南理工大学 | 校级 | 2017 年 | 中巴经济走廊、中印巴关系，“一带一路”建设中涉及的中巴项目建设 |
| 江西省 | 江西理工大学外语外贸学院 | 院级 | 2017 年 | 中巴教育、文化、矿业、有色金属，华文教育与传播、中巴经济走廊企业服务与人才培养、智库参谋及资政服务、巴基斯坦研究 |
| 河北省 | 河北师范大学 | 校级 | 2019 年 | 中巴经济、历史、文化、教育、科技等领域 |

## 二、近年来中巴智库的交流与互动

推动构建人类命运共同体是中国国家主席习近平从顺应时代潮流、增进人类福祉出发，着眼世界前途和人类发展提出的中国方案，已被多次写入联合国重要文件，在国际社会产生了日益广泛的影响。“一带一路”建设是推动构建人类命运共同体的重要实践平台，共建“一带一路”为世界经济增长开辟了新空间，为国际贸易和投资搭建了新平台，为完善全球经济治理拓展了新实践，为增进各国民生福祉作出了新贡献，已成为共同的机遇之路、繁荣之路。智库是构建人类命运共同体、共建“一带一路”的重要力量，深化智库间的对话交流，对于增进双边及多边友好关系、加深相互理解与信任、推进交流与合作等，发挥着重要的“思想库”“智囊团”作用。在“一带一路”背景下，中国与巴基斯坦智库通过多边、双边形式增强交流互动，在新冠肺炎疫情下积极开辟云端论坛，讨论中巴关系新进展与新挑战。

## （一）中国—南亚智库论坛

2013 年 6 月 6 日，由中国社科院、云南省人民政府主办的首届中国—南亚智库论坛在昆明开幕。作为首届中国—南亚博览会的重要组成部分，此次论坛以“合作交流、共同发展”为主题，探讨中国与南亚的合作与发展问题。杨福泉教授在会议中作了关于加强中国（云南）与南亚国际人文交流的主题发言，并就此提出六点建议：南亚国家在昆明设立领事馆或办事处；加大文化交流与合作力度；大力推进教育合作；以旅游合作带动人员往来；推进学者交流及青年互访；设立人文合作与交流专项基金。①

2016 年 6 月 12—13 日于中国昆明召开第四届中国—南亚智库论坛，来自中外政府、智库、国际组织的 120 多位专家出席会议，其中包括巴基斯坦政策研究所所长卡利德·拉赫曼。会议围绕“经济走廊建设与国际产能合作”对中国与南亚及中南半岛的经济合作问题进行探讨，会议议题二为“中巴经济走廊建设及产能合作的优先领域、面临的风险及对策研究”。发言代表不仅分享了中巴产能合作的意义、现状与对策建议，强调走廊沿线的经济特区或工业园区建设问题，而且极力呼吁建设中巴文化走廊，凸显文化交流以及教育合作在中巴经济走廊建设中的重要性与作用。②

2017 年 6 月 12—13 日，第五届中国—南亚智库论坛升级为中国—南亚东南亚智库论坛，在中国昆明隆重举行。论坛以“新机遇、新思路、新举措——‘一带一路’背景下深化中国与南亚东南亚国家务实合作”为主题进行了多场演讲。来自 14 个国家及国际机构的 300 多名专家学者围绕孟中印缅经济走廊建设、中国—中南半岛经济走廊建设、国际次区域合作、人文交流与旅游合作、国际产能合作和云南与周边国家跨境民族经济社会文化交流六个议题开展深入研讨。本次论坛是为了落实“一带一路”国际合作高峰论坛精神，发扬“和平合作、开放包容、互学互鉴、互利共赢”的丝路精神，推动“一

① 杨福泉：“在中国—南亚智库论坛上做人文交流的发言”，2013 年 6 月 7 日，http://blog.sina.com.cn/s/blog_48a464120102e2ir.html。

② 李丽、胡潇文：“第四届中国 - 南亚智库论坛会议综述”，《东南亚南亚研究》，2016 年第 2 期，第 106—107 页。

带一路”建设行稳致远，进一步深化中国与南亚东南亚国家务实合作，共同打造周边国家命运共同体。

2019 年 6 月 11—14 日，第七届中国—南亚东南亚智库论坛在昆明召开，旨在进一步推动中国与南亚东南亚国家命运共同体建设提升新水平、迈上新台阶。此次论坛主题为“心手相连、命运共同——中国与南亚东南亚命运共同体建设”，并设立“国际次区域合作与经济走廊建设”“人文交流与民心相通”“中国与环印度洋地区合作”“开放发展与经验分享”“面向南亚东南亚辐射中心建设”五个分议题。来自巴基斯坦伊斯兰堡穆斯林研究院、巴基斯坦伊斯兰堡政策研究所、巴基斯坦欧亚事务研究项目小组等机构的多名代表参会发言。①

## （二）中巴智库研讨会

2014 年 8 月 5—6 日，中国驻巴基斯坦大使馆和巴基斯坦外交部共同主办的“中巴建设新时期‘中巴命运共同体’智库研讨会”在伊斯兰堡中巴友谊中心隆重举行。中方智库代表团由中国驻巴基斯坦前大使周刚带队，集中了中国社会科学院、中国国际问题研究院、上海国际问题研究院、云南社会科学研究院、北京大学、四川大学等学术机构的南亚问题研究专家。双方研究人员针对中巴关系、中巴经济走廊、阿富汗局势以及地区安全与反对恐怖主义问题进行了深入交流和研讨。②

2015 年 4 月 15 日，中国社会科学院亚太与全球战略研究院、中国社会科学院蓝迪国际智库项目、中国（海南）改革发展研究院在海南省海口市共同主办“‘一带一路’中巴经济走廊战略研讨会”。在习近平主席访问巴基斯坦前夕，中国和巴基斯坦政界、商界、学界、媒界人士围绕“一带一路”建设与中巴经济走廊建设进行了深入讨论。会上，中国宋庆龄基金会常务副主席、党组书记齐鸣秋表示，“国之交在于民相亲，民相亲在于心相通，心相通则民意顺，民意顺则万事和”。民心相通是“一带一路”建设的社会根基，中巴应更加重视人文交流在中巴经济走廊建设进程中的基础性作用，人

① 《第七届中国—南亚东南亚智库论坛会议手册》，中国昆明，2019 年 6 月 11—14 日。

② 中巴智库研讨会在巴举办，2014 年 8 月 10 日，http://world.people.com.cn/n/2014/0810/c157278-25436114.html。

文先行，加大力度，助力中巴经济走廊建设。中国宋庆龄基金会自成立以来，弘扬伟人精神、高举和平旗帜，积极参与公共外交和人文交流，成为推动中国与世界各国之间“民相亲、心相通”的重要力量。它将继续发挥“试验性、示范性”作用，整合资源，搭建平台，持续深入地开展中巴人文交流，为促进中巴经济走廊建设，巩固中巴人民深厚友谊作出应有的贡献。为了增强智库合作，中国（海南）改革发展研究院院长迟福林建议中巴两国智库建立“一带一路”智库联盟。在他看来，中巴两国智库有责任为中巴经济走廊建设提供智力支持，从而打造“一带一路”合作样板和典范项目。通过中巴智库合作平台，双方专家经常围绕中巴经济走廊进行交流研讨，总结走廊建设取得的成就，发现其面临的风险与问题，及时为两国政府部门提供可操作性的解决方案。中巴智库需要对中巴经济走廊沿线市场潜力进行联合调查研究，为走廊沿线地区创造需求和就业，促进走廊沿线的投资与消费，让走廊沿线地区分享“一带一路”建设的红利。①

同时，此次会议也标志着服务“一带一路”建设与发展的蓝迪国际智库平台正式启动。蓝迪国际智库（Research and Development International, RDI）由中国与巴基斯坦共同搭建，智库主席为中国人大外事委副主任赵白鸽女士，副主席为巴基斯坦参议员穆沙希德·侯赛因。蓝迪国际智库的中国办事处设在北京的中国社科院，巴基斯坦办事处设在伊斯兰堡的巴中学会。②在国家发改委、财政部、商务部、工信部等中央部委的大力支持下，蓝迪于2015年4月正式运行，重点关注中巴经济走廊相关的研究和发展，旨在推动“一带一路”倡议的研究与实践。蓝迪国际智库自运行以来，以问题导向、需求导向和项目导向为原则，形成了完善的智库网络、国际网络和企业网络。蓝迪国际智库和商务部国际商务官员研修学院共同主办了“2016中巴经济走廊治理能力建设研修班”，设计了包括人文交流在内的丰富日程。蓝迪国际智库获得了国内外同行的高度认可，2016年欧盟对外关系委员会称蓝迪国际智库为中国新型智库建设中的范例，2016年蓝迪国际入选“一带一路”优秀智库，2017年蓝迪国际加入中联部牵头的“一带一路”智库合作联盟

---

① 中巴经济走廊高端智库研讨会，2015年4月15日，http://www.chinareform.org.cn/ad/top/201504/t20150415_222996.htm。

② https://www.indiatimes.com/news/india/pakistan-and-china-launch-a-joint-think-tank-and-call-it-randi-seriously-were-not-kidding-232032.html.

理事会，2019 年蓝迪国际获得巴基斯坦“卓越新月奖”国家荣誉勋章。[①]

2019 年 11 月 20 日，中国驻巴基斯坦大使馆、伊斯兰堡战略研究所和中国电建共同主办中巴智库高端对话暨“变动中的地区局势与‘一带一路’研讨会”。中国驻巴基斯坦大使姚敬、巴基斯坦外交部部长库雷希、伊斯兰堡战略研究所执行主任乔杜里、中国电建海投公司总经理杜春国出席开幕式，来自中国社科院、复旦大学、北京大学、四川大学、上海对外经贸大学、中国国际问题研究院和巴基斯坦白沙瓦大学、俾路支大学、萨戈达大学、国际伊斯兰大学、和平研究所等中巴智库的 200 多名学者围绕双边关系、命运共同体、中巴经济走廊和国际地区局势进行了沟通研讨。[②]

## （三）智库出访与互动

在“一带一路”倡议及中巴经济走廊建设背景下，中巴智库出访与交流密集，其中有两次大规模的来华与赴巴智库互动。2015 年 10 月 27—29 日，由江苏省哲学社会科学界联合会和江苏师范大学联合主办，江苏师范大学中国—巴基斯坦教育文化研究中心承办，巴基斯坦旁遮普大学巴基斯坦研究中心和江苏师范大学历史文化与旅游学院协办的中巴经济走廊与“一带一路”国际学术研讨会隆重开幕。该研讨会重点讨论了中巴经济走廊建设取得的进展和存在的问题，共建“一带一路”面临的挑战和应对策略，江苏省在“一带一路”建设中的作用和机遇。中国前驻巴基斯坦大使周刚、陆树林、张春祥，以及来自中国国际问题研究院、上海国际问题研究院，北京大学、清华大学、复旦大学、国防大学、巴基斯坦旁遮普大学等国内外科研单位和高校的数十位学者，以及来自新华社、人民日报社、经济日报社、工人日报社、世界知识出版社和时事出版社的学者及媒体朋友，多地政府和多家企业代表，以及江苏师范大学师生共 100 余人参加会议并围绕相关议题进行了热烈讨论。巴基斯坦驻华公使穆塔兹·扎拉·布洛奇（Mumtaz Zahra Baloch）女士和科技参赞泽米尔·阿万（ZamirAwan）也向与会专家学者介绍了巴基斯坦政府为加快中巴经济走廊建设所积极采取的政策和措施，认为中巴经济走廊不仅符合中巴两国人民的根本利益，也必将惠及整个中南亚地区的所有国家和民众。

① 蓝迪国际智库简介，https://www.rdi.org.cn/page/133.html。

② “驻巴基斯坦大使姚敬出席中巴智库高端对话”，中国驻巴基斯坦大使馆，2019 年 11 月 21 日。

2019 年 12 月 13—20 日，时任四川大学副校长的中国南亚研究中心秘书长晏世经教授、中国南亚研究中心主任孙士海教授率领代表团出访巴基斯坦。12 月 13 日，代表团应邀访问伊斯兰堡战略研究所，与战略所的学者就中巴关系、中巴经济走廊和区域发展等议题进行深入交流。同时，中国南亚研究中心与伊斯兰堡战略研究所签署谅解备忘录，未来双方将开展合作研究，进行学术交流。代表团拜访中国驻巴基斯坦大使馆、巴基斯坦外交部中国司之后，于 12 月 16 日访问旁遮普大学，与旁遮普大学巴基斯坦研究中心研究人员举行了“人类命运共同体视角下的中巴关系”座谈会。12 月 18 日，代表团访问巴基斯坦国际事务研究所，双方围绕中巴关系、中巴经济走廊等话题进行了圆桌交流。12 月 18 日，代表团访问卡拉奇大学，与卡拉奇大学国际关系学院、孔子学院进行了交流，双方探讨了大学的国际化发展、巴基斯坦的政府治理及区域发展等议题。12 月 19—20 日，代表团抵达瓜达尔访问中国海外港口控股有限公司，参观中国交建集团瓜达尔港项目部，与瓜达尔自贸区企业负责人座谈，并赴中国援建的瓜达尔博爱医疗急救中心进行相关交流。①

## （四）新冠肺炎疫情下智库云端研讨会

在新冠肺炎疫情背景下，中国和巴基斯坦各界不断探讨新的交流方式，以促进双方对新冠肺炎疫情的影响以及应对策略的探讨。比如中国医学界专家与巴基斯坦同行举行视频研讨会，向其传授新冠病毒预防、治疗与护理的经验。为适应新形势，两国智库也积极探索云上学术交流，分享彼此研究新动向，部署未来合作领域。

2020 年 5 月 15 日下午，四川大学巴基斯坦研究中心与巴基斯坦战略与当代研究中心（CSCR）成功举行“新冠疫情危机下中巴合作线上研讨会”。中巴学者就新冠肺炎疫情对中巴经济走廊建设的影响及后疫情时期中巴深入合作、美国撤军阿富汗背景下的巴基斯坦、阿富汗及地区安全局势等议题进行交流，并对未来双方合作的途径和方式进行探讨。讨论结束后，双方就《中巴经济走廊早期收获项目批判性评估特别报告》初稿进行了讨论，就报告结构和内容提出了切实可行的修改意见。双方约定，待报告进一步完善后，以

① 中国南亚研究中心对外交流，2019 年 12 月 13—20 日，http://ccsas.scu.edu.cn//detail/KKMAAEJAwOOMEU。

四川大学巴基斯坦研究中心和巴基斯坦战略与当代研究中心共同署名尽快在两国公开出版。[①]2020 年 6 月 1 日，四川大学巴基斯坦研究中心与巴基斯坦知名智库、伊斯兰堡冲突解决研究所共同举办“新十字路口上的中巴经济走廊”线上学术研讨会。与会专家围绕新冠肺炎疫情背景下中巴经济走廊面临的风险与挑战、在疫情和后疫情时代如何提升中巴经济走廊合作、智库在中巴经济走廊第二阶段建设中发挥的作用、中巴经济走廊和俾路支省面临的安全挑战、阿富汗局势对地区稳定和中巴经济走廊的影响等具体议题展开了热烈探讨，一致同意将采取进一步措施加强研究，共同推进中巴经济走廊第二阶段建设的顺利实施，更好地为两国人民造福。[②]

2020 年 5 月 21 日，巴基斯坦中国学会、拉合尔管理科学大学中国法律研究中心和蓝迪国际智库联合主办的“丝绸之路上的伙伴：中巴经济走廊新时代和新冠肺炎疫情下的中巴关系”云端研讨会圆满召开。巴基斯坦驻中国大使哈什米，中国驻巴基斯坦大使姚敬，十二届全国人大外事委员会副主任委员、中国社科院“一带一路”国际智库专家委员会主席、蓝迪国际智库专家委员会主席赵白鸽，巴基斯坦参议员、蓝迪国际智库专家委员会成员穆沙希德·侯赛因等嘉宾受邀参会并发表演讲。赵白鸽发表了“新型全球化与疫情后的中巴合作”的主旨演讲，认为应该将中巴合作的意义放到新型全球化和“后疫情”时代的大背景下去理解和考量，相信中巴携手合作不仅能造福两国民众，也必将在新型全球化中成为发展典范和旗帜，为更多的新型国际合作带来良好的示范效应。巴基斯坦是拥有 2 亿多人口的南亚大国，拥有规模庞大的新生代群体，具备实现跨越式发展的最佳条件。中巴合作基础深厚扎实，享有独一无二的全天候战略合作伙伴关系。此次中巴携手抗击新冠肺炎疫情，成为中巴两国人民友谊坚不可摧的有力证明。[③]

2020 年 6 月 11 日，伊斯兰堡战略研究所举办“新冠肺炎：学习中国经验”视频研讨会，全巴主要大学的中国研究中心学者参与研讨，学习《抗击新冠

① “我院巴基斯坦研究中心与巴战略与当代研究中心举行线上研讨会”，四川大学国际关系学院，2020 年 5 月 17 日，http://sis.scu.edu.cn/news.html?newsId=2207。

② “我院巴研中心与巴基斯坦智库举办线上学术研讨会”，四川大学国际关系学院，2020 年 6 月 2 日，http://sis.scu.edu.cn/news.html?newsId=2239。

③ “蓝迪专家赵白鸽博士：新型全球化与疫情后的中巴合作”，中国日报网，2020 年 5 月 22 日，https://baijiahao.baidu.com/s?id=1667375045890276135&wfr=spider&for=pc。

肺炎疫情的中国行动》白皮书。参会人员高度评价中国政府抗击新冠肺炎疫情取得的伟大成就，反对某些势力将疫情政治化、对中国“污名化”的企图，表达在中国帮助下早日战胜新冠肺炎疫情的坚强决心。与会学者纷纷表示白皮书清晰地记录了中国人民抗疫的真实故事，中国为全世界抗疫树立标杆。中国政府的坚强领导，中国体制的高效协调，中国人民的无私奉献，中国举措的科学有效，均值得世界各国参考学习。①

为纪念中巴建交70周年，中巴两国相关研究机构于2021年陆续举办各种云端学术研讨会。5月25日，中国人民外交学会与伊斯兰堡世界事务委员会共同举办庆祝中巴建交70周年研讨会。会议期间，两国专家学者积极回顾70年中巴全天候战略合作伙伴关系发展历程，畅叙两国铁杆友谊，并就全球变局下的南亚局势和中巴关系充分交换意见。②5月28日，中国（昆明）南亚东南亚研究院、云南省社会科学院国际学术交流中心和巴基斯坦研究中心成功举办“纪念中巴建交70周年”云端学术研讨会。来自巴基斯坦伊斯兰堡政策研究所、伊斯兰堡战略研究所、伊斯兰堡欧亚世纪研究所、布托科技学院、伊克拉大学、巴基斯坦国立现代语言大学孔子学院以及北京大学、中国人民大学重阳研究院、四川师范大学、外交学院、西华师范大学、四川省社会科学院和云南省社会科学院的多名专家学者通过视频连线和现场研讨的方式，围绕中巴建交70年的回顾与展望、中巴联合抗疫与“中巴命运共同体”建设、中巴经济走廊建设、加强中巴人文交流与合作、新国际关系格局下的中巴关系等议题展开了深入的探讨。③7月7—8日，巴基斯坦知名智库巴中学会主办中巴建交70周年研讨会，中国国务委员兼外长王毅在开幕式上发表题为《加快构建中巴新时代更加紧密的命运共同体》的视频致辞，两国专家学者等各界友好人士出席研讨。④9月8日，中国现代国际关系研究院与巴基斯坦伊斯兰堡战略研究所共同主办首届中巴智库论坛，两国外交官与学者线上线下共同探讨国际地区形势和中巴关系，呼吁两国就阿富

① “驻巴基斯坦大使姚敬出席‘新冠肺炎：学习中国经验’研讨会”，中国驻巴基斯坦大使馆，2020年6月12日。

② “驻巴基斯坦大使农融出席庆祝中巴建交70周年研讨会”，中国驻巴基斯坦大使馆，2021年5月26日。

③ “纪念中巴建交70周年”，巴基斯坦研究中心云南社会科学院，2021年6月2日。

④ “王毅在中巴建交70周年研讨会开幕式上发表视频致辞”，中国驻巴基斯坦大使馆，2021年7月7日。

汗局势问题密切协商合作。外交部亚洲司司长刘劲松出席并作主旨发言，表示“智库是思想创新的源泉和宝库，希望智库学者积极发挥作用，为中巴关系发展贡献智慧和力量”。[①]10月23日，四川大学主办的“2021中巴合作国际会议”在蓉城召开，来自中巴两国知名高校和智库的专家学者以及企业界高管150余人以线上线下结合的方式参会。与会人员围绕中巴建交70年来在“战略合作与文化交流”“经贸合作与产业发展”两大领域的合作成果及未来发展进行了深入交流，共同探讨中巴经济走廊第二阶段高质量建设、共谋中巴全天候战略合作伙伴关系的美好前景。[②]作为本次会议的另一项重要内容，10月24日中巴经济文化交流孵化中心在新会展中心举行揭牌仪式，旨在以研学产结合的新模式助力中巴经济走廊第二阶段建设，大力促进中巴人文交流。

值得一提的是，为了纪念中巴建交70周年，也为了发挥青年在传承中巴友谊与建设中巴经济走廊中的关键作用，中巴双方积极搭建青年交流平台。2021年5月7日，巴中学会响应丝路之友倡议，主办了“塑造中巴关系的未来领导人”网络研讨会。主旨演讲分为两场，分别为“中巴未来合作：年轻领导人的视角”与“人与人的互联互通：媒体和文化角色”。巴中学会执行主任穆斯塔法在开幕词中表示，始于2019年2月的丝路之友倡议，将两国政党、工商界、学生、市民社会、学界和媒界人士聚到一起，加强了两国人民之间的互联互通。他强调上述领域交流是中巴关系的根本支柱，因为两国友好关系扎根于人民。他特别强调年轻人需要在下一个70年扩大和提升中巴战略关系，中巴经济走廊项目将在巴基斯坦推动社会平等革命。巴基斯坦执政党正义运动党的CPEC事务顾问卡西谈到构建中巴命运共同体中的青年角色。他表示，青年人占到巴基斯坦人口比例的65%，他们急于为中巴铁杆友谊作贡献，但是社会各界尤其是学界需要为他们提供机会和平台。同样，其他发言者也表达对中巴建交70周年的感想，鼓励年轻人为中巴关系多作贡献。此次网络研讨会为旨在吸引两国年轻人而开展的首次双边对话，

---

① “外交部亚洲司司长刘劲松出席首届中巴智库论坛并作主旨发言”，外交部，2021年9月9日。

② 《一带一路报道》全媒体记者李卉嫔、雷露：“共谋中巴全天候战略合作伙伴关系美好前景——2021中巴合作国际会议在蓉举行”，《今日头条》，2021年10月23日。

会议共持续了两个半小时，包括为50名参与者提供的一小时问答环节。[①]2021年11月27日，北京工商大学巴基斯坦科技与经济研究中心在北京举办第六届“一带一路”中巴科技与经济合作论坛，旨在促进中巴经济走廊框架下的科技人文交流，增进两国青年友谊。此次论坛主题为“传承中巴友谊，携手共创未来”，设置青年论坛环节，邀请中巴青年围绕“一带一路”建设及中巴经济走廊建设的相关议题开展线上线下学术交流。同时，青年论坛将评选出优秀会议论文，并将出版青年学者研究成果论文集，以便推动“一带一路”青年学者深度交流合作。

# 三、中巴智库交流意义、存在问题与对策分析

## （一）智库交流对发展中巴关系的重要意义

21世纪以来，中巴两国建立了一批新兴智库，为中巴传统友谊的深化和中巴经济走廊建设与发展提供了智力支持。在世界面临百年未有之大变局下，中巴智库交流与合作被予以更加深刻的划时代意义。

第一，中巴智库为推动中巴经济走廊建设与发展贡献智慧成果。中巴经济走廊是“一带一路”的旗舰项目和样板工程，围绕中巴经济走廊的五通建设将为“一带一路”提供示范效应。在中巴经济走廊建设进入第二阶段后，中国与巴基斯坦两国的智库要充分研究走廊涉及的政治、安全、社会、文化因素，密切沟通与交流，积极为政府与企业建言献策，帮助打造走廊顺利实施所需要的软环境。

第二，中巴智库为新型冠状病毒疫情之后国际政治经济新秩序的塑造发挥积极作用。2020年以来，新型冠状病毒疫情蔓延，对国际经济政治形势构成了严重挑战。围绕新冠病毒的溯源与防控，国际社会出现严重撕裂，以美国为首的西方国家不仅掀起污名化中国的舆论战，而且试图构筑遏制中国的新型联盟。为了消解西方的新冷战思维，以“一带一路”倡议引领新型全球化，维护地区合作稳定发展，当下中国和巴基斯坦智库尤其需要合作发声。

① Mian Abrar, “CPEC promoting people-to-people ties between China, Pakistan”, May 7, 2021, https://www.pakistantoday.com.pk/2021/05/07/cpec-promoting-people-to-people-ties-between-china-pakistan/.

第三，中巴智库合作建构国际关系与区域研究的话语权。长期以来，国际关系与区域研究充斥着西方中心主义思想，西方学者主导该领域研究的学术话语权，主流的理论范式彰显着西方优越论，而视非西方为被强制、被改造、被教化的对象。“人类命运共同体”思想超越西方国关学界推崇的二元世界观，推动相互尊重、公平正义、合作共赢的新型国际关系。“一带一路”倡议是推动“人类命运共同体”构建的重要平台，中巴经济走廊成为打造中巴命运共同体的重要抓手。中巴智库需要积极开展合作研究，以实证研究促理论创新，不断探索研究成果国际化传播的路径，争取对国内外政界、学界、媒界发挥越来越大的影响力。

## （二）中巴智库交流存在的问题

中国与巴基斯坦智库合作取得显著成效，同时也还存在一些亟待改进的问题。首先，中巴智库合作主要以英语为媒介进行，对两国官方语言汉语与乌尔都语的运用重视不够。事实上，对中巴经济走廊沿线地带国情社情民情的调研需要使用当地语言、深入实地考察才能达到满意效果，而中巴智库专家多为懂英文、受西方教育影响的少数精英，仅凭西方话语充斥的网络信息恐怕难以反映中巴经济走廊及中巴关系中的真正民意。其次，中巴智库成果传播范围有限，要么局限于各自国内读者，要么相互出版数量有限的中英文版本，也多限于两国市场。以四川大学南亚研究所的中巴研究成果为例，虽然该所与巴基斯坦政策研究所建立了合作关系，共同召开中巴关系论坛，但论坛成果一般在国内中文出版，很少出版英文或中英双语会议论文集（仅2011年中巴三家智库论坛在巴基斯坦出版纪念中巴关系60周年英文会议论文集）。最后，中巴智库对政府的决策影响力有待提升。长期以来，中国的南亚研究多为问题导向，因中巴关系素来友好而更多关注麻烦不断的印度，普遍倾向于回避中巴关系中的政治军事主题。近年来，随着中巴经济走廊的推进以及地区安全局势的复杂化，中巴智库开始聚焦非传统安全、地区互联互通、经贸合作等话题，但是决策影响力仍然有限。

## （三）中巴智库交流的对策分析

近现代西方在国际关系中具有更强的话语权，为了彰显中巴在内的发展中国家构建新型国际关系的努力，两国智库需要更多身体力行的合作。首先，两国高校或研究机构可以合作成立智库，针对中巴经济走廊及两国关系的其他方面共同撰写研究报告，提供决策咨询建议。蓝迪国际智库为中巴合作开办智库提供了范例，未来需要更多专业的智库。其次，中巴积极参与多边智库论坛。除了双边的中巴智库论坛外，两国的智库应该寻求更多的多边智库合作平台，为地区治理乃至全球治理提供政策建议和思想贡献。云南社科院开辟的中国—南亚东南亚智库论坛是一个成功的多边智库交流平台，中巴智库不仅在其中研讨两国关心的问题，而且就地区安全形势与经济区域化发展贡献更多智慧。另外，中巴智库还可以在上合组织智库论坛、“一带一路”智库联盟中扮演积极角色。最后，中巴智库可以与国际影响力大的出版社合作。为了扩大中巴两国智库研究的影响力，中巴智库可以寻求与著名出版社（比如 Routledge,Macmillian，Sage Publication）合作策划选题，召开研讨会，出版英文书籍并面向全球发行。

总之，“一带一路”倡议下，中国和巴基斯坦不仅需要提供政策建议的智库，同样需要提供思想理念的智库。中国方案出自中国智慧，中国智慧来源于中华文化。新型全球化背景下，中国智库的重要使命之一就是对中华文化经典理念进行概念化与理论化凝练，形成推动人类进步的思想理论。[①]同时，中国智库需要与巴基斯坦智库进行多种方式的合作，共同讲述好“一带一路”倡议下中巴经济走廊建设的故事，推动打造更加紧密的中巴命运共同体进程。

① 秦亚青：“中华文化与新型国际关系”，《中国与世界》，2019 年第 1 期，第 57 页。

# 第四章
# 中巴媒体交流与合作

巴基斯坦媒体业日趋成熟，传统媒体与新兴媒体并驾齐驱，私人媒体比官方媒体享有更多自由度且影响力更大。巴基斯坦媒体语言选择多样化，乌尔都语媒体受众最多，英语媒体在精英圈中比较流行。中巴两国媒体交流起步晚，媒体合作的质与量有待提升。与中巴两国在政治、经济领域的高水平合作相比，两国在传媒领域的合作还相对滞后，甚至与两国关系总体发展水平不相适应。很长一段时间，中国对巴基斯坦媒体传播陷入两种认识误区，即“无忧论”和“可怕论”。前者认为不管我国是否重视对巴传播，“巴铁”始终热爱中国。后者认为巴基斯坦社会冲突频繁，经常发生恐怖袭击，不便媒体深入采访与报道。事实上，这两种观点都不符合实际，巴基斯坦既不是铁板一块，也不是恐怖主义国家。因此，中方必须客观了解巴基斯坦媒体现状，认真把握巴基斯坦媒体特征，有的放矢地做好对巴传播。[①] 在此基础上，中巴媒体需要尽可能克服交流障碍，探讨更多可行的合作方式，积极营造有利于中巴经济走廊及中巴关系持续健康发展的舆论环境。本章对上述问题进行简要介绍和分析。

## 一、巴基斯坦媒体业态

巴基斯坦的媒体业态生机勃勃，享有一定程度的新闻自由，呈现出多语言、阶级分明的行业特征。2002 年以前，巴基斯坦官方媒体占据主导地位，国家电视台、国家广播电台和联合通讯社控制国家舆论。2002 年，时任巴基斯坦总统穆沙拉夫放开对私营媒体的管制，结果私营媒体迅猛发展为 2000 多家。其中，巴基斯坦私营英文媒体与西方媒体开展较多深度合作，受西方文化特别是英语世界的直接和间接影响较深。

巴基斯坦主要的通讯社有国营的巴基斯坦联合通讯社（APP）和私营的巴基斯坦国际通讯社（PPI）、巴基斯坦独立通讯社（INP）。广播是巴基斯

① 胡邦胜：“巴基斯坦媒体生态及其特征”，《对外传播》，2017 年第 3 期，第 76 页。

坦受众最普遍的传播手段，人口覆盖率达到100%。巴基斯坦官方广播机构为巴基斯坦国家广播电台，主要设有五个调频频率和覆盖全国的中波频率，使用13种语言对70个国家广播。巴基斯坦私营调频广播大约为273家，既有商业私营调频广播，也有非商业私营调频广播。[①]

巴基斯坦电视台有国营的巴基斯坦电视公司（PTV）以及私营电视台和黎明新闻电视台。巴基斯坦国家电视台开设了八个频道，分别为家庭频道、新闻频道、国内频道、全球频道、体育频道、国际频道、AJKTV频道和PTVBolan频道。最后两个频道面向特定地区使用方言播放节目，AJKTV频道主要为巴控克什米尔地区观众提供服务，PTVBolan频道主要针对普什图语受众。另外，巴基斯坦还拥有多个私营卫星电视频道和2家互联网电视。私营电视台所播节目收视率非常高，最受观众喜爱的私营电视台有GEO,ARY,SAMMA,HUM,DUNYA等。2001年以来，巴基斯坦电视业得以飞速发展，人口覆盖率达到86%。[②]国内电视频道主要播放以电影、音乐、宗教类演说、政治题材为主的谈话节目以及整点新闻等内容。到2018年，巴基斯坦大约拥有70多个电视频道，其中30多个新闻频道。[③]总体看来，巴基斯坦私人电视台发展水平高，受到西方媒体制度与思想的深刻影响，在社会影响力和受舆论关注度上与国家电视台不相上下。

巴基斯坦平面媒体多为私人所有，四大集团占据报业主导地位，分别为黎明报(Dawn)、论坛快报(Express Tribune)、战斗报(Jiang)、时代之声(Nawa-e-waqt)。巴基斯坦平面媒体共使用11种语言出版发行，其中主要为乌尔都语和英文，主要英文报纸有《新闻报》《黎明报》《国民报》《商业记录报》等，乌尔都文报纸有《战斗报》《时代之声》《东方报》等。《黎明报》是巴基斯坦最有影响力的英文报纸，《战斗报》是最有影响力的乌尔都语报纸。巴基斯坦影响力大的报业特别是英文报纸通常与美联社、路透社、法新社等欧美通讯社签署合作协议，接受后者提供的国际新闻稿件。

近年来，随着互联网和信息通信技术的全球化发展，巴基斯坦网民群体和社交媒体也日益发展壮大。巴基斯坦互联网几乎覆盖所有城市，网民

---

① 胡邦胜："巴基斯坦媒体生态及其特征"，《对外传播》，2017年第3期，第76页。

② 同上。

③ 拉扎·汗："巴基斯坦媒体简介"，《中国投资》，2018年3月第5期，第77页。

大约 3500 万。巴基斯坦手机使用者大约为 1.2 亿人，占总人口的 63%。目前，巴基斯坦影响力最大的社交媒体是脸书（Facebook）和推特（Twitter），脸书注册用户数量约为 2700 万人，占总人口的 14%，占互联网总用户的 77%。大约 70% 的脸书使用者为男性，女性使用者仅占 30%。巴基斯坦推特用户总量约为 190 万人，巴基斯坦政府部门经常通过推特账户进行政策宣传。选举期间，巴基斯坦主要政党如巴基斯坦人民党、穆斯林联盟（谢）也通过社交网站扩大竞选影响力，吸引选民支持。①

## （一）巴基斯坦主要媒体概况

### 1.《黎明报》

《黎明报》是巴基斯坦成立时间最早的英文报纸。1941 年 10 月 26 日，巴基斯坦国父穆罕默德・阿里・真纳创办《黎明报》，作为早期穆斯林联盟的宣传喉舌。后来《黎明报》逐渐发展为黎明集团的旗舰产品，由巴基斯坦先驱出版有限公司发行，拥有最为广泛的读者群。作为巴基斯坦三大英文日报之一，《黎明报》在巴基斯坦精英群体中传播普遍，影响力非常大。《黎明报》经常转载《独立报》《卫报》《洛杉矶时报》《华盛顿邮报》的内容，它的国际新闻信息源多来自西方媒体。《黎明报》网站以新闻、分析及多媒体内容为主，涵盖政治、时事、体育、娱乐、旅游及经济等。《黎明报》网站颇受网民喜欢，每天平均访问量达到 200 万次。②

### 2.GEO News 电视台

Geo News 是一个由独立媒体集团运营及掌管的私营电视台，2002 年 10 月开始播出节目。Geo News 包含资讯类、谈话类及娱乐节目，也包括政治、时事、纪录片、旅游、经济以及国际新闻等。Geo News 关注时事与文化多样性，是早期私营电视台中公信力较高的新闻媒体之一。它所播出的整点新闻节目每三小时播出一次，其晚间 9 点档新闻拥有非常高的收视率。③

---

① 胡邦胜：“巴基斯坦媒体生态及其特征”，《对外传播》，2017 年第 3 期，第 76 页。

② 拉扎・汗：“巴基斯坦媒体简介”，《中国投资》，2018 年 3 月第 5 期，第 77 页。

③ 同上。

### 3. 巴基斯坦广播

巴基斯坦广播是一家公立国家级公共广播电台，由巴基斯坦广播公司（PBC）运营。巴基斯坦广播公司是巴基斯坦历史最悠久的广播机构，它的节目传输方式包括卫星、有线、调频、调幅及短波。巴基斯坦广播公司也有部分节目可以通过世界广播网收听。巴基斯坦广播公司的全国公共频道使用乌尔都语和英语播放节目，本地频道节目则使用23种当地语言播放。巴基斯坦广播公司每天使用10多种国际语言对外广播，日均节目量长达8小时，节目覆盖南亚、中亚、中东、远东及欧洲部分地区。巴基斯坦广播公司的运营由政府拨款和商业广告收入支撑。[①]

## （二）巴基斯坦媒体的主要特征

巴基斯坦媒体具有多语言、阶级分明、私营为主、西方影响、法律制约等特征。

一是多语言性。巴基斯坦媒体对内传播不仅使用乌尔都语和英语两种官方语言，也有媒体针对某一地区受众而使用当地语言，比如旁遮普语、普什图语、信德语、俾路支语等。巴基斯坦媒体对外传播则使用十多种语言，面向世界多个地区国家的受众。

二是阶级分明性。巴基斯坦媒体传播和受众存在鲜明阶级分野。乌尔都语报纸主要在巴基斯坦偏远农村地区拥有广泛的群众基础，英文报纸主要流行于都市，拥有特定的精英读者群。与乌尔都语报纸相比，英文报纸受西方资产阶级自由主义影响深刻，更加倾向于政治自由，报道也更专业。英语报刊、电视台和电台对意见领袖、政客、富商等小众精英阶层更具影响力优势。

三是私营媒体占主体。巴基斯坦是私有制国家，私人集团把控大多数媒体，博取眼球和赚取利润成为私人媒体的优先考虑。近年来，西方资本和印度资本开始渗入巴基斯坦私人媒体集团，国际媒体互动交流的背后隐藏着深层次的利益链条关系。巴基斯坦私营媒体提供的及时、热点、深度信息更能吸引受众，从一定程度上看，私营媒体的影响力逐渐胜过官方媒体。私营媒体不仅数量众多，播报形式灵活多样，而且受众参与度较高，反映民众关切，能够引起受众共鸣，影响力比较大。

① 拉扎·汗：“巴基斯坦媒体简介”，《中国投资》，2018年3月第5期，第77页。

四是国际新闻受到西方影响。曾为英国殖民地的巴基斯坦仍将英文确定为官方语言，国内中上层群体习惯使用英语交流。巴基斯坦新闻媒体界长期受到西方影响，国际新闻素材如文字、图片、音视频等主要来自英语世界，报道议程框架基本跟随西方话语。巴基斯坦大部分互联网用户都使用英文，英文社交媒体脸书和推特在巴基斯坦非常流行。

五是媒体受到法律制约。2002 年，巴基斯坦电子媒体监管局成立，主要目的是提高节目质量，促进国内广播电视媒体的发展，推动并规范私营电子媒体的运营。电子媒体监管局不仅要负责境内广播和电视的资格审查，以及境外广播和电视在巴基斯坦的运营许可，而且要负责审查各个电子媒体播放的节目内容。为了更好地履行其监督职责，电子媒体监管局开通了邮件和电话投诉渠道，市民可以投诉那些与宪法规定的社会、宗教及道德价值观相悖的不当节目内容。[①] 另外，巴基斯坦对外国人在巴境内拥有出版机构所有权做出了法律限制。根据巴基斯坦出版法相关规定，外国人只有在提前得到政府许可的情况下才可以合资开办报社，且其所有权份额不得超过总资产的 25%。[②]

## 二、中巴媒体交流回顾

巴基斯坦曾经是英国殖民地，独立后作为英联邦成员保留与西方社会的联系。因此，英文媒体成为巴基斯坦影响力最大的境外媒体，主要包括英国的 BBC、美国的 CNN、《华盛顿邮报》《纽约时报》、“美国之音”等。“半岛电视台”、“今日俄罗斯”和“德国之声”在巴基斯坦也拥有相当受众。中国媒体在巴基斯坦的影响力相对滞后。[③] 相较于西方媒体对巴传播，中国媒体整体对巴传播起步晚。1966 年，中国国际广播电台乌尔都语节目最早开始对巴传播。20 世纪 80 年代以来，新华社、《人民日报》《经济日报》《光明日报》等陆续到巴基斯坦建立记者站，带动我国媒体驻巴新闻采写。

① 穆罕默德·扎米尔·阿萨迪：“巴基斯坦电子媒体发展迅猛”，《中国投资》，2017 年 8 月第 15 期，第 63 页。

② 胡邦胜：“巴基斯坦媒体生态及其特征”，《对外传播》，2017 年第 3 期，第 77—78 页。

③ 同上，第 76 页。

进入21世纪，中国中央电视台在巴基斯坦正式建立记者站，香港凤凰卫视也通过临时聘请雇员的方式在巴基斯坦境内开展新闻业务。

## （一）中国国际广播电台乌尔都语节目对巴传播

1966年8月，中国国际广播电台（CRI）乌尔都语广播开始对巴传播，如今已经走过55个年头。中国国际广播电台的乌尔都语广播影响越来越大，在阿富汗、孟加拉国、印度和巴基斯坦有800多个听众俱乐部，而在巴基斯坦就有600多个。俱乐部的人数从几十人到上千人不等，成员涵盖社会各个阶层。巴基斯坦听众俱乐部的活动丰富多彩，唯一宗旨就是发展、巩固中巴友谊。每当中国和巴基斯坦国庆日、乌尔都语节目开播纪念日等重要日子，听众俱乐部都会独自或联合举办各种各样的纪念活动，如诗歌会、中国和CRI展览与报告会，有时邀请具有访华经历的听众和社会名流介绍中国，并把活动报告、录像、照片、光盘邮寄给国际台乌尔都语部。[①]

乌尔都语广播这座中巴友好的空中彩桥连接了千千万万巴基斯坦民众。很多听众随着乌尔都语广播从青年走到了中年或老年，但一批批新生力量不断涌现，使得中巴友好后继有人。巴基斯坦穆扎法尔格尔市CRI听众俱乐部主席乔杜里最初喜欢收集中国的邮票，后来喜欢收听CRI乌尔都语广播。他说在巴基斯坦最困难的时候，总有中国人民的支持。乔杜里非常信赖中国，决心毕生为巴中友谊长城添砖加瓦，为宣传CRI乌尔都语广播和巴中友谊做了大量工作。他曾经利用假期数次到农村宣传扩大CRI的影响，走亲访友时也谈论从CRI得到的中国方面的信息。他数次召开本省俱乐部主席和积极分子参加的座谈会，对CRI乌尔都语节目提出建议，关注中国的改革开放。他还在本市举行“CRI杯”体育比赛、与地方传媒联合举办有关中国的知识竞赛、举办CRI奖品、宣传品展览等等。在他的精心投入下，穆扎法尔格尔地区成立了大小60多个CRI听众俱乐部，成为巴基斯坦规模最大、成员最多、活动最丰富的听众俱乐部。

2002年12月20日，在乔杜里等俱乐部负责人的陪同下，中国国际广播电台驻伊斯兰堡前首席记者孙莲梅一行前往《建台60周年》有奖知识竞赛颁奖活动现场，参观了俱乐部联合举办的CRI与听众友好联系的展览。

① 孙莲梅：“巴基斯坦——我永远思念的地方”，载陆树林主编：《我们和你们：中国和巴基斯坦的故事》，五洲传播出版社，2015年版，第173页。

展览内容异常丰富，有CRI各个时期的纪念章，琳琅满目的纪念品，各个时期的不同杂志、图书、报纸，听众访华和乌尔都语部成员访问听众俱乐部时拍摄的照片，数次知识竞赛中听众获得的奖杯、奖品、丝巾、T恤衫、中国钱币、剪纸、邮票以及其他礼品。这个展览充分反映了俱乐部与CRI的紧密联系，也反映了中国的发展。这是CRI代表团访问众多听众俱乐部中，唯一见到的规模如此巨大的展览。同时，颁奖大会规模非常盛大。会场悬挂着旁遮普省十几个地区一百多个听众俱乐部制作的具有本俱乐部特色的大幅彩色横幅，会场座无虚席。台上台下几十名小听众挥舞着巴中两国国旗和国际台台旗，载歌载舞。会场上"巴中友谊万岁""中国万岁"的口号声此起彼伏。[①] 后来，乔杜里成为CRI广播孔子课堂巴方负责人，他又有了为巴中友谊服务的新天地。在巴基斯坦，像乔杜里这样的中国迷很多很多，CRI乌尔都语广播成为他们了解中国、连接中巴人民之间友好的桥梁。它播下的友谊种子已发芽生根，并长成了一棵棵枝繁叶茂的参天大树，这参天的大树就是中巴友谊的栋梁。[②]

除了CRI广播的众多热心听众为中巴友谊作出的突出贡献外，巴基斯坦广播电台的同行同样在发展中巴友谊和扩大CRI影响中发挥了非常重要的作用。巴基斯坦电台的同行经常对CRI代表团的入关、交通、安全、联系采访给予大量无私帮助，甚至用非常热烈隆重的方式欢迎代表团到来，比如抛撒玫瑰花瓣、佩戴花环、赠送信德省的印染花披巾、旁遮普省的木雕、开普省的铜器等。其中，巴基斯坦旁遮普和信德省电台同行对于CRI活动的支持尤其值得记忆。

拉合尔台台长阿斯加尔·哈里德是中巴友谊使者，"巴中友谊比山高、比海深"成为他的口头禅。2001—2005年间，CRI代表团对拉合尔的三次访问都得到了他的大力支持和热情接待。每次到访前，他都要联系当地警察局为代表团安排好路线，前有警车开道，后有电台警卫车压阵，既保证代表团的安全，也节省时间以让代表团与听众有足够多的互动交流。2001年3月，CRI在拉合尔举行《中国百年知识竞赛》颁奖大会，哈里德台长亲自高效地安排代表团与拉合尔电台同行见面。首先，电台负责人、播音员以及高级节

① 孙莲梅："根深叶茂中巴情"，载唐孟生、安启光编：《亲历巴基斯坦》，经济日报出版社，2012年，第265—266页。

② 同上，第274页。

目制作人在电台门口的台阶上列队鼓掌欢迎代表团，敬献花环，合影留念。接着，FM101 节目主持人对代表团团长和乌尔都语主播进行直播采访，其他成员且与同行品茶愉快交流。然后，台长带领大家参加电台主要部门，并亲自一一介绍。最后，文艺部的艺术家演奏了著名的旁遮普乐曲，主人用欢快的乐曲告别中国同行。①

2003 年初，CRI 代表团访问卡拉奇电台，穆罕默德·纳基台长不仅派前 CRI 老专家、卡拉奇电台高级节目制作人哈什米夫妇接机，还亲自在电台门前搭起彩色帐篷，举办盛大欢迎晚会。鲜花、美食、佳肴、笑脸、笑声……浓浓的兄弟情谊包围着代表团。巴方艺术家和电台工作人员表演了风格浓郁的信德歌舞，驱散了代表团的旅途疲劳。卡拉奇电台同行为欢迎 CRI 代表团彻夜未眠，这在中巴友好历史上也许不是绝后，但却是空前的。②

同样，中国国际广播电台代表团也受到伊斯兰堡、白沙瓦、木尔坦电视台同行的热烈欢迎。每到一处，电台高层领导百忙中抽空亲切会见代表团，高级节目制作人与代表团交流节目、设计名称与内容。与此同时，巴电台同行陪同 CRI 代表团参加活动并跟踪报道，或对代表团采访录音制作 CD，或对活动实况进行现场直播。每次代表团在巴活动都引起轰动，这与巴同行对代表团的采访报道有直接关系。FM101 和 FM102 是巴基斯坦收听率最高的调频台，巴同行对 CRI 代表团的采访报道通过上述两个频道播放，产生了不可估量的影响。每次 FM101 对代表团采访报道后，听众都会打进很多热线电话询问代表团的情况，有的听众甚至从很远的地方赶来与代表团主播见面。2001 年，CRI 代表团在信德省省府卡拉奇举行颁奖活动，一位来自偏远内地的贫困听众穆萨·戈马尔从 FM101 听到消息后，专程从 100 千米外赶到现场与代表团见面。他曾对主播表示，他的家乡在沙漠地区，尽管缺水、缺电，但是无论如何不能缺了广播；来自友好国家的 CRI 乌尔都语广播使他的生活不再枯燥。③

长期以来，中国国际广播电台工作组扎根于巴基斯坦，精心制作的乌尔都语节目和听众活动赢得大量普通老百姓的喜爱，与巴基斯坦媒体界保持了

① 孙莲梅："根深叶茂中巴情"，载唐孟生、安启光编：《亲历巴基斯坦》，经济日报出版社，2012 年版，第 272 页。

② 同上，第 272—273 页。

③ 同上，第 273 页。

畅通的交流互动，为中巴媒体深入广泛合作奠定了良好基础。2012 年 10 月 17 日，中国国际广播电台与巴基斯坦广播公司的第一个整频率合作项目——FM98 中巴友谊台正式开播，每天播出 18 小时乌尔都语和英语节目。2015 年 4 月 20 日，中国国家主席习近平访问巴基斯坦，与巴基斯坦总理纳瓦兹·谢里夫共同为伊斯兰堡 FM98 中巴友谊台制作室揭牌。2016 年 12 月 19 日，伊斯兰堡 FM98 中巴友谊台正式直播 6 小时乌尔都语本土化节目，实现了节目由巴基斯坦本土制作、本土发布和本土运营，目的是打造巴基斯坦听众信赖和喜爱的本土媒体。中巴友谊台定位为都市调频台，不仅是中巴传统友谊的传承者，而且将努力打造成为中国信息尤其是中巴经济走廊信息的权威发布平台。中国国际广播电台副台长胡邦胜高度肯定双方广播电台深度合作取得的新进展，敦促两国媒体担负起加强互联互通的责任和义务，提供更多有价值的信息，向两国民众讲好中国故事和巴基斯坦故事，使他们最大限度地体会彼此、增进了解、扩大共识。在他看来，中巴全天候战略合作伙伴关系和瓜达尔首航成功为中巴媒体合作提供了广阔空间，也提出了新要求。他勉励 FM98 中巴友谊台要做中巴全天候战略合作的见证者，更应成为这种关系的守卫者、促进者。[①] 巴基斯坦国家广播电台台长马力克表示，巴中两家电台的合作，将会让中巴纽带关系更加紧密。开播仪式上，中国驻巴基斯坦大使馆代办赵立坚表示，中巴经济走廊为中巴友谊注入新的活力，中巴友好合作进入黄金时期；FM98 中巴友谊台本土节目开播恰逢其时，将使中巴人文交流提升到一个新的水平。[②]

### （二）两国媒体相互报道内容

改革开放以来，中国经济快速发展、综合国力显著增强和国际地位不断提升，国际社会越来越关注中国，外国媒体聚焦中国的报道越来越多。其中，正面看待中国所取得的成就，积极预测中国发展前景的媒体报道很多，但是也不乏负面声音。即使是被称为“巴铁”的巴基斯坦主流媒体上也存在这样的对华报道二元格局。巴基斯坦主流媒体涉华报道包括以下方面的内容。

---

① “中国国际广播电台本土化节目在巴基斯坦成功开播”，2016 年 12 月 20 日，http://news.cri.cn/xiaozhi/47d1804d-97e3-2b05-54ac-d1b2e4347f85.html。

② “FM98 中巴友谊台在巴开播”，《光明日报》，2016 年 12 月 22 日。

### 1. 中巴高层互访

巴基斯坦是世界上第一个与中国建立外交关系的伊斯兰国家，也是冷战时期中国通往西方社会的重要桥梁。中巴关系历经时代风雨的考验，坚如磐石，两国领导人的亲切互访成为夯实中巴全天候战略合作伙伴关系的重要基石。20 世纪中叶，周恩来总理多次访巴基斯坦经历在巴基斯坦被传为佳话，激励着巴基斯坦年轻一代对中国的向往以及为中巴友谊奉献的决心。负责为周总理访巴拍照的巴基斯坦首席摄影师拉吉先生用他的摄像头记录下了无数美好感人的瞬间。拉吉有幸26次见到周总理，家里挂满了周总理访巴的照片。1956 年周总理第一次访问巴基斯坦时，英俊、帅气、气质阳刚的总理对欢迎群众如此和蔼可亲，那种场面令拉吉吃惊得有点发呆了，以至于手里的照相机不大听使唤。但是，周总理却以亲切的握手、问询方式打消了拉吉的紧张，一个大国总理对普通摄影师的亲切关怀令人感激不已。1964 年，周总理再次访问巴基斯坦，倾城出动的人群创造了异常热烈的欢迎场景。欢迎人群早早站立街道两旁，有的挥舞中巴国旗，有的向车队抛撒花瓣。大树上、房顶上、卡车顶篷上站满了人，凡是能站人的地方都站满了人，凡是能爬上人的地方也爬满了人。人们高呼“周恩来万岁”“中巴友谊万岁”。如此众多的人群连巴基斯坦安保人员都始料不及，周总理的车子好像是被万千群众抬着送到国宾馆。巴基斯坦人民发自内心地欢迎周总理，周总理也走向人群，与狂热的群众握手。这些珍贵的、鼓舞人心的场面足以说明，周总理不仅属于中国，而且属于巴基斯坦，他将永远活在巴基斯坦人民心中。①

21 世纪以来特别是习近平主席首访巴基斯坦，巴基斯坦媒体对中巴高层互动予以大量报道。2015 年 4 月 20—21 日，中国国家主席习近平展开了对巴基斯坦的第一次国事访问，并在巴基斯坦议会发表题为“构建中巴命运共同体 开辟合作共赢新征程”的重要演讲。习主席的访问受到巴基斯坦政府和民众的热情欢迎，巴媒体在此期间进行了大篇幅跟踪报道。习主席访巴行程结束后，巴基斯坦媒体对此访报道的热情不减，仍有不少重要媒体将习主席访巴报道置于重要版面或醒目位置，并对此访进行后续报道。巴基斯坦影响力最大的英文报纸《黎明报》在头版醒目位置报道习主席访巴活动，配

① 孙莲梅：“巴基斯坦朋友忆周恩来”，载陆树林主编：《我们和你们：中国和巴基斯坦的故事》，五洲传播出版社，2015 年版，第 15—18 页。

图为巴基斯坦总统侯赛因为习近平主席授予“巴基斯坦勋章”，同时保留巴基斯坦枭龙战机为习近平主席专机护航的照片。巴基斯坦《国民报》网站对习近平访巴进行图文报道，配图为习近平在巴基斯坦国民议会演讲，撰文为“习近平相信巴基斯坦将成为‘亚洲之虎’”。巴基斯坦《新闻报》网站头版报道“习近平表示巴基斯坦是中国的铁哥们儿”。巴基斯坦国际通讯社网站援引巴中工商联合会主席沙·费萨尔·阿夫瑞迪（Shah Faisal Afridi）的话，指出习近平主席此访不仅将改变地区游戏规则，而且将改变本地区的命运。巴基斯坦联合通讯社网站首页大幅刊登习近平访巴新闻，标题为“习主席说中巴关系久经考验”，“巴基斯坦总统希望加快实施中巴经济走廊项目”。巴基斯坦广播公司网站专题报道习近平主席访巴有关活动，比如“中巴同意在民用核能领域加强合作”“习近平强调加强中巴议会交流”“习近平主席访巴盛大欢迎仪式”等。巴基斯坦新闻网站首页连续报道习主席访巴，题目分别为“习近平主席表示中方将始终支持巴基斯坦”“中巴领导人商讨数十亿美元投资”“习近平主席将访问巴基斯坦”。[①]《论坛快报》的“中巴关系新高度”称中巴两国全面提升了全天候战略合作伙伴关系，这将改变整个区域。主要乌尔都语报纸也在头版对习近平主席访巴进行报道，认为这是中巴关系史上的一个分水岭。巴基斯坦主要电子媒体对习主席访巴给予 24 小时不间断报道，重要活动信息则采用实时报道，很多晚间脱口秀节目给习主席访巴新闻让出时段。[②]

2015 年 4 月，习近平主席访巴前后，中国中央电视台 CCTV 新闻频道播出 27 条涉及中巴经济走廊的新闻，其中 19 条报道在早间新闻节目《朝闻天下》首播。4 月 20—21 日，CCTV 新闻频道播出 8 条时政报道，涉及习近平主席会见巴基斯坦总理、总统、陆军参谋长等各级政府高层。4 月 19—22 日，CCTV 新闻频道播出为习近平主席出访所做的配合报道，包括央视记者对中国驻巴大使、巴基斯坦驻华大使的采访、中巴联合研制的枭龙战机为中国领导人护航、巴基斯坦民众热切期盼习主席到访等，也有对巴基斯坦日常生活里的中巴友谊，坚守中巴传统友谊的民间使者的特写报道等。期间，巴基斯坦国家电视台（PTV）播出有关中巴经济走廊建设的报道共 24 条，如

① “习近平结束访问巴基斯坦，当地媒体报道热情不减”，人民网，2015 年 4 月 22 日，http://world.people.com.cn/n/2015/0422/c1002-26887695.html。

② 金强：《巴基斯坦大众传媒研究》，中国传媒大学出版社，2017 年版，第 322 页。

今日世界栏目播出内容包括巴基斯坦西北部开普省的基础设施建设情况、针对习主席访问制作的专题节目等。今日政治栏目、新闻观点栏目共播出 9 期有关中巴经济走廊的节目。PTV 还制作了 11 期打通频道播出时间的直播类特别节目。从内容来看，PTV 英语频道对中巴经济走廊的报道更全面、更重细节，不仅推出有关习主席到访、中巴经济走廊建设对当地的积极影响等专家评论节目，而且在新闻或评论节目中对走廊项目具体实施细节进行全面介绍。PTV 对中巴经济走廊项目建设的报道让观众更有直观感受，让巴民众感受到道路、电站等走廊项目带来的预期变化。在中国国家主席习近平访问巴基斯坦期间，PTV 制作的大量节目，对中巴经济走廊以及中巴关系进行积极解读，既宣传中巴有效合作，也为执政党赢得民众支持。①

新冠肺炎疫情期间，巴基斯坦总统阿尔维访华，坚定支持中国抗击新冠肺炎疫情，引起中巴媒体高度关注。2020 年 3 月 16—17 日，阿尔维总统就任后首次访华，也是在中国政府和人民为夺取抗击新冠肺炎疫情最后胜利而努力奋斗的特殊时刻到访，再次彰显中巴之间特殊的友谊。习近平主席、李克强总理、栗战书委员长分别同阿尔维总统举行会谈、会见，双方发表了联合声明，对外展示双方达成的各项共识。3 月 18 日，外交部新闻发言人耿爽在新闻发布会上高度评价阿尔维总统访华。第一，此访生动诠释了中巴“铁杆”关系。阿尔维总统用行动表明，中巴关系非同一般，越是在中国困难时刻，越要与中国团结一致。巴基斯坦官方与民间一直支持总统访华，就是要表达对中国朋友的支持和信心，向国际社会展示中国抗疫取得的巨大成效，以及中国为维护全球公共卫生安全作出的积极贡献。第二，此访彰显了中巴守望相助的优良传统。疫情暴发初期，巴基斯坦集全国之力支持中国抗疫。在中国疫情有所好转，巴基斯坦国内新冠肺炎抗疫压力增加时，中国将根据巴方需求，向“巴铁”提供力所能及的帮助。中方将按照两国领导人达成的共识，继续为巴民众应对新冠肺炎疫情和蝗灾等挑战提供全力帮助和支持。第三，此访深化了中巴战略互信，巩固了务实合作。中巴领导人就疫情防控经验、统筹防疫和经济社会发展、应对外部经济金融风险和深化包括中巴经济走廊在内的重大合作深入交换意见。双方签署谅解备忘录，将在中巴经济走廊联委会下增设科技工作组和农业工作组，拓展走廊框架下相关领域的合

① 刘旭：“探析中巴经济走廊新闻报道比较——以 2015 年 4 月 CCTV 新闻频道与 PTV 新闻频道报道为例”，《传播力研究》，2018 年第 7 期，第 145 页。

作。阿尔维访华达成的一系列战略共识必将进一步深化中巴全方位合作。[①]

巴基斯坦重要的英文媒体《黎明报》对阿尔维总统访华活动进行跟踪报道。3 月 16 日，《黎明报》以“阿尔维总统今日出发访问中国”为题介绍了此访背景、行程及预期效果。3 月 17 日，刊发文章“阿尔维总统到达中国探讨合作路径”，认为阿尔维此访将为巩固双方信任与相互支持的传统友谊发挥重要作用，也将为两国领导人探讨双边、地区和国际问题提供机会，从而共同促进地区内外的和平、繁荣与发展。3 月 19 日，《黎明报》发文“阿尔维总统在新冠肺炎疫情期间访华受到中国人民好评”，中国人民确信巴基斯坦是真正的朋友。根据今日头条和微信数据，“巴基斯坦总统阿尔维开启中国之旅”受到 37 万多读者的关注，6000 多人点赞，1000 多条评论。其中部分评论如下：“我们对阿尔维总统访华表示热烈的欢迎”“我们珍惜经历一代又一代传承的中巴友谊”“铁哥们团结起来，通过共同努力，中巴将战胜新冠肺炎疫情，恢复经济发展”“无论世界如果变迁，中巴友谊万岁”。许多评论认为阿尔维总统访华激发了中国人民对巴基斯坦的浓烈感情，反映了两国历经考验的紧密关系。中国经济网相信阿尔维总统访华是除了新冠肺炎疫情后民众讨论的另一热点。[②] 阿尔维总统访华时间不长，但背景特殊，意义重大，有力地促进了中巴传统友好与互利合作。中国和巴基斯坦在共同应对新冠肺炎疫情过程中同舟共济，守望相助，传颂着无数动人的故事。这种深深植根于人民心中的友好感情，为中巴关系发展奠定了坚实基础，为推动构建人类命运共同体树立了典范。

### 2. 中巴经济走廊及中巴商贸关系

2013 年 5 月，李克强总理访问巴基斯坦时首次提出打造一条北起喀什、南至瓜达尔港的中巴经济走廊，以互联互通实现两国乃至地区共同发展。2015 年 3 月，《推动共建丝绸之路经济带和 21 世纪海上丝绸之路的愿景与行动》明确指出中巴经济走廊与“一带一路”建设关系密切，要进一步推动合作，取得更大进展。紧接着，巴基斯坦主要报纸对中巴经济走廊的意义、

---

① “巴总统阿尔维就任后首次访华，外交部：生动诠释中巴铁杆关系”,2020 年 3 月 18 日，http://k.sina.com.cn/article_5044281310_12ca99fde0200182w7.html?from=astro。

② “President Alvi garners praise from Chinese citizens for visiting amid coronavirus scare”,March 19, 2020, https://www.dawn.com/news/1542152.

风险与实施可行性进行了众多报道。《黎明报》介绍了巴基斯坦政府、军方、各个政党对中巴经济走廊的态度及分歧；《国际新闻报》则认为中巴经济走廊能够消除贫困，提供就业机会，对抗极端主义和恐怖主义；《论坛快报》的评论认为只有中巴经济走廊去政治化，才能成为改变命运的伟大工程，甚至担忧中巴经济走廊可能影响各省份之间的和睦。[①]

“一带一路”倡议实施以来，巴基斯坦主流媒体对其给予了高度关注，《黎明报》《巴基斯坦日报》等甚至开设了中巴经济走廊的专版专栏。巴基斯坦主流媒体对“一带一路”的报道多从经济角度切入，但是话语模式与框架受西方媒体影响大，比如“债务陷阱”“新殖民主义”论调在巴基斯坦也有市场。由于巴基斯坦缺乏“一带一路”建设的有效信息源，以至于某些突发事件或失实报道让巴民众陷入焦虑与消极情绪，甚至发动反对中巴经济走廊的游行。总体看来，巴基斯坦对“一带一路”传播态势良好，但是巴基斯坦舆论场复杂多变，这对我国对巴媒体交流与合作提出了重大挑战。

据统计，从2015年3月到2017年5月，巴基斯坦《黎明报》关于“一带一路”“亚投行”“丝路基金”的报道总量为254篇。其中封面报道6篇，国内要闻93篇，评论38篇，经商报道57篇，国际报道34篇，都市报道（包括封底、社会文化、综合及其他）26篇。[②]大部分报道文章涉及中国与巴基斯坦及其他国家的经济合作，以正面、中立报道为主，绝大多数内容以中巴经济走廊为中心。《黎明报》涉及“一带一路”的正面报道中多次出现“双赢”“合作”“中巴经济走廊为命运改变者”等表述，反复强调中国的投资金额，友好国家、兄弟情谊等词语见诸报端。中立报道多涉及中巴经济走廊建设进度、透明度和问责制，质疑巴方政商环境对中巴经济走廊预期收益的影响。此类报道中强调中方投资既不是出于中巴友谊，也不是对巴援助，而是双方利益所在。负面报道则聚焦于中巴经济走廊对巴基斯坦经济环境生态的威胁，比如削弱当地企业竞争力，造成环境污染等。

中巴经济走廊被看作“一带一路”建设的旗舰项目和样板工程，有关

① 曹然：“‘一带一路’视域下中国形象媒体建构策略分析——以巴基斯坦主流英语报刊涉华报道为例”，《苏州科技大学学报》（社会科学版），2018年第1期，第101页。

② 吴梦林、梁海明：“‘一带一路’国际高峰论坛前后相关报道的特色、不足与改进——以巴基斯坦《黎明报》为例”，《中国记者》，2017年第9期，第58—59页。

中巴经济走廊的舆论也在一定程度上影响国际社会对“一带一路”的看法。巴基斯坦《黎明报》重视对“一带一路”的相关报道，尤其关注中巴经济走廊的进展。2017 年 5 月，首届“一带一路”国际合作高峰论坛在北京召开，受到巴基斯坦媒体高度关注。5 月 1—22 日《黎明报》集中刊发了 65 篇有关“一带一路”的文章，其中约一半（29 篇）与高峰论坛相关。在“一带一路”高峰论坛相关报道中，正面新闻（17 篇）凸显“一带一路”的和平包容性质与自由商贸意义，引用中国话语强调“一带一路”不仅关乎繁荣发展，塑造中国追求开放进步的大国形象，并与美国、印度的保守短视行为进行对比。大部分关于高峰论坛与中巴经济走廊的正面报道，展现巴方对“一带一路”的赞赏和认可，着重强调“一带一路”的经济效益。然而，仍有少数报道出现对“一带一路”的质疑和担忧，这或许表明巴基斯坦媒体对中巴经济走廊的认可态度，然而对“一带一路”倡议整体并不持同样的乐观。高峰论坛结束后，《黎明报》连续转载了两篇外媒文章，一篇大谈特谈高峰论坛期间中国施行的严厉管控措施，另一篇则报道参会国家担心中方以经济手段试图达成政治目的，要求中国进一步阐释“一带一路”倡议的意图。[①]

2017 年 1 月至 2019 年 5 月，《论坛快报》共有 73 篇新闻报道以中巴经济走廊为主，内容涉及以下方面：1. 国内政治，巴基斯坦各个政党之间、地方省与联邦政府之间在中巴经济走廊建设上的权利博弈；2. 经济领域，巴基斯坦政府、企业、外国企业在中巴经济走廊建设中的分配、管理、运营等经济行为；3. 外交领域，巴基斯坦与周边国家（中国、印度、伊朗、阿富汗）、域外国家（沙特阿拉伯、阿联酋、日本、美国等）围绕中巴经济走廊项目建设、预期影响开展的外交活动；4. 文化领域，主要涉及中巴经济走廊沿线的医疗民生、文化冲击、生态环境改变等等。《论坛快报》关于中巴经济走廊的报道中，经济领域占全部报道的 64.4%，政治领域占总报道的 16.4%，外交领域占总报道的 13.7%，文化领域占比为 5.5%。[②] 其中，经济领域报道比例最高，凸显中巴经济走廊首先是一个经济项目，吸引相关各方对其经济发展效应方面的关注。《论坛快报》文化报道占比偏低，缺乏中巴之间文化交

① 吴梦林、梁海明：“‘一带一路’国际高峰论坛前后相关报道的特色、不足与改进——以巴基斯坦《黎明报》为例”，《中国记者》，2017 年第 9 期，第 60—61 页。

② 古俊伟：“巴基斯坦《论坛快报》建构的中巴经济走廊面临的问题”，《新闻传播》，2019 年第 8 期，第 5 页。

流的报道，亦缺乏中巴经济走廊沿线社会民生变化的报道。这一报道比例令人不安，中巴经济走廊建设是全方位的，社会文化方面的报道可以拉近中巴两国人民之间的心理距离，促进两国民心相通。上述《论坛快报》有关中巴经济走廊的报道以客观评价的中立报道为主，没有负面报道。可见，《论坛快报》对中巴经济走廊的态度基本与巴基斯坦政府态度一致。当然，《论坛快报》报道中反映出中巴经济走廊建设涉及的一些问题，分别是安全问题、政党分歧、地区分歧、巴基斯坦债务问题、生态环境问题、投资环境、政府工作问题、外部威胁、对巴基斯坦当地人生活的影响、对巴基斯坦的利益考虑。为了给中巴经济走廊营建良好舆论氛围，中国方面需要对巴基斯坦国内舆情关切给予回应，做好对有关问题的阐释工作。基于上述《论坛快报》报道的分析，中国对巴基斯坦传播需要重点集中在三个方面：中巴经济走廊对当地人生活的积极影响；中巴经济走廊与巴基斯坦债务利害不大；中巴经济走廊是共商共建共享项目，充分考虑巴基斯坦国家利益。[①]

近年来，巴基斯坦越来越重视参与国际贸易的重要性，在中巴政治友好背景下，巴基斯坦媒体涉华报道中双边商贸关系比重逐渐增多。2013 年 4 月一个月时间内，仅巴基斯坦《新闻报》网站关于中国的新闻共 86 条，其中商务新闻为 20 条。在巴基斯坦新闻网站的社交媒体分享中，“中国热衷于投资巴基斯坦”的消息到 2015 年 10 月 6 日共分享 4566 次，可见巴基斯坦涉华商务报道的传播影响深远。[②]巴基斯坦其他主流英文媒体对中巴经济关系也予以关注。2013 年 4 月 5 日《黎明报》报道，2013 财年前 8 个月，巴基斯坦从中国进口商品 29.98 亿美元，同比增长 10.74%；巴基斯坦对中国出口占中巴贸易额的 37%，中巴贸易处于互利互惠、互相提升的阶段。2015 年 9 月 16 日《论坛快报》报道，根据巴基斯坦国家银行（SBP）数据，2015 年 7—8 月，巴基斯坦外商直接投资净流入 1.19 亿美元，比上一年同期增长 7.5%，其中最大的投资来源国是中国。[③]巴基斯坦国家银行还表示，随着中巴经济走廊建设项目的推进，中国对巴投资将会进一步增长。中巴经济走廊第一阶段的能源和基础设施建设取得显著成效，改善了巴基斯坦的投资

① 古俊伟：“巴基斯坦《论坛快报》建构的中巴经济走廊面临的问题”，《新闻传播》，2019 年第 8 期，第 5—9 页。

② 金强：《巴基斯坦大众传媒研究》，中国传媒大学出版社，2017 年版，第 319 页。

③ 同上，第 320 页。

环境，增强了巴基斯坦吸引外资的能力。

习近平主席访问巴基斯坦后，中国和巴基斯坦媒体对中巴间签署的51个合作文件、价值460亿美元的投资项目进行了大量报道，这极大提振了国际投资者的信心。2015年4月21日，巴基斯坦《经济时报》发布题为《巴基斯坦媒体盛赞中国投资改变“游戏规则”》的报道，全面梳理了习近平主席访巴的经贸成果。《黎明报》则以《经济走廊聚焦 巴中签署51项协议》报道51项合作协议的签署具有历史性意义，除了经济合作还包括核技术等更为深入的双边合作。《新闻报》头版刊载如下内容：中巴两国同意将双边贸易额提升到200亿美元，并继续以民用核技术合作为中巴经济走廊注入强大动力；中巴经济走廊项目中280亿美元的项目属于早启动、快回报的项目，其余170亿美元的项目则用于管道和交通方面。《每日时报》援引巴基斯坦总统侯赛因的话说，“中巴经济走廊项目将改变这一地区的‘游戏规则’，并将迎来一个崭新的时代”。中国媒体对于投资巴基斯坦的报道与巴方媒体高度呼应，仅在百度搜索“中国对巴基斯坦投资”，截至2015年10月6日，就得到28.5万个搜索结果。中国主流财经媒体如中商情报网、搜狐财经、一财网等涉及投资巴基斯坦的具体投资指南、创业移民、准国民待遇、高回报率等利好消息。①

## （三）中巴媒体交流中存在的问题

### 1. 某些巴基斯坦媒体涉华报道立场摇摆、态度暧昧

受到巴基斯坦文化、立场和利益驱动因素影响，《黎明报》《国民报》及巴基斯坦联合通讯社报道中呈现的中国国家形象是多面的，在塑造中国独立自主、平等和睦、开放包容、合作互惠、担当道义等形象上还存在一定差距。巴基斯坦部分私人媒体对华报道与巴官方口径不一致，认为中国拥有强大军事力量，可能会成为潜在威胁性的霸权大国。由于中巴文化差异以及对中国对巴基斯坦影响力日益增长的担忧，巴基斯坦媒体容易对中巴民间交往中的小事进行无端放大，进而损害中国的国际形象。另外，巴基斯坦媒体对中国社会治理中的新闻自由、网络审查等议题颇有微词。巴基斯坦自认为是

① 金强：《巴基斯坦大众传媒研究》，中国传媒大学出版社，2017年版，第320—322页。

民主国家，受西方新闻自由价值观影响，对与此相关的议题比较敏感，也容易持怀疑态度。2018 年 5 月 15 日，中国国际新闻交流中心亚太分中心陪同代表团访问四川大学南亚研究所，巴基斯坦媒体代表在座谈环节对我国媒体自由表达关切。[①]

中巴经济走廊项目实施以来，在两国传统友好、项目利国利民背景下，有关中巴经济走廊的舆论总体正面、积极。然而，随着项目逐步推进，巴基斯坦个别媒体时而发出不和谐的声音，甚至出现两次相对集中的负面报道。2015 年底至 2016 年 1 月，《今日巴基斯坦》《论坛快报》《巴基斯坦国防论坛》等巴基斯坦媒体平台出现有关中巴经济走廊的负面声音和消极观点。这些观点如下：中巴国家实力差距太大，大国与小国的合作只会给大国带来好处，而不是所谓的双赢；中巴经济走廊 460 亿美元的投资并不是免费的午餐，巴基斯坦可能背负来自中国的巨大债务压力；中国公司、工人与商品将大量涌入，控制巴基斯坦经济供应链并冲击巴本土企业；中巴经济走廊项目仅仅惠及中国企业和巴基斯坦官僚阶层，巴方企业及民众受益有限；巴基斯坦联邦政府与地方政府在经济走廊项目上存有分歧，地方发展可能因为走廊项目的厚此薄彼而加剧失衡；巴基斯坦政府执政能力低效，对外合作协议签多履少，中巴经济走廊恐难以幸免；巴基斯坦可能更加依附中国，成为中国对抗欧美西方国家的棋子。2016 年 9 月底至 10 月，巴基斯坦媒体《黎明报》《新闻报》等有关中巴经济走廊的评论对中巴经济走廊某些方面提出质疑或批评。比如指责走廊项目规划缺乏足够透明度，尤其是决策的透明；批评项目信息披露严重滞后，媒体和民众缺乏对项目实施进度的了解，导致出现监管真空，抑或媒体随意解读部分信息；认为部分项目比如瓜达尔港、走廊西线仅仅是为了国家形象塑造的功利性需要，而非地方实际需要；担心巴方因走廊建设承担过重的融资压力与安保成本；走廊建设对当地居民传统生活方式和环境造成破坏，社会效益不高；经济走廊建设和实施进程中当地人并没有被优先雇佣，更不用说成为利益攸关者；等等。[②]

① “中国国际新闻交流中心亚太分中心代表团来访我所”，2018 年 5 月 29 日，http://www.isas.net.cn/ViewNews.aspx?N_id=9&id=1928。

② 王茜婷：“如何正确引领‘一带一路’的国际舆论——以中巴经济走廊项目为例”，《传媒》，2017 年第 1 期，第 39—40 页。

**2. 巴媒体对中国的直接采访较少，新闻信息源多来自西方媒体**

由于巴基斯坦媒体更多关注国内和地区事务，加之媒体的新闻采编人员配备不足，巴媒界对中国事务的采写能力较弱，更多直接依赖西方媒体的新闻报道。巴基斯坦媒体涉华报道大多缺乏来自中国的第一手新闻素材。2017年，巴基斯坦官方通讯社——联合通讯社在华仅有1名常驻记者，为国内各大媒体提供文字和图片素材。[①]虽然巴基斯坦官方媒体可以免费使用联合通讯社的中国新闻稿，但缺乏视频素材，展现中国的内容有限。巴基斯坦私营媒体需要付费才能使用联合通讯社的新闻素材，况且联合通讯社的供稿质量和速度并不能满足私营媒体的需求，因此私营媒体很少使用联合通讯社的稿件，转向依赖与欧美媒体合作获取涉华报道稿源。2015年11月5日，《国际新闻报》所载台湾问题文章中大量引用BBC报道和《经济学人》的解读，自己仅附上一段开头导语与新闻背景简单介绍。

从2018年1—12月巴基斯坦主流媒体对“一带一路”的报道来看，中国媒体并不是巴媒“一带一路”报道的最重要信源。通过样本分析发现，巴基斯坦主流媒体报道“一带一路”时使用本地政府信源占比17%，使用西方媒体信源占比15%，使用印度媒体信源占比8%，而使用中国媒体信源占比仅约4%。有时候巴基斯坦主流媒体涉华报道间接引用中国媒体报道内容，比如路透社曾引用《环球时报》有关“中国谴责达赖喇嘛对‘伊斯兰国’的同情”的报道，《黎明报》在报道同样话题时却显示引用路透社信源。类似的涉华报道很多，反映出巴基斯坦主流媒体更容易受到西方媒体的影响，或因巴媒体熟悉汉语的采编人才有限，或因巴媒体对中国媒体的信任和联系还不够，或因中国媒体对巴媒体“一带一路”的报道框架和报道基调未曾产生显著影响。[②]

当前中国与巴基斯坦文化交流和传播主要依赖双方官方媒体的报道，与媒体在两国经济、政治、军事关系的报道数量和深度相比，官方媒体在两国文化交流方面的宣传力度还有待提升，还缺乏对两国历史文化情况及文化关系重要性的全面系统的报道。随着新媒体的快速发展，巴基斯坦采取了宽松

① 胡邦胜：“巴基斯坦媒体生态及其特征”，《对外传播》，2017年第3期，第78页。

② 毛伟：“‘一带一路’倡议在海外舆论场的话语建构与报道框架——以巴基斯坦主流媒体为例”，《中国记者》，2018年第12期，第115—116页。

自由的新闻媒体政策，巴基斯坦国内私人和企业家纷纷投入媒体行业当中，巴基斯坦新兴媒体逐渐增多。这些新兴媒体缺乏对中国文化进行深入细致的调研，在报道时倾向援引西方媒体的观点和内容，经常误读和歪曲中国与巴基斯坦的关系，缺乏报道的客观性和准确性。中国部分大众媒体和新兴媒体也缺乏对巴基斯坦历史文化和两国文化交流与合作的关注和报道，使中国普通民众对中国与巴基斯坦文化合作了解不够客观深入，并深受美国等西方媒体对巴基斯坦的歪曲报道影响，对中国与巴基斯坦关系产生误读和误解。根据美国新闻署的统计，美国有线电视新闻网 (CNN) 在世界 137 个地区和国家传输过电视节目。美国文化产品特别是流行文化在世界各地年轻人中非常受欢迎，在美国价值观和意识形态输出过程中扮演着关键角色。美国大众文化产品风靡全球，不仅获得了巨大商业利益，而且公开或隐蔽地对其他地区和国家人民施加政治方面的影响。因此，在受到西方媒体报道的意识形态和价值观影响下，中国年轻人和巴基斯坦年轻人都缺乏相互了解的动力和热情，在一定程度上阻碍中国与巴基斯坦全天候、全方位的文化交流和合作关系的跨越发展。①

### 3. 巴媒体对中国的负面报道多集中在西方设置的议题上

从传播学角度来看，议程设置和框架理论赋予传播者相当大的能动性。换句话说，传播者设置议题和框架的能力越强，所拥有的话语权就越大。比如，美国媒体业非常发达，通常能够调动一切积极因素建构美国良好形象，努力为维持美国超级大国地位创设良好外部环境和舆论氛围。然而，巴基斯坦媒体在国际媒体业处于弱势地位，其涉华报道的议题及框架大多模仿西方媒体。巴基斯坦涉华报道中的“宗教自由”“言论自由”“网络审查”“专制独裁”“恐怖主义”等议题多由西方媒体主导，体现西方所谓的自由、民主、人权、开放等价值取向。②

2002 年，巴基斯坦进行了媒体自由化改革，私有媒体根据媒体市场受

---

① 王丽、泽米尔·阿万:“中国与巴基斯坦的文化交流历久弥新”,《国际人才交流》，2019 年第 8 期，第 58 页。

② 曹然：“‘一带一路’视域下中国形象媒体建构策略分析 ——以巴基斯坦主流英语报刊涉华报道为例”，《苏州科技大学学报》（社会科学版），2018 年第 1 期，第 103 页。

众的需求，决定是否妖魔化其他国家，炒作其他国家的负面新闻。为了满足媒体的盈利需要，符合受众先入为主偏见的报道比其他报道更有新闻价值。虽然中巴两国达成全天候战略合作伙伴关系，中巴经济走廊建设促进了巴基斯坦经济发展，但是普通老百姓对中国的了解依然有限。巴基斯坦媒体时不时为中国贴上神秘、功利等标签，满足受众对华刻板印象的需要。巴基斯坦主流英文媒体网站涉华报道的读者评论区表明，部分巴基斯坦网民并不了解真实的中国，对中国的国际行为存有误读、误判现象，对华抱怨、嘲讽和贬损的情绪屡见不鲜。巴基斯坦私营媒体为了维持生存发展，争夺点击率、收视率、发行量成为重要的谋生手段。在此激烈竞争背景下，涉华负面报道俨然成为各大媒体吸引眼球、占领市场的策略。为了兼顾利益与时效，巴基斯坦私营媒体在自身无力触及的议题上更加依赖西方媒体信源，所作报道看似客观公正，实际上是西方精心设计、有意引导的新闻。另外，从受众心理来看，媒体受众总是更加倾向于选择那些与自己原先观点一致的内容，反过来这种选择性接触加强了原有认知偏见。从一定程度上说，巴基斯坦民众对华认知偏差为媒体涉华负面报道的滋生提供了土壤，西方媒体议题设置下的新闻稿件源源不断地涌入巴媒体市场。巴基斯坦部分媒体涉华负面报道成为其赢得读者、迎合受众的竞争策略与生存手段。①

### 4. 中巴两国媒体互动的质和量不高

中国对巴基斯坦媒体生态及其市场运作方式普遍缺乏了解和研究，对巴基斯坦媒体认知仍然存在误区。中国官方媒体未能主动、有效地为巴基斯坦媒体提供所需的新闻素材，缺乏高质量的合作机制，仍然处于粗放式合作阶段。巴基斯坦官方与民间对华友好，但是这并不代表巴方媒体就能优先采用中方新闻素材。巴基斯坦媒体涉华报道数量占比不高，报道内容领域较狭窄，报道基调易受宗教政治因素制约。

从报道数量来看，巴媒体涉华报道属于国际报道，其数量远远低于它们对印度、伊斯兰世界和西方的报道。印巴关系不仅成为政府对外工作焦点，也与巴民众生活息息相关，受到普遍关注。伊斯兰教成为巴基斯坦建国意识

① 曹然：“‘一带一路’视域下中国形象媒体建构策略分析——以巴基斯坦主流英语报刊涉华报道为例”，《苏州科技大学学报》（社会科学版），2018 年第 1 期，第 103—104 页。

形态，对伊斯兰世界的关注与倚重成为巴基斯坦国家运行中的重要一环。深受殖民遗产的影响，巴基斯坦政治生活中植入自由民主基因，精英阶层对西方社会具有亲近感。相反，与巴基斯坦友好的中国和中国人民，却在巴基斯坦媒体报道中严重缺位。

从报道内容来看，巴基斯坦媒体对中巴高层互访、中巴经济走廊报道较多，对中国的政治、经济、文化等领域涉及较少。中巴高层互访成为两国媒体相互报道的重点领域，国家元首首次出访最受关注。2013 年中巴经济走廊开建以来，巴媒体对经济走廊涉及的巴基斯坦境内事务报道比较多，比如各级政府部门、政党、族群等利益攸关者对走廊的认知与行动，走廊早期收获阶段的能源、基础设施建设、港口建设成就，走廊建设中的资本、人力、技术等细节问题。

从报道基调来看，巴基斯坦官方媒体涉华报道能够照顾中国核心国家利益诉求，在涉及中国领土和主权完整的问题上与中国官方口径基本一致。巴基斯坦私营电子媒体为了吸引眼球、赚取流量，容易追随西方媒体，炒作中国境内的民族矛盾，歪曲中国的言论自由与宗教自由问题。对中国政策主张报道较少，二次传播欧美观点较多，与中巴两国政治经济交往水平不相匹配。总体而言，巴基斯坦媒体界人士普遍缺乏对中国和中国人民的深入了解和研究，巴媒涉华新闻撰稿与涉华新闻讨论的知名人士，对中国的观察和研究还远远不够。

相较于西方媒体对巴传播，中国媒体对巴传播比较滞后。用巴基斯坦资深政治家的话来说，“巴基斯坦建国后，美国人来了，苏联人来了，印度人也来了，而同巴基斯坦关系非常友好的中国媒体人却没有来”。[①]

## 三、中巴媒体合作机制探索

中巴是全天候战略合作伙伴和铁杆兄弟，两国媒体应该努力培养两国民众相知相亲的友好关系。随着“一带一路”倡议的全面实施和中巴经济走廊项目的深入推进，中巴媒体合作迎来了良好机遇和广阔前景。两国媒体在已有成功合作的基础之上，积极探索进一步深化合作的机制化道路。

① 胡邦胜：“巴基斯坦媒体生态及其特征”，《对外传播》，2017 年第 3 期，第 78 页。

## （一）中巴媒体联合策划、采访与制作节目

2011 年，在中巴建交 60 周年之际，两国政府与民间举行了一系列庆祝活动，尤其体现在媒体策划的人文交流活动上。2011 年 5 月 16 日，国家广播电影电视总局主办、中国驻巴基斯坦大使馆及中国国际广播电台承办的"中巴媒体母亲河之旅"大型多媒体跨境采访报道活动正式启动。由中国国际广播电台乌尔都语等部门创意并策划的"中巴媒体母亲河之旅"包括三个组成部分，分别是"中巴媒体印度河之旅""中巴媒体长江之旅"以及"寻找中巴友谊的见证人"多媒体征文。通过此次活动，中国国际广播电台与巴基斯坦媒体同仁一起用自己的镜头、话筒和手中的笔，搭建起两国人民心灵沟通的桥梁，将中巴友谊推向新高度。① 与此相呼应，2011 年 7 月 14 日，中国外文局与巴基斯坦驻华大使馆联合召开纪念中巴建交 60 周年座谈会，主题则为"中国巴基斯坦媒体合作"，探讨了中巴媒体未来合作的重点方向，有助于推动中巴媒体达成更多实质性合作项目。

2016 年 6 月 30 日，中国中央电视台新闻频道和纪录片频道巴基斯坦落地仪式在巴电子媒体监管局隆重举行，中国驻巴基斯坦大使孙卫东、巴基斯坦新闻广播与国家遗产部常秘与国家电视台台长葛德兹、巴电子媒体监管局主席阿兰姆等出席仪式，阿兰姆向巴国家电视台颁发了央视新闻频道和纪录片频道在巴落地许可证。此后，巴民众在家就能完整收看央视两个重要频道，通过最直观和快捷的窗口与中国"亲密接触"，这将进一步加深两国人文交流。中国驻巴基斯坦大使孙卫东在致辞中表示，人文交流是中巴友好交往最具活力的部分，央视两频道在巴落地一事受到两国领导人的高度重视，2014 年谢里夫总理出席博鳌亚洲论坛期间推动了相关合作谅解备忘录的签署，2015 年习近平主席访巴期间与谢里夫总理共同见证签署了相关协议。巴基斯坦国家电视台台长葛德兹表示，中巴是全天候战略合作伙伴，广电领域的合作是中巴友好合作的重要组成部分。央视在巴播出将让巴国更好地了解友邻，加深两国人民间的传统友谊。②

2017 年 5 月，首届"一带一路"国际合作高峰论坛召开之前，中国驻

---

① 程轶潇："中巴媒体母亲河之旅大型报道活动中大放异彩的 SONYHVR-Z5C"，《影视制作》，2013 年 5 月，第 92 页。

② "央视两频道在巴基斯坦落地 加深中巴人文交流"，2016 年 8 月 8 日，http://media.people.com.cn/big5/n1/2016/0808/c40606-28618707.html。

卡拉奇领事馆与巴基斯坦媒体联合制作了名为《新合作 新变化 新生活》的中巴经济走廊合作纪录片，通过基础设施、港口、能源、文化教育等方面，全面展现走廊建设给巴基斯坦百姓带来的实实在在的变化。纪录片也通过讲述在卡拉奇大学孔子学院学中文的情况，反映中巴两国日益增强的人文交流。

2017 年 10 月，巴基斯坦 VSH 新闻电视台代表来华采访中共十九大，并与中国经济网开展节目合作。VHS 新闻电视台位于中巴经济走廊核心项目瓜达尔所在地区，是巴基斯坦影响力最大的俾路支语电视台。VHS 新闻电视台派出副总裁舍希德・阿萨努拉、运营董事奥维斯・巴鲁奇和媒体制作专员沙默尔・阿萨努拉一行 3 人在北京见证并报道十九大盛况。此次采访是巴基斯坦俾路支语媒体首次来华报道，巴方友人感受到中国共产党始终为民、精简务实的工作作风，同时为中巴经济走廊背景下的瓜达尔发展前景感到振奋。作为来自中巴经济走廊最南端瓜达尔的媒体人，VHS 代表团成为其他媒体同行争相采访的焦点，他们因为“一带一路”建设而拥有了更多的展示机会。来华期间，VHS 新闻电视台代表与中国经济网记者进行策划、拍摄和报道合作，联合制作首档俾路支语节目《“一带一路”面对面》，并已在 VSH 电视台黄金时段开播。①

中巴两国的通讯社积极探索合作意向，努力为两国更多媒体提供高质量的信息源。成立于 2003 年的巴基斯坦独立新闻社（INP）是国内最大的私营新闻机构，记者遍布海内外。巴基斯坦独立新闻社报道用语以英语和乌尔都语为主，在巴基斯坦民众中传播能力强。它以中巴经济走廊为题材的报道非常多，与中国主要新闻机构（新华社和中国国际广播电台）都签署了新闻交换协议。同时，巴基斯坦独立“新闻社”还在与《环球时报》商议签署合作协议，以便及时获得有关中国及“一带一路”倡议的准确信息，吸引更多对中巴经济走廊感兴趣的受众。②

2016 年 7 月，巴基斯坦《华商报》创刊，是目前唯一一份在巴基斯坦获得发行权的中英文双语周刊，主办方为巴基斯坦华商传媒有限公司。经历过短暂停刊后，2019 年 3 月复刊后的《华商报》分为 6 大板块：巴基斯坦要闻、

---

① “巴基斯坦媒体人：我们期待过上中国人那样的生活”，2017 年 10 月 23 日，https://news.sina.cn/gn/2017-10-23/detail-ifymzqpq3354595.d.html。

② 穆罕默德・扎米尔・阿萨迪：“巴基斯坦电子媒体发展迅猛”，《中国投资》，2017 年 8 月第 15 期，第 63 页。

访谈天地、人物专访、中国要闻、"一带一路"资讯、旅游文化，涉及中巴政治、经济、文化、教育、体育等各个领域。《华商报》还开设微信公众号，方便读者及时获取信息。复刊的同时，朱家磊决定面向巴基斯坦读者出版《华商报》英文杂志。中文报纸主要服务当地华侨华人，贴近华侨华人的关注焦点，为在巴华侨华人及中资企业提供可靠信息。而英文杂志则广开资源渠道，获取一手巴基斯坦相关信息，着重报道"中巴经济走廊"相关项目和企业，做中巴企业间的"桥梁"。2019 年 9 月 1 日，中国新闻社副社长兼副总编辑夏春平率领代表团访问《华商报》。代表团参观了位于伊斯兰堡的《华商报》编辑部，与该报总编辑朱家磊等负责人和当地雇员座谈，了解《华商报》的发展现状及未来规划，听取《华商报》对中新社图文通稿、供版等业务的意见和建议，从而使中新社的新闻产品更贴近巴基斯坦受众的需求，为包括《华商报》在内的"一带一路"沿线华文媒体提供更好的产品和服务。[①]2019 年 9 月下旬，《华商报》还出版发行了庆祝新中国成立 70 周年的维文特刊，在当地维吾尔族侨社协会国庆 70 周年大会上发放。《华商报》作为沟通中国与巴基斯坦的桥梁，影响力大，服务性强。《华商报》的发行范围涵盖首都伊斯兰堡以及拉合尔、卡拉奇、费萨拉巴德等巴基斯坦主要城市。《华商报》与巴基斯坦第一大媒体集团战斗传媒集团（Jang Group of Newspapers）达成战略合作，每周为其旗下英文报《The News》提供两版内容。[②] 海外华文媒体既努力在中外之间发挥桥梁作用，也努力在当地主流社会赢得一定的话语权。

## （二）中国巴基斯坦媒体论坛

从多边论坛到双边论坛，中国与巴基斯坦媒体积极探索符合时代主题、促进民心相通的合作机制。早在 2009 年 5 月，中国与巴基斯坦媒体就通过"中国与南亚国家广播电视论坛"进行相关交流，磋商双方感兴趣的合作领域。论坛上，中国与南亚国家政要及资深媒体人士深入探讨了以下方面内容：中国与南亚国家广播电视政策、中国与南亚国家广播电视交流与合作、广播电

① "中新社访问团走访巴基斯坦华文报纸《华商报》"，2019 年 9 月 1 日，http://www.chinanews.com/gn/2019/09-01/8943995.shtml。

② "巴基斯坦《华商报》总编辑朱家磊：'90 后'媒体人的异国坚守"，2019 年 10 月 10 日，https://baijiahao.baidu.com/s?id=1646981940508864475&wfr=spider&for=pc。

视在多民族国家社会稳定中所发挥的作用、广播电视在重大灾害报道中所承担的责任及所扮演的角色。大家围绕突发性重大灾害报道进行了重点讨论，并达成了初步合作共识，一致表示需要继续加强多边交流，以共享成功经验，携手展开突发性灾害报道。[①]2018 年 6 月 1 日，上海合作组织首届媒体峰会在中国北京举行，增强了各成员国媒体机构之间的联系。上合成员国媒体通过面对面的交流探讨，挖掘各成员国发展潜力，探索并共享新的发展机遇，为各成员国实现可持续发展铺平道路。此次媒体峰会和媒体合作机制也为中巴媒体推动两国繁荣发展、经济合作以及安全合作等领域的议程提供了机会，为两国新闻官员提供经验交流的机会。传媒行业正在经历深刻变革，加强互利合作与互学互鉴是必由之路。中巴媒体应该借助媒体论坛、媒体峰会等平台充分交流，相互借鉴有益经验，以媒体多元化交流增进两国民众的相互了解，拉近两国民心，巩固中巴传统友好关系。

作为全天候战略合作伙伴，中巴两国媒体也直接搭建双边媒体论坛。在“一带一路”倡议提出 5 周年之际，2018 年 4 月 17 日，光明日报社与巴基斯坦战斗媒体集团、巴基斯坦报业协会共同主办的“中国·巴基斯坦媒体论坛”在光明日报社举行。此次中巴媒体论坛主题为“‘一带一路’倡议与构建中巴命运共同体”。论坛期间，中国与巴基斯坦签署了《北京宣言》，宣布中国·巴基斯坦媒体论坛是中巴两国媒体就中巴两国受众共同关心的话题进行交流的平台。中华全国新闻工作者协会和巴基斯坦报业协会签署《“一带一路”新闻交流合作协议》。光明日报社总编辑张政的主题发言《为构建中巴命运共同体承担共同责任》表达了三点看法：以文明“通”，促媒体“通”；以媒体“通”，助民心“通”；以民心“通”，启世界“通”。通过论坛的主旨演讲和发言以及论坛期间各种形式的交流与互动，中巴媒体达成如下共识：（1）习近平主席提出的构建人类命运共同体重大理念，体现了全新的人类社会价值追求，契合发展要求，正是在这一理念下，“一带一路”倡议为沿线国家在新时代进一步深化合作提供了机遇，为世界发展注入了动力。这一倡议是构建人类命运共同体的重要实践。中巴要顺应时代前进潮流，促进世界和平发展。（2）本着“和平合作、开放包容、互学互鉴、互利共赢”的丝路精神，中巴两国媒体开展合作，传播全面、真实、准确、客观、公正

① “突发性灾害报道与媒体责任——中国与南亚国家广播电视论坛综述”，《新闻记者》，2009 年第 8 期，第 57 页。

的新闻信息，为促进两国人民之间的理解与互信、交流与合作发挥建设性作用。（3）通过中国·巴基斯坦媒体论坛这个有效平台，能够有助于中巴两国主流媒体深化理解、扩大共识、增进合作、共赢发展。加强中巴两国媒体的交流与合作是实现中巴两国民心相通的重要途径。“中巴经济走廊”是“一带一路”建设重要项目，需要两国人民充分了解，中巴两国媒体为此承担着社会责任，要努力发挥正能量。（4）将夯实中巴媒体之间已有的交流与合作，积极推动开展形式多样的对话交流、人员往来、共享新闻资讯、分享技术进步，让此次论坛结出硕果，让中巴两国媒体的交流与合作保持持久的生机与活力。（5）中巴两国媒体的交流与合作方兴未艾。为构建中巴命运共同体、促进中巴两国的友好，与会中巴两国媒体将致力于做构建中巴命运共同体的见证者、践行者、贡献者。①

近些年，巴基斯坦智库和平与外交研究所积极致力于促进中巴媒体交流与合作。2019 年 8 月 7 日，巴基斯坦和平与外交研究所、国家广播电台联合举行“媒体在宣传中巴经济走廊中的作用”研讨会。与会人员积极评价“一带一路”和中巴经济走廊建设，认为媒体应关注、了解、支持中巴经济走廊项目建设，让国际社会准确理解其对本地区和平发展的积极意义，致力于营造更好的舆论环境。②2021 年 9 月 27 日，为纪念中巴建交 70 周年，巴基斯坦智库和平与外交研究所举办中巴媒体论坛，两国政府官员、媒体人士、学者等以线上和线下相结合的方式就深化两国媒体合作、加强中巴经济走廊报道、应对假新闻等进行了交流。中国驻巴基斯坦大使农融表示两国铁杆友谊受益于被称为“第四权力”的媒体，呼吁双方高度重视媒体的独特作用，充分发挥其新时代使命。为此，他就中巴媒体合作提出三点建议：一是加强媒体联动，深化交流合作。两国均拥有大量媒体资源，需要在新闻素材、节目制作、人才培养、活动协办等方面形成深度合作。二是加强资源整合，调动各方力量，通过多元主体讲好中巴故事。三是加强舆论引导，携手打击虚假宣传。两国媒体应当加大正面宣传，注重策略艺术，提高在重大问题上发声

---

① 李曾骙、曹元龙：“中国·巴基斯坦媒体论坛在京召开”，《光明日报》，2018 年 4 月 18 日，http://media.people.com.cn/n1/2018/0418/c40606-29932743.html。

② “驻巴基斯坦大使姚敬出席“媒体在宣传中巴经济走廊中的作用”研讨会并发表讲话”，2019 年 8 月 7 日，http://pk.chineseembassy.org/chn/zbgx/t1687061.htm。

的能力，为中巴乃至地区发展创建和平稳定的环境。[①]

## （三）中巴经济走廊媒体论坛

自2015年以来，中国驻巴基斯坦大使馆主办、巴基斯坦巴中学会和中国经济网协办中巴经济走廊媒体论坛，旨在加深两国媒体间交流。中巴经济走廊媒体论坛按年度轮流在伊斯兰堡和北京进行，迄今已经举办五届。首届中巴经济走廊媒体论坛吸引了巴中两国200多名记者。与会者一致认为，媒体工作者应当积极宣传中巴经济走廊这项惠及整个地区的工程，并表示媒体论坛为两国媒体从业者提供了交流经验的机会。巴基斯坦资深记者贾韦德·阿赫塔尔表示，媒体论坛的举办为两国媒体获取中巴经济走廊项目最新、最真实的资讯提供了一个平台。在中巴经济走廊媒体论坛上，巴中两国媒体从业者就如何有效报道中巴经济走廊项目相关消息的传播策略达成了共识，巴基斯坦媒体工作者还从中国同行那里学习了先进的传播理念和相关技术。同样，巴基斯坦人民期待两国定期举办中巴经济走廊媒体论坛，这可以帮助他们更好地了解中国的经济发展、开放政策、改革进程以及社会人文等相关方面的信息，使他们对中国倡导的合作共赢理念有更深入的理解。[②]

2016年5月20日，作为庆祝中巴建交65周年主要活动之一，第二届中巴经济走廊媒体论坛在北京召开。其间，“中巴记者友好联谊会”宣告成立，将为来自中国和巴基斯坦的记者搭建一个交流共识和分享经验的平台，助力中巴经济走廊建设。两国媒体界、企业界上百人出席此次论坛并进行了广泛的交流，取得了良好效果。两国媒体代表围绕“舆论助力中巴经济走廊务实合作”“加强中巴媒体间信息的互通互联”等话题进行了深入探讨，发表了许多独到见解。与会嘉宾高度赞赏中国与巴基斯坦的全天候战略合作伙伴关系，认为“一带一路”建设是能够带动两国共同发展的战略，相信两国会在不断探索中展开更多的务实合作。在中华全国新闻工作者协会党组书记翟惠生看来，中巴经济走廊建设与“一带一路”倡议将为中巴友谊注入新活力，将会给媒体作报道、讲故事提供大量素材，中巴经济走廊媒体论坛将会

① “驻巴基斯坦大使农融出席中巴媒体论坛并发表致辞”，中国驻巴基斯坦大使馆，2021年9月29日。

② 穆罕默德·扎米尔·阿萨迪：“媒体合作是加强巴中经济关系至关重要的纽带”，《中国报道》，2018年5月31日，第62页。

贡献更多人文交流的智慧与火花。巴基斯坦参议院巴中经济走廊委员会主席、巴中学会主席穆沙德·侯赛因认为，中巴两国关系非常重要且非常独特，在当前世界经济中发挥着至关重要的作用。他希望中巴经济走廊成为将中巴人民联系起来的经济、信息和文化走廊，希望此次巴基斯坦派遣的大规模多元化的优秀媒体代表团，与中国媒体朋友加强联系，携手促进中巴共同发展、共同繁荣。巴基斯坦驻华大使马苏德表示，随着中巴经济走廊建设的推进，两国人文交流不断加深，两国媒体需要加强互联互通从而提供更多有价值的信息，积极推动中巴教育走廊与中巴文化走廊建设，为两国经济合作关系提供强大支撑。北京大学巴基斯坦研究中心主任唐孟生教授高度评价两国媒体交流的作用，认为中巴两国民心通、政策通有赖于媒体沟通和文化交流。他鼓励中巴媒体继续加强合作，讲好各自的故事，宣传好自己。另外，唐教授建议，中方加大邀请巴基斯坦媒界和学界访华力度，有助于把中国故事带到巴基斯坦，让巴官方与民间更加全面了解中巴经济走廊，为推动走廊建设提供坚实、良好的文化传媒环境。①

2019 年 11 月 22 日，由中国驻巴基斯坦大使馆和巴基斯坦巴中学会共同主办的第五届中巴经济走廊媒体论坛在伊斯兰堡举行，中巴两国约 150 名媒体人士和政府官员出席，就两国媒体进一步深化合作，客观、公正报道走廊建设展开探讨。中国驻巴基斯坦大使姚敬在致辞中高度评价中巴媒体合作的积极作用，鼓励两国媒体再接再厉，继续为走廊建设营造良好氛围。他表示，中巴经济走廊建设带给巴基斯坦的经济和社会效益有目共睹，得到中巴两国社会各界的高度重视和衷心拥护。美方针对走廊建设的抹黑言论根本站不住脚。巴基斯坦参议院外事委员会主席、巴基斯坦巴中学会主席穆沙希德·侯赛因在论坛上表示，中巴经济走廊的建设改变了巴基斯坦国家形象，为巴基斯坦人民带来了实实在在的福祉，一些基于主观臆断的噪音在事实面前不攻自破，基于事实的报道必然胜过虚假宣传。与会中方媒体人士表示，中巴两国媒体应当成为中巴经济走廊建设的讲述主体，坚守真实、客观、公正的报道理念，准确把握中巴经济走廊建设推动经济社会发展、改善民生、维护地区和平稳定的时代价值，讲好走廊故事，推进两国媒体务实合作，加深两国民众民心相通。与会巴方媒体人士表示，巴政府和人民坚定支持中巴经济走

① 史小今："加强中巴媒体合作——第二届中巴经济走廊媒体论坛综述"，《学习时报》，2016 年 6 月 6 日。

廊建设，这已成为巴基斯坦跨党派、跨地区、跨阶层共识，绝不会受到外界干扰。媒体合作是中巴关系的重要组成部分，期待巴中两国媒体进一步加强合作，不断丰富全天候战略合作伙伴关系内涵，将新时期巴中友谊提升到新水平。[①]

## （四）中巴媒体互访

2012 年 2 月 15—19 日，在巴基斯坦巴中学会邀请下，新疆新闻出版交流团一行 22 人赴巴基斯坦伊斯兰堡进行了为期 5 天的友好交流活动。新疆新闻出版代表团访问巴基斯坦取得显著成果，为两国媒体互访树立了良好范例。

首先，代表团在伊斯兰堡设立中国图书专柜。代表团在巴基斯坦最大的书店——伊斯兰堡赛义德书店设立了中国图书专柜，这是中国首次在巴基斯坦书店开设图书专柜。中国图书专柜直接面向巴基斯坦广大读者，有利于巴基斯坦读者正确认识中国和中国新疆。上架图书选配是根据巴基斯坦读者需求而精选的，包括新疆本地出版的 50 种、1500 册图书，以及从国务院新闻办、中国外文局精选的 100 种、近 1500 册英文或英汉对照图书。[②]上架图书内容涉及中国民族、中国节日、中医药、中国非物质文化遗产、新疆经济社会发展、新疆风光、民俗、旅游资源、少儿读物、经典小说等方面。伊斯兰堡赛义德书店中国图书专柜的开设是中国对外文化交流的一项新举措，也是中国新疆新闻出版交流团访问巴基斯坦的一项重要成果。

其次，新疆新闻出版交流团举行《友邻》杂志英文版创刊暨《友邻》与天山网合作的网络版上线仪式，以及友邻出版社（巴基斯坦）、友邻图书发行公司（巴基斯坦）、天山网巴基斯坦办事处挂牌等多项活动。《友邻》杂志英文版是首份中巴联合主办、编辑出版的月刊，由新疆维吾尔自治区对外文化交流协会、新疆维吾尔自治区版权保护协会、巴基斯坦巴中学会联合主办，在伊斯兰堡和乌鲁木齐分设编辑部，主要受众为巴基斯坦中高层人士。《友邻》杂志大部分内容介绍中国和中国新疆，其余部分介绍巴基斯坦人文

① “第五届中巴经济走廊媒体论坛在伊斯兰堡举行”，2019 年 11 月 23 日，http://www.xinhuanet.com/world/2019-11/23/c_1125265774.htm。

② 成立、杨建新：“一次文化软实力‘走出去’的有益尝试——新疆新闻出版交流团访问巴基斯坦成果丰硕”，《新疆新闻出版》，2012 年第 2 期，第 46 页。

和经济发展。巴基斯坦友邻出版社、友邻图书发行公司也是中巴合作成立的首家出版社、首家图书发行公司。友邻出版社主要出版涉及中巴两国内容的图书，友邻图书发行公司除了发行《友邻》杂志英文版外，为友邻出版社、新疆各出版社的图书提供发行服务。《友邻》杂志英文版还与天山网合作推出了网络版，扩大了新疆信息的对外传播，促进世界各地了解中国新疆治理的积极成效。《友邻》杂志英文版及网络版的面世，标志着中国新疆与巴基斯坦的新闻出版交流进入新阶段，也为巴基斯坦乃至国际社会了解中国、了解中国新疆提供了一个新窗口。①

最后，代表团积极与巴基斯坦相关机构洽谈，取得了诸多成果。新疆维吾尔自治区对外文化交流协会与巴基斯坦巴中学会达成合作意向，将共同制作介绍新疆的纪录片并在巴基斯坦等南亚国家电视台播放。天山网与巴基斯坦“你好萨拉姆”网站达成合作共识，聘用巴网站编辑为天山网驻巴基斯坦办事处工作人员，每天进行稿件互换。新疆美术摄影出版社与巴基斯坦友邻出版社签订了首批 10 种图书出版合作协议，并达成咖啡桌书、谚语书出版合作意向。同时，新疆美术摄影出版社与友邻出版社同意双方联合编辑、制作、出版、发行汉语版、英语版、乌尔都语版《新疆旅游》与《中巴箴言选粹》。新疆新华印刷厂与友邻杂志社、巴中学会计划在巴基斯坦设立印刷厂。②

新疆新闻出版交流团向巴基斯坦人民展示了开放、合作、发展的新疆现状和美好前景，促进其对中国新疆的了解，展示中国的积极形象。中巴政府非常重视此次交流活动，中巴主流媒体对各项交流活动进行了大量报道。代表团团长乔吉甫在图书上架仪式上表示，中国图书专柜为巴基斯坦了解新疆、了解中国开辟了窗口，双方除了要继续加强政治与经济合作外，还需要加强文化、新闻出版领域的合作。中国驻巴基斯坦大使刘健表示，新疆与巴基斯坦具有开展文化交流的良好基础，也具有广阔前景；此次新闻出版代表团访巴是一次有益的尝试，未来新疆要加大文化软实力“走出去”的步伐。巴基斯坦国家电视台与广播电台、《黎明报》《国民报》，以及中国国际广播电台、《光明日报》《中国新闻出版报》《新疆日报》、新疆电视台等两国媒

① 成立、杨建新：“一次文化软实力‘走出去’的有益尝试——新疆新闻出版交流团访问巴基斯坦成果丰硕”，《新疆新闻出版》，2012 年第 2 期，第 46—47 页。

② 同上，第 47 页。

体对各项活动进行了全面、深入的报道。巴中学会主席穆沙希德·侯赛因表示，新疆新闻出版交流团赴巴交流引起了很大社会反响，各大媒体跟踪报道，政界、外交界和学术界人士也纷纷致电询问。通过媒体反馈，巴基斯坦年轻人尤为关注此次访问，在网站留下一片好评。[①] 可见，新疆新闻出版交流团访问伊斯兰堡取得了圆满成果，为两国媒体互访写下了新篇章。

2017 年 11 月 13 日，应中国驻巴基斯坦大使馆邀请，由巴基斯坦各大媒体总裁、主编组成的巴基斯坦报纸主编委员会代表团一行 15 人来华，在北京、新疆进行为期五天的访问。这是巴基斯坦媒体人同中国同行交流、互动之旅，也是了解中国发展的体验之旅。代表团联络人、快捷传媒集团总裁伊贾祖尔·哈克说，该代表团是近年巴基斯坦层次最高的媒体访华团之一。国务院新闻办国际联络局局长张烨、外交部亚洲司参赞陈峰等相关负责人分别会见了代表团成员，向客人们介绍了中共十九大的情况，并就中国经济发展、中巴经济走廊建设、两国媒体合作等话题进行了交流。巴基斯坦报纸主编委员会代表团成员参观“砥砺奋进的五年”大型成就展，赞赏中国的发展速度，看好中巴经济走廊建设的发展前景。代表团也应邀访问了经济日报、中国日报、环球时报等报社，与中国媒体人士近距离沟通与交流。经济日报社全媒体中心的工作人员向代表团介绍了全媒体中心发稿情况，演示用手机发稿流程。代表团成员对多媒体设施齐全的“中央厨房”[②] 颇有兴趣，不断询问工作人员有关平台的操作流程。参观之后，中国经济网总裁王旭东、总编辑崔军与巴基斯坦报纸主编委员会代表团一行座谈，互换礼物。另外，巴方代表团还访问了北京大学巴基斯坦研究中心，中心主任唐孟生用乌尔都语讲述中国改革开放 40 年的故事，令代表团感觉特别亲切，激发其了解、报道中国的强烈渴望。[③]

2019 年 6 月 24—28 日，中国经济网承办了“读懂中国”巴基斯坦媒体代表团 12 人访华活动，在北京和杭州进行了为期五天的中国之旅。代表团由“中巴经济走廊”原特使扎法尔任团长，包括巴基斯坦《战斗报》《新闻报》、

① 成立、杨建新：“一次文化软实力‘走出去’的有益尝试——新疆新闻出版交流团访问巴基斯坦成果丰硕”，《新疆新闻出版》，2012 年第 2 期，第 48—49 页。

② 经济日报社全媒体中心亦称经济日报社“中央厨房”，分为策划指挥、新闻编发、值班调度、远程会议室等多个功能区，是经济日报及移动端、中国经济网、直属报刊实时联通、资源共享、全天候日常滚动编发新闻的业务平台。

③ “巴基斯坦媒体访华团：了不起的中国速度”，中国经济网，2017 年 11 月 26 日，https://www.sohu.com/a/206682490_120702。

巴基斯坦国家电视台、Dunya媒体集团、《Khabrain日报》等巴主流媒体成员。在北京期间，代表团在接受国务院新闻办公室相关负责人会见后，赴中国铁路国际有限公司、中国华能集团、中国国际文化交流中心参观访问。铁路国际总工程师朱哲驯向代表团介绍了中国高铁的现状及技术优势，并着重介绍了巴基斯坦拉合尔橙线轻轨建设工程。同时，中国华能集团国际合作部副主任王文娟着重介绍了中巴经济走廊首座大型清洁高效燃煤电站——萨希瓦尔电站建设、运营、环保等情况。中国国际文化交流中心秘书长许红海表示，希望双方在未来进一步加强文化交流，并期望与巴方媒体团达成长期合作。代表团还参观了由国务院食安办指导、中国经济网主办的中国国际食品安全与创新技术展览会。中经网为巴媒体代表团介绍了中经网无人机、VR、手机直播等技术，展示了与巴基斯坦合作的《When in China》《"一带一路"面对面》等节目，中国经济网总编辑崔军出席活动，并表示期望未来有更多合作。除了政府机构、企业及组织外，媒体代表团还游览了长城和西湖景观，近距离感受中国人文及自然风光，从不同角度解读中国，丰富了中国知识。代表团团长扎法尔对此次活动给予了高度评价，称目前巴基斯坦人对中国的了解还很少，希望借助更多类似的交流活动，让更多巴基斯坦人了解中国。代表团成员也纷纷交流了访华体会，认为此次活动加深了对中国的认识，相信更多交流活动有利于巩固中巴友谊和两国关系。①

综上，中国国际广播电台乌尔都语节目拉开了中巴媒体交流的序幕，两国媒体相互报道兴趣不断增长，并且不断适应变化的时代背景，积极探索机制化合作道路。中巴政府积极引领官方媒体对文化交流与合作的关注和报道，发挥报纸、广播、电视台等传统媒体影响力，加强中央权威媒体与地方媒体的交流合作，促进媒体交流与合作的全方位深入发展。比如，在新冠肺炎疫情暴发后，中国驻巴基斯坦大使姚敬在伊斯兰堡与巴基斯坦媒体代表团进行互动，分享中巴相互支持抗击新冠肺炎疫情的经验，高度肯定媒体在塑造真实的人性画面中的重要作用。②

---

① "中国经济网承接2019'读懂中国'巴基斯坦媒体代表团访华活动"，2019年7月4日，https://www.sohu.com/a/324723983_120702。

② "Interactive Session of Delegation of International Forum for Pakistani Columnist and Anchors with H.E Mr. Yao Jing, Ambassador of People's Republic of China to Pakistan," *The Diplomatic Insight*, March 2020, pp.33—34.

在中巴经济走廊建设背景下，中巴媒体需要加强在走廊沿线联合策划与采访、节目制作、同行交流互信等方面的合作；加大节目资源共享力度，相互直接报道走廊沿线的财富故事和感人事迹，减少对第三方信息源的依赖，把中巴媒体合作打造为“一带一路”沿线媒体合作的典范和样板。在“一带一路”和“中巴经济走廊”对外传播方面，中方还要积极探索将巴基斯坦亲华精英群体如政坛领袖、智库学者、媒体人士等发展为“一带一路”故事的主动传播者，共建“一带一路”朋友圈。除了上述媒体领域的专业合作，中巴还应发动广大民众积极参与“一带一路”的对外传播，讲述自己与“一带一路”的动人故事。2017 年 5 月 14 日，首届“一带一路”国际合作高峰论坛高级别会议在北京国家会议中心举行“增进民心相通”平行主题会议。会上，来自巴基斯坦瓜达尔市法曲尔小学土地捐赠者纳塞姆分享了自己与“一带一路”的故事。[①] 在网络和信息通信技术日益全球化的今天，两国既要借助中国国际广播电台这些传统媒体平台的力量，也要充分发挥新媒体的强大传播功能。两国媒体需要合作加强对方市场调研，培训新媒体从业人才，有针对性地生产音视频、动漫、H5 及各种形式的新媒体传统产品，提升“一带一路”文化传播效力和吸引力，通过“互联网 +”方式创新中巴文化传播与交流方式，为中巴经济走廊建设奠定坚实的民意基础，增强“一带一路”倡议下中巴民心相通。[②]

① 毛伟：“‘一带一路’倡议在海外舆论场的话语建构与报道框架——以巴基斯坦主流媒体为例”，《中国记者》，2018 年第 12 期，第 117 页。

② 王丽、泽米尔·阿万：“中国与巴基斯坦的文化交流历久弥新”，《国际人才交流》，2019 年第 8 期，第 59 页。

# 第五章
# 中巴医疗卫生交流与合作

健康是人类命运共同体的固有基因，是构建人类命运共同体的最大公约数，是利益与道义最紧密的结合，符合世界各国人民的共同追求。构建中巴卫生健康共同体是构建中巴命运共同体的题中应有之义。巴基斯坦现有人口约 2 亿人，为世界上人口增长较快的国家。巴基斯坦具有高出生率、人口结构年轻、营养与卫生不良、流行病发病率高等显著卫生健康特征。近年来，巴基斯坦稳步推进国家医保计划，在常见疾病防治、健康卫生教育和妇幼保健等方面逐步提升医疗卫生能力。作为全天候战略合作伙伴，中国与巴基斯坦展开了丰富多样的医疗卫生交流与合作。在中国“一带一路”建设的大背景下，中巴探索建立医疗卫生合作机制，积极打造公共卫生平台，努力实现健康丝绸之路下的中巴健康走廊愿景。新冠肺炎疫情暴发以来，中巴开展了紧密而卓有成效的抗疫合作，两国进一步深化了全天候战略合作伙伴关系，有力推动中巴卫生健康共同体的构建，中巴命运共同体的建设取得新进展。本章对上述情况进行简要介绍与分析。

## 一、巴基斯坦医疗卫生概况

巴基斯坦现有人口约 2 亿人，为世界上人口增长较快的国家，估计到 2030 年巴基斯坦将成为全球第四大人口大国。[①] 根据人口专家的说法，巴基斯坦特别是农村地区人口持续增长的主要原因包括宗教禁忌、政治上的胆怯和公众的无知。[②] 根据宪法规定，巴基斯坦的国教为伊斯兰教，穆斯林约占全国人口的 97%。巴基斯坦穆斯林宗教信仰虔诚，相信伊斯兰允许通过母乳喂养进行生育间隔从而实施“自然计划生育”。大部分贫穷和教育低下的穆斯林不愿意实施永久节育措施，认为这与先知穆罕默德要求信众结婚和生

① “Pakistan to be fourth most populous nation by 2030”, October 3, 2018, https://www.dawn.com/news/1436426/pakistan-to-be-fourth-most-populous-nation-by-2030.

② “巴基斯坦人口突破 2 亿宗教观念令生育率持续走高”，2017 年 9 月 12 日，http://m.kdnet.net/share-12409192.html。

孩子的教导相悖，并且盲信上帝会抚养每个婴儿。巴基斯坦浓郁的宗教属性导致国家治理中缺乏适当的计划生育，政府有限的人口控制措施如宣传、鼓励家庭节育等也没有按正确的方向执行。

## （一）巴基斯坦人口卫生健康特点

巴基斯坦人口卫生健康的第一个特点就是高出生率，儿童死亡率偏高。由于没有适当的计划生育政策，巴基斯坦人口出生率超高，其中早婚和少女怀孕率达 80% 是人口增长背后的关键因素。巴基斯坦女性社会地位特别低，在家庭生育规划中没有决策权，有的甚至一心想生男孩从而导致人口过剩。21 世纪以来，巴基斯坦人口增长速度过快。2000 年巴基斯坦实际人口增长率为 2.16%，2003 年略微下降到 2.01%，而婴儿死亡率从 1995 年的 10.1% 下降到 2003 年的 7.7%。由于肺炎、腹泻、营养不良和环境卫生差等原因，巴基斯坦婴儿死亡率高。学龄前儿童经常患腹泻、肺炎、结核病、脊髓灰质炎和侏儒症等疾病，其他年龄段人口中死于恶性肿瘤、心血管疾病和事故的比例很高，这些致使巴基斯坦的概约死亡率为 0.78%。

巴基斯坦人口卫生的第二个特点是人口结构年轻化，0—14 岁年龄段人群占总人口的 42.4%，30 岁之前的人口占比约 60%。2003 年全国人口平均寿命约为 62.2 岁，其中男性为 61.3 岁，女性为 63.14 岁。巴基斯坦特殊的人口结构引发了系列相应的医疗卫生问题。①

## （二）巴基斯坦医疗卫生制度

巴基斯坦是联邦制国家，医疗卫生事业主要由各省自己管理。联邦政府负责全国医疗卫生计划、省际合作和国际合作事务，同时管理联邦直辖区的医疗卫生。联邦政府卫生部是卫生事务的主要协调者。各省以区为单位进行卫生服务，管理医院、医务室和农村卫生站，各省设有专门的教学医院和特殊卫生机构。各级卫生官员需要经过医疗卫生方面的特别教育和培训才能履职。国家设在省内的卫生服务机构，如政府医院、农村卫生站、基层卫生组织、医疗点、少儿卫生中心等，由省政府和地方政府拨款，并且省政府负责本省的卫生检查和监督。

---

① 杨翠柏、刘成琼：《列国志：巴基斯坦》，社会科学文献出版社，2005 年版。

为提高全国人民的卫生水平，巴基斯坦政府制定了2000年全国卫生发展计划。联邦卫生部提出的发展计划主要包括疾病预防、提供初级卫生服务、培训医疗卫生人员、增进医疗卫生设施等。1990年开始实施的“加快卫生发展计划”包括扩大防疫计划，控制腹泻疾病，培训接生护理人员等，总投资达到12.4亿卢比。该计划惠及80%周岁儿童的医疗保健，另外20%周岁儿童的防疫工作由新的“初级卫生关怀中的儿童生存计划”完成。

## （三）巴基斯坦医疗卫生能力

穆沙拉夫执政时期，巴基斯坦出台了国家基础医疗保健计划，旨在解决健康领域特别是妇女医疗保健面临的问题。该医保计划涵盖了巴基斯坦所有地区，通过众多妇女健康工作者对社区提供基本的预防性与治疗性服务。在国家医保计划下，巴基斯坦政府在常见疾病防治、健康卫生教育和妇幼保健等方面逐步提升医疗卫生能力。

首先，政府扩大免疫计划，给儿童和母亲接种疫苗预防疾病。各级政府通过多种方式增强了民众的免疫接种意识，比如设立固定的免疫中心，外派免疫小组和妇女健康工作者，发起特定免疫日和特定免疫运动等。同时，在全球疫苗免疫联盟（GAVI）的资助下，巴基斯坦不断扩大免疫规划，给婴儿接种乙型肝炎疫苗，给育龄妇女接种白喉疫苗。

其次，针对民众常见疾病如结核、疟疾、艾滋病、癌症，国家出台了专门的防治计划。由于营养不良、过度拥挤和不通风的居住条件，巴基斯坦结核感染者多且致死率高。进入21世纪以来，巴基斯坦在结核控制上取得实质性进展，地区健康系统整合了直接督导下的短期化疗方案（DOTS），对患病初期的患者进行药物治疗。该化疗法在全国79个地区得到推广，覆盖率达到66%。疟疾控制计划旨在通过检测、诊断、治疗、环境管理等方式来减少国内疟疾的流行，通过财政投入、提供装备设施和开展技术培训，增强了全国范围对疟疾研究和防治的重视。尽管巴基斯坦艾滋病发病率较低，但是政府仍然在防治艾滋病方面采取了相关行动，特别针对其传播途径（不洁血液、血液制品感染和母婴传播）进行源头控制。艾滋病控制计划通过印刷材料和电子媒体不断增强公众防治意识，建立大约47个监控中心，进行血清学和行为学研究以确定艾滋病基线并进行适当的干预设计。在巴基斯坦癌症治疗计划有效实施情况下，四个省建立了13家癌症医院，配备现代科学的诊断和治疗设施，从事核医疗学和放射免疫分析、肿瘤和放射疗法。仅2004—2005年间，就有超过340000名患者在这些医院得到治疗和护理。

然后，制定妇女健康计划。巴基斯坦妇女健康计划通过在20个地区发展妇女友好健康体系来提升妇女和少女的健康、营养和社会地位，向社会底层群体扩散妇女基本健康干预措施，发展妇女友好社区健康体系，向社区妇女提供优质的健康医疗服务。该计划包括在20个地区招募和培训8000名妇女健康工作者，为7个地区购置破伤风疫苗，给产妇注射破伤风针。

最后，突出自然灾害后的医疗救助计划。2005年，巴基斯坦北部地区遭遇历史上最为惨重的地震，官方宣布约73000人死亡，约70000人受伤，超过200万人流离失所。地震后，政府需要逐渐把努力重点从救援工作转移到给地震灾民提供医疗设施与生活必需品上。①

## 二、建交以来中巴医疗卫生合作

建交以来，中国和巴基斯坦积极探索建立中巴医疗卫生领域的合作机制，分享我国医疗成功经验，完善援巴医疗队伍派遣政策，加强传统医药交流、研制与贸易，参与巴基斯坦有关环境健康的基础设施项目建设，共建公共卫生平台。在中巴经济走廊建设背景下，中方鼓励毗邻巴基斯坦的新疆维吾尔族自治区建立国际医疗中心，与巴基斯坦共同开发医疗旅游资源，培育多种医疗旅游产品，推动地区旅游医疗发展。②

### （一）积极拓展健康支撑的领域和方式，将我国医疗成功经验推广到巴基斯坦

中巴建交以来，中国不断对巴基斯坦提供常见病、重大疾病和传染病的诊疗技术，并输送相关药品器械。近年来，中巴原有的单一医疗服务模式逐渐转向全方位服务模式，即把医疗机构组建、医学院校教育培训、公共卫生干预、重大传染病防控融入一体，帮助巴基斯坦培养医学人才，提升医疗服

① 林垠："巴基斯坦健康领域的前景——共促中巴医药领域合作"，《医药世界》，2006年第6期，第42—43页。

② "加强人文社会交流　夯实中巴合作基础"，2015年8月11日，http://news.cnr.cn/native/gd/20150811/t20150811_519515039.shtml。

务能力，完善国民健康政策。其中，与巴基斯坦地域相连的新疆在中巴医疗服务合作中充分发挥了地域优势，新疆的医疗中心、医疗研究院所和重点专科积极与巴基斯坦相关医疗机构对接，成为打造中巴卫生健康共同体的重要平台。同时，中国制药企业积极走出国门，寻求与巴基斯坦同行的合作，建立中巴制药产业供应链，进口巴方重要医药成分，向巴方出口紧缺药品。另外，中巴积极利用信息技术推动医疗卫生合作。中巴依托互联网共建智慧诊所与远程医疗体系，实现医疗信息互通互用，有助于两国合理配置优质医疗资源，比如新冠肺炎疫情期间中巴医疗专家的视频诊断会议；2019 年 11 月 5 日，中巴相关机构签署谅解备忘录，将在瓜达尔港和巴基斯坦其他城市利用兰丁人工智能技术开展宫颈癌筛查服务。

### （二）完善援外医疗队伍有关派遣政策，吸引优秀医务人员参与援巴医疗任务

建交以来，中巴就发展了互派医疗队伍的传统，但援外医疗队伍派遣政策尚不够完善，要么是在对方遭遇特大灾害后己方派出医疗队伍，要么是针对某一项特定疾病救治需求时派出。援外医务人员的薪资待遇和保障水平偏低，影响选派工作。近年来，中国援巴医疗队伍派遣参照外交人员待遇标准，更新和提高援外人员的各项津贴，对援外单位及个人实行普遍荣誉制度，对做出突出贡献的集体和个人实行特殊奖励制度。2011 年 12 月，北京同仁医院在巴基斯坦伊斯兰堡和木尔坦进行为期 10 天的眼睛免费复明手术。此项活动是“中国与巴基斯坦友好年”的重要活动之一，也是中国与巴基斯坦文化民间交流的进一步提升，表明中国与巴基斯坦之间深厚的民意基础。①

### （三）进一步完善传统医药文化交流、传统医药贸易和研制环境

巴基斯坦与我国山水相连，共享长期友好的文化交流，对我国中医药有较高的认同度。巴基斯坦人口稠密，多沙漠，森林覆盖率低，大约有 5700 种野生植物，其中有 400 种被用于传统医药。目前，巴基斯坦约有 52600 名尤纳尼（Unani）注册医师，逾 4 万名草药行业从业人员。巴基斯坦有一所公立大学和 26 所私立大学提供尤纳尼和阿育吠陀医学学历教育（四年制），

① 王丽、泽米尔·阿万：“中国与巴基斯坦的文化交流历久弥新”，《国际人才交流》，2019 年第 8 期，第 56 页。

十几家组织机构从事传统医药方面的研究与开发。[①] 巴基斯坦的传统医药体系与我国中医药体系在基本思维方式和理论基础上有许多相通和相近之处，相互学习和借鉴的内容非常多。2014 年 6 月，第三届京交会中医双语养生讲座现场，巴基斯坦驻华大使馆参赞泽米尔·阿万表示传统医药是巴基斯坦文化遗产的重要组成部分，对中国的藏医产生了重要影响，并表示巴基斯坦非常重视与我国在传统医药领域的合作，已经与四川、浙江、北京的中医药大学展开合作，表达加强中巴传统医药合作交流的意愿。[②]

随着中巴经济走廊建设的推进，中医药走进巴基斯坦，促进两国传统医药文化交流，增强了两国医药贸易和研发合作。2018 年 7 月 18 日，巴基斯坦中国文化中心、中外文化交流中心与中国驻巴基斯坦大使馆共同举办“感受中医的古老文化”主题讲座，主讲人北京中医药大学副教授蔡向红。巴基斯坦国家艺术委员会主席贾马尔·沙、中巴友谊协会副主席法拉·拉尼、COMSATS 信息技术大学中国研究中心主任赛德·塔恩维尔·佳法里、巴基斯坦自然历史博物馆副主任马利克·穆罕默德·阿福扎尔、巴基斯坦医学研究所（PIMS）医师瓦西姆·合瓦贾等 80 余人聆听了讲座。蔡向红介绍了中医的历史和哲学，中医理论的整体架构，还向听众解释了中医中阴阳的概念和阴阳学说的基本内容，包括阴阳学说在中医学及各领域中的应用。最后，她还用“望闻问切”让现场听众感受中医的古老文化。讲座结束后，蔡向红与 COMSATS 信息技术大学中国研究中心主任赛德·塔恩维尔·佳法里商谈了将来在研究中心举办中医系列讲座等事宜。[③]

中国与巴基斯坦两国推动医药产业与国际贸易互联互通，加强两国科技人员在药用植物资源与生物技术领域的合作交流，扩大药材种植与药农增产增收，促进双方医药产业共同进步。[④] 风油精、云南白药等药品颇受巴基斯坦民众喜爱。巴基斯坦气候炎热，卫生条件较差，肠胃不适、高温中暑及呼

---

① 黄先菊在 2021 年 11 月 5 日“世界中医药学会联合会中医人类学专业委员会成立大会”暨“第二届中医药国际化与世界传统医学研讨会”上的发言。

② 刘亚力：“我喜欢喝中国的养生茶”，2014 年 6 月 4 日，http://www.bbtnews.com.cn/2014/0604/102703.shtml。

③ “‘感受中医的古老文化’讲座在巴基斯坦开讲”，巴基斯坦中国文化中心，2018 年 7 月 25 日，http://cn.chinaculture.org/portal/pubinfo/200001003002001/20180725/61d4d4b0d4c9472291a6d82710a3f94b.html。

④ 王婷婷等：“《巴基斯坦药典》与《中国药典》所载传统药物比较”，《亚太传统医药》，2018 年 5 月，第 1—2 页。

吸道疾病时有发生，藿香正气口服液和急支糖浆非常适合当地市场的需求。尤其在新冠肺炎疫情期间，藿香正气口服液对新冠肺炎引起的肠胃不适具有显著疗效。为了满足巴方大量需求，太极藿香正气口服液和急支糖浆两款中成药完成所有注册清关流程，正式登陆巴基斯坦药品市场，为巴方新冠肺炎抗疫助一臂之力。[①]同时，出于对本土中药材资源的合理开发和保护，我国可以利用巴基斯坦丰富的光热资源、土地资源和农业劳动力，鼓励当地民众种植相关中药材并出口给中国制药企业。另外，中医文化中的针灸推拿等传统手法也可以向巴基斯坦民众推广，帮助治愈巴基斯坦现代社会中的亚健康群体。在可预见的未来，伴随着中医药专家及其企业主动走出去，中巴传统医药合作的市场前景广阔。近年来巴基斯坦医药行业发展迅速，成为巴基斯坦重要的经济产业之一。

“一带一路”建设背景下，中巴开启了传统医药合作研制进程。2017 年 2 月，湖南中医药大学与卡拉奇大学合作成立中巴中医药民族医药研究基地（中心），此为湖南首个海外中医药研究中心。该基地（中心）的建立受到了国家科技部、国家中医药管理局、湖南省卫计委、湖南省科技厅的大力支持。在此基础上，湖南中医药大学、湖南安邦制药有限公司在基地（中心）主任秦裕辉教授的领导下成功完成了“银黄清肺胶囊”在巴基斯坦的临床试验申请后，又与卡拉奇大学国际化学和生物科学中心（ICCBS）就“银黄清肺胶囊”巴基斯坦临床试验研究签订合作协议。2018 年 7 月 7 日，首个中成药——“银黄清肺胶囊”巴基斯坦临床试验启动仪式在卡拉奇大学中巴中医药民族医药研究基地（中心）正式举行。此次“银黄清肺胶囊”巴基斯坦临床试验研究的启动，迈出了我国中药走进巴基斯坦的第一步，为中药走出国门提供了很好的思路和尝试，启动仪式标志着我国首个中成药即将成规模正式进入巴基斯坦医药市场。[②]

2019 年 12 月 14 日，中国中医药“银黄清肺胶囊”巴基斯坦临床试验成果新闻发布会在卡拉奇大学国际化学与生物科学中心举行。根据该成果报告，经过对 212 例巴基斯坦病患一年多的对比临床试验，“银黄清肺胶囊”

① “弘扬中医药文化，助力新冠抗疫，太极藿香正气液、急支糖浆登陆巴基斯坦药房”，《华商报》，2021 年 4 月 23 日。

② “首个中成药——银黄清肺胶囊在巴基斯坦开启临床试验”，2018 年 7 月 11 日，http://www.hnzyfy.com/news/html/?8749.html。

治疗咳嗽有效率与抗生素阿莫西林克拉维酸钾片相当，在治疗慢阻肺方面对巴基斯坦人群有效。银黄清肺胶囊在巴基斯坦临床试验成功并将注册上市，这是我国中成药首次进入巴基斯坦，也是中成药走进“一带一路”沿线国家取得的重大突破。未来中巴中医药民族医药研究中心将把更多的中成药引入巴基斯坦，进一步加强中巴两国在民族医药领域的合作交流，并借鉴中国中医药管理体系的经验，帮助巴基斯坦建立和完善民族医药体系。①

2020 年 12 月，经国家中医药管理局批准，“中国—巴基斯坦中医药合作中心”落户“药材之乡”——湖南怀化，并在中国湖南医药学院和巴基斯坦卡拉奇大学分别建设中心设施。2021 年 1 月 21 日，“中国—巴基斯坦中医药合作中心”正式启动，仪式采取线上与线下同步进行，会场分别设在湖南医药学院第一附属医院和巴基斯坦卡拉奇大学。中巴双方将通过中心平台进行项目研究、学术交流、人才培养等，打造以中医药国际注册为导向，融合医疗保健、教育培训、科学研究、产业合作和文化交流于一体的中医药国际合作中心。2021 年 6 月 9 日，中医药—尤纳尼传统医药国际研讨会暨中国—巴基斯坦中医药中心揭牌仪式以线上线下相结合的形式在湖南怀化举行。中国—巴基斯坦中医药中心是当地第一家由中国国家中医药管理局支持建设的中医药中心，有利于进一步深化中巴传统医药领域交流与合作，加强健康理念和文化的交流探讨，共筑中巴卫生健康共同体。揭牌仪式后，四川省中医药管理局与巴基斯坦信德省卫生部签署合作备忘录，双方决定在传统医药研发、人员交流、科技成果转化等方面开展全方位合作，致力于推动两地传统医药互学互鉴。②

近年来，中医药在防治常见病、多发病、慢性病及重大疾病中的疗效和作用日益得到国际社会的认可和接受。在中巴经济走廊建设的历史性机遇中，中巴政府、高校、企业逐步实现优势资源共享，让中医药成为中巴人文交流、民心相通的亮丽名片，通过合作推动中巴医疗科研领域合作交流迈上新台阶。

---

① “中国中医药银黄清肺胶囊在巴基斯坦临床试验成功”，驻卡拉奇总领馆经商室，2019 年 12 月 16 日，http://karachi.mofcom.gov.cn/article/zgdt/201912/20191202922456.shtml。

② “四川省中医药管理局与巴基斯坦信德省卫生部签署合作备忘录”，四川中医药，2021 年 6 月 12 日。

## （四）积极参与巴基斯坦有关环境与健康的建设项目

在中巴经济走廊进入第二阶段后，中方尤其重视同巴方开展社会民生合作，愿充分发挥各自优势，不断拓展合作领域。2019 年 10 月 17 日，中国驻巴基斯坦大使姚敬访问巴基斯坦红新月会总部，出席中国红十字会向巴基斯坦红新月会单车捐赠仪式。巴基斯坦红新月会衷心感谢中国政府和中国红十字会对巴基斯坦慷慨帮助，相信这体现了高尚的人道主义精神和两国之间的深厚情谊。同时，巴基斯坦红新月会希望进一步加强与中国红十字会在志愿者培训、医疗救护、三方合作、灾害救援等领域交流合作，造福中巴两国和地区人民。姚敬大使高度赞赏巴基斯坦红新月会为推进中巴合作和改善巴基斯坦社会民生做出的贡献，表示中巴是全天候战略合作伙伴，一直有相互支持、相互帮助的优良传统。[①]

中巴经济走廊经过的基本都是亟待开发的“蛮荒之地”，应急救护和公共卫生是刚需，建立中巴急救走廊成为时代所需。中巴急救走廊是中国红十字会与巴基斯坦红新月会共同倡导发起的公益项目，旨在发挥两个组织在灾害救援、人道救助方面重要而独特的作用，立足民生需求和公共安全需要，沿中巴经济走廊设立急救站点、急救人员、急救车辆、应急系统组成的急救单元。中巴急救走廊有两大支点，中方的支点位于紧邻巴基斯坦的喀什，巴方的支点选择在瓜达尔港。经过充分调研论证，中国红十字会决定在瓜达尔建立一处急救医疗中心，外加急救车、急救队伍、急救信息系统，组成一个急救单元。在中国红十字会“丝路博爱基金”资助下，2017 年 5 月 7 日，“中巴博爱医疗急救中心”建设落成，成为中巴急救走廊的首个急救单元，也是“‘一带一路’人道救助计划”中的重要民生项目。未来，沿着中巴经济走廊将陆续建设若干急救单元，最终形成沿着中巴经济走廊的应急救护、公共卫生服务供给带，也就是形成一个急救走廊。

2017 年 9 月至 2018 年 4 月，复旦大学附属华山医院的志愿者作为中国红十字会援外医疗队首批队员，在“中巴博爱医疗急救中心”为当地民众及中方建设人员提供医疗服务。瓜达尔地区基础教育及医疗设施严重不足，复旦援巴医疗团队的接诊经验为该地区后续的医务人员配置、医疗物资采购及

① “驻巴基斯坦大使姚敬访问巴红新月会总部”，中国驻巴基斯坦大使馆，2019 年 10 月 19 日。

医疗机构的建设与援助等提供了可靠参考。[①] 此次援巴医疗队与中国派驻其他国家的以技术支持为主的援外医疗队不同，它要进驻中巴急救走廊首个站点——中方援建的医疗急救中心主体建筑内，进一步完善中心的硬件、软件建设，让其成为以急救为特色的小型综合医院，目的是缓解当地缺医少药和卫生防疫落后的局面。同时，这次医疗队是中国医疗团队第一次常驻巴基斯坦，需要在不同社会制度、不同医疗体制的巴基斯坦不断摸索工作经验。首个站点的首支医疗团队需要做到“模式可复制、经验可推广”，为以后站点的建设树立模版。从这种意义上说，瓜达尔中巴博爱医疗急救中心是中巴急救走廊的样板工程，是成败关键。中巴博爱医疗急救中心按照中国国内二级甲等医院标准配置设备、药品、器械和耗材，由中方统一采购，海运至巴基斯坦瓜达尔。同时，中心按照中国标准建立一整套医疗体系制度，协调好与巴方红新月会、巴方医护工作者、志愿者和后勤人员的关系。在中巴急救走廊站点规模复制之前，中方医疗团队需要培训当地医护人员，力争在两年内把成熟的瓜达尔站点无偿移交给巴方。[②]

## （五）中国与巴基斯坦共建公共卫生平台

2017 年 8 月 18 日，“一带一路”暨“健康丝绸之路”高级别研讨会在北京召开，来自世界卫生组织、联合国艾滋病规划署以及“一带一路”沿线部分国家卫生部代表出席会议。各位代表表达了推进“一带一路”卫生合作、打造“健康丝绸之路”的积极意愿，就“一带一路”倡议下各国卫生健康合作提出了努力方向和重点领域，为各方未来战略对接、协调行动奠定坚实基础。参会各国代表在开幕式期间联合发布了“一带一路”暨“健康丝绸之路”《北京公报》，就加强卫生政策合作，促进“一带一路”国家在应对突发事件卫生应急协调、开展人员交流培训、联合医学科技攻关、发展健康服务贸易等方面达成共识。为了促进各国在公共卫生、卫生政策、健康产业和医疗机构间的直接合作，与会代表同意将成立“一带一路”公共卫生网络、“一带一路”卫生政策研究网络、“一带一路”健康产业可持续发展联盟和“一

① 徐思远等：“瓜达尔中巴博爱医疗急救中心疾病情况分析”，《复旦学报》（医学版），2019 年 1 月，第 33 页。

② 吴钢：“中巴博爱医疗急救中心管理新模式分析”，《上海医药》，2019 年第 40 卷第 17 期，第 60—61 页。

带一路”医院联盟。①

在“一带一路”暨“健康丝绸之路”《北京公报》精神指导下，中国与巴基斯坦积极打造公共卫生平台，相互认可医学技术和成果，分享公共卫生资源与信息，从而实现“健康丝绸之路”下的中巴健康走廊愿景。2018年10月6日，巴基斯坦拉合尔举行了第52届巴基斯坦内外科医师学会，会上4名中国医生获得巴基斯坦医学最高荣誉学位，这是中国医生首次获得此殊荣。巴基斯坦内外科医师学会成立于1962年，在巴多个城市以及英国、沙特、爱尔兰和尼泊尔设有分支机构，享有巴基斯坦医学领域最高学术和教育机构地位。获奖中国医生是来自中国医科大学的闻德亮、中国医学科学院阜外医院的吴永健、山东大学齐鲁医院的牛军和潍坊市人民医院的孙作成。他们因为在各自领域所取得丰硕成果而获得这项荣誉。②2019年7月1—4日，中国疾控中心与巴基斯坦国立卫生研究院（暨巴基斯坦国家公共卫生机构）在伊斯兰堡联合举办了中巴全球公共卫生发展合作研讨活动——重大传染病防控经验交流及分子诊断先进技术推广，来自中巴医疗保健机构、医学院校的主管和高级专业技术人员围绕重大传染病，如脊髓灰质炎、流感等进行了深度研讨。中巴专家分别介绍了各自国家脊髓灰质炎、流感防控工作及经验，对巴基斯坦近期发病情况进行认真讨论。中国疾控中心专家对巴基斯坦同行开展了病原基因检测和分子诊断培训并颁发了证书，巴方专家欢迎中国疾控中心专家的进一步深入辅导和多轮培训。本次研讨活动创建了中巴公共卫生沟通与合作的平台，促进了中国疾控中心全球公共卫生发展合作研讨活动“走出去”，对于建立和加强“一带一路”与中巴经济走廊框架下的中巴公共卫生合作意义重大，将进一步促进跨境经济合作中传染病的防控，以及疾病预防控制先进技术及其在全球卫生领域的应用。③

① 金仲夏、张丹：“通力打造健康丝绸之路“，《中国卫生》，2017年第9期，第8页。

② “4名中国医生获巴基斯坦医学最高荣誉学位”，《上海医药》，2018年第39卷第19期，第76页。

③ 中巴全球公共卫生合作研讨活动——重大传染病防控经验交流及先进分子诊断技术推广在巴基斯坦首都成功举办。

# 三、新冠肺炎疫情暴发后的中巴抗疫合作

新冠肺炎疫情暴发以来，中巴开展了紧密而卓有成效的抗疫合作，巴基斯坦对我国抗疫始终予以坚定支持和高度评价，中方全力支持巴基斯坦抗疫，留学生在中巴抗疫合作中扮演了特殊角色。经历新冠肺炎疫情考验，中巴进一步深化了全天候战略合作伙伴关系，有力推动中巴卫生健康共同体的构建，中巴命运共同体的建设取得新进展。

## （一）巴基斯坦对中国抗击新冠肺炎疫情的坚定支持

新冠肺炎疫情暴发后，中国政府带领全国人民积极展开疫情防控行动，取得了丰硕成果。在中国抗击新冠肺炎疫情的关键时刻，巴基斯坦政府和议会等官方机构对中国抗疫行动予以坚定有力的支持。巴基斯坦总统阿里夫·阿尔维、总理伊姆兰·汗分别向习近平主席和李克强总理致信，伊姆兰·汗总理同习近平主席通电话，库雷希外长与王毅国务委员兼外长通电话，高度评价并支持中国抗击疫情的努力。2020 年 2 月 10 日，巴基斯坦参议院通过决议全力支持中国抗击新冠肺炎疫情，中方高度赞赏巴方通过有关决议，认为此举再次充分体现中巴两国人民患难与共的真情，也再次证明中巴是同舟共济、守望相助的命运共同体。①2 月 13 日，巴基斯坦国民议会一致通过决议，全力支持中国政府和人民抗击新冠肺炎疫情，赞赏中方在习近平主席的坚强领导下，为应对特殊困难局面所做的积极努力和采取的有效举措，感谢中国政府为在华巴基斯坦公民特别是在武汉的巴留学生提供最好的照料，相信中方能够早日战胜并彻底消灭新冠肺炎疫情。②3 月 16—17 日，应习近平主席邀请，阿尔维总统首次访华，表达巴方对中国政府和人民的强力支持，同时展示两国之间的团结。两国发表了关于深化中巴全天候战略合作伙伴关系的联合声明，签署多项双边合作文件。阿尔维总统多次通过社交媒体称赞中国为抗击新冠肺炎疫情所采取的各项有力措施，强调巴基斯坦要向中国学习防

① “巴基斯坦参议院通过决议全力支持中国抗疫，外交部：铁杆朋友”，2020 年 2 月 11 日，https://www.thepaper.cn/newsDetail_forward_5914944。

② “巴基斯坦国民议会通过决议支持中国抗击疫情”，2020 年 2 月 15 日，http://www.chinanews.com/gj/2020/02-15/9091963.shtml。

疫经验。[①]

巴基斯坦还倾囊相助对中方施以援手，从全国公立医院库存调集 30 万只医用口罩，800 套医用防护服和 6800 副医用手套，并于 2 月 1 日用军机运抵中国。巴基斯坦经济水平有限，硬生生凑出一批防疫物资，援助包装大小不一。巴基斯坦选择最质朴的方式帮助中国抗疫，如同 2008 年汶川地震时直接调用战略储备的帐篷等物资送与中国一样，巴基斯坦用实际行动诠释了“中巴是患难与共的真朋友，同甘共苦的好兄弟”。[②]

巴基斯坦民众也以各种方式表达对中国抗击新冠肺炎疫情的支持，体现出坚如磐石的中巴友谊。2 月 15 日，巴基斯坦学生哈桑、侯赛因、玛里雅姆、阿卜杜拉等向中国驻巴基斯坦大使馆捐赠口罩。他们用积攒的全部零花钱，跑了很多地方，才买到这些口罩，并在包装箱上印有中巴友好的图片，希望能使收到口罩的人感受到温暖，增强信心和力量。他们还深情地表示“疫情面前，中巴人民心连心、共命运”，将通过校园走访、社交媒体等方式号召更多巴师生和友人为中国兄弟姐妹们送去温暖。[③]

中国突然而至的新冠肺炎疫情深深牵动着巴基斯坦孔子学院师生的心，孔子学院和孔子课堂的老师们精心准备授课内容，向巴基斯坦学生介绍中国遭受的突如其来的疫情，以及中国人民在抗击疫情中展现出来的万众一心、众志成城的坚定决心和顽强毅力。为坚定支持中国政府和人民抗击疫情，巴基斯坦孔子学院和孔子课堂的师生纷纷通过录制短视频、集会、游行等不同方式，表达他们在中国遭受疫情肆虐的困难时候，坚定地与中国人民站在一起，为中国呐喊，为武汉助威的情感，以他们的真情厚爱，诠释人间大爱无疆，彰显患难见真情的“铁杆”友谊。萨戈达大学孔子学院连续举办活动，先后制作了《巴基斯坦奶茶给武汉热干面加油》《此刻，巴铁对你说：坚信爱会赢》等视频，组织校园集会声援中国抗击疫情。伊斯兰堡孔子学院、旁遮普大学孔子学院、费萨拉巴德农业大学孔子学院、卡拉奇大学孔子学

① “巴基斯坦总统应邀首次访华”，2020 年 3 月 17 日，https://baijiahao.baidu.com/s?id=1661385465093895506&wfr=spider&for=pc。

② “巴铁的援助来了！包装大小不一，真相令人泪崩：和汶川时一模一样”，2020 年 2 月 7 日，https://baijiahao.baidu.com/s?id=1657869662841480439&wfr=spider&for=pc。

③ “‘巴铁’暖人心友谊代代传—巴基斯坦学生向中国驻巴使馆捐赠防疫物资”，中国驻巴基斯坦大使馆，2020 年 2 月 15 日，http://pk.chineseembassy.org/chn/zbgx/t1745419.htm。

院以及巴基斯坦广播孔子课堂、佩特罗中学孔子课堂的师生们不约而同制作了《中巴同心，共渡难关，中国加油，武汉加油》《祝中国的兄弟姐妹健康、平安》《中巴友谊，万古长青》短视频，通过社交媒体对外发布。一声声真诚的祝福，一句句贴心的鼓励，犹如寒天里的一股股暖流，温暖着中国人民的心田。[①]

巴基斯坦孔子学院合作方大学校长、知名教授也通过媒体声援中国，有的大学还向中方捐赠了抗疫物资。国立现代语言大学校长贾法尔向中国驻巴基斯坦大使馆捐赠医护物资，对中国政府和人民以巨大勇气、毅力和决心抗击疫情深表赞赏和钦佩，相信中方有卓越的领导力、治理体系、治理能力和优越的社会制度作保障，一定能很快取得抗击疫情的胜利。萨戈达大学校长伊什提亚克·艾哈迈德教授表示，中国人民历经磨难，有战胜困难的坚韧和勇气，坚信中国一定会非常成功地摆脱当前危机，为管控突发性疫情树立全球范例。卡拉奇大学校长卡利德·伊拉齐教授表示中国人民勤劳勇敢，敬业、高水平科研团队做了大量卓有成效的科研攻关，有效应对了疫情蔓延。阿加汗医科大学校长阿迪尔·海德对中国遭受的新冠肺炎疫情深表关切，认为中国快速建立专治新冠肺炎的雷神山和火神山医院的举措非常值得学习。[②]

另外，巴基斯坦企业团体也对中国抗击新冠肺炎疫情表示了慰问和支持。2 月 13 日，巴基斯坦法蒂玛集团向中国驻巴基斯坦大使馆转交抗疫捐款 100 万卢比。巴基斯坦政府、议会和社会各界力所能及地对中国抗疫提供口罩等应急防疫物资，以各种方式声援中国坚定抗疫的信心。巴铁兄弟发出了“中国加油、武汉加油”的共同声音，中国政府和人民对“巴铁”兄弟提供的支持、帮助和信心深表谢意，并将铭记在心。

### （二）中国全力支持巴基斯坦抗击新冠肺炎疫情

随着新冠肺炎疫情全球肆虐，巴基斯坦医疗卫生行业面临着前所未有的严峻挑战。为了帮助巴基斯坦抗击疫情，中国官方与民间向巴基斯坦援助多批防护物资，派遣援巴医疗专家组，举行疫情防控视频会议，合作开展新冠疫苗试验与生产等。

---

① 潘育琪：“巴基斯坦孔子学院师生为中国抗击新冠肺炎疫情呐喊助威”，中国驻巴基斯坦大使馆文化处，2020 年 2 月 18 日。

② 同上。

### 1. 向巴基斯坦援助防护物资

中国中央政府、新疆维吾尔自治区政府、企业、民间友好人士等各界纷纷伸出友谊之手，持续向巴方提供急需的抗疫物资。为了帮助巴方应对新冠肺炎疫情，中国政府向巴基斯坦援助核酸检测试剂盒、口罩、防护服等物资及必要的防疫设施。2020 年 3 月 9 日，中国政府首批援巴抗疫物资以包机形式抵达卡拉奇，共 50 万只口罩（包括 5 万只 N95 口罩），1.2 万支新冠病毒核酸检测试剂盒。[①]3 月 20 日，新疆维吾尔自治区捐赠的医用口罩等抗疫物资在中国驻巴基斯坦大使馆举行移交仪式。“天山情、爱无疆”，新疆维吾尔自治区政府和人民在巴基斯坦抗疫关键时刻主动伸出援手，用实际行动阐释中巴比山高、比海深、比蜜甜的友谊，为巴早日战胜疫情建立信心。[②]3 月 28 日，中国向巴基斯坦派遣的首批医疗专家组随行携带了由新疆维吾尔自治区捐赠的 1 万只医用 N95 口罩、10 万只一次性医用口罩、5000 套医用防护服、12 台呼吸机、5 台除颤监护仪、1 万份核酸检测试剂等医疗物资及药品。[③]3 月 29 日，中国政府援助巴基斯坦第四批防疫物资交接仪式在努尔·汗空军基地举行。[④]此外，4 月 24 日，中国人民解放军向巴军紧急援助一批巴方急需的疫情防控物资，并派出军队抗疫专家组抵巴开展防疫工作。[⑤]5 月 20 日，中国驻巴基斯坦大使馆通过巴边境事务部向俾路支省、开普省和旁遮普省的阿富汗难民捐赠食品包，致以开斋节问候和慰问。[⑥]

3 月 26 日，姚敬大使与伊姆兰 · 汗总理共同出席中国援建的巴基斯坦新冠肺炎临时隔离医院建设启动仪式。伊姆兰 · 汗总理对中方坚定支持巴方抗疫表示感谢，对中国政府和人民及时、科学、果断、有效的防控措施表示

---

① “中国援巴蝗灾防控物资及抗疫物资运抵卡拉奇”，《人民日报》，2020 年 3 月 11 日，http://world.people.com.cn/n1/2020/0311/c1002-31626306.html。

② “驻巴基斯坦使馆举行新疆援巴抗疫物资移交仪式”，中国驻巴基斯坦大使馆，2020 年 3 月 20 日，http://pk.chineseembassy.org/chn/zbgx/t1758905.htm。

③ “中国政府赴巴基斯坦抗疫医疗专家组启程”，2020 年 3 月 29 日，http://www.xj.xinhuanet.com/2020-03/29/c_1125783827.htm。

④ “驻巴基斯坦大使姚敬出席中国政府援巴防疫物资交接仪式”，中国驻巴基斯坦大使馆，2020 年 3 月 29 日，http://pk.chineseembassy.org/chn/zbgx/t1763200.htm。

⑤ “中国人民解放军向巴基斯坦军队提供紧急抗疫物资援助并派遣专家组”2020 年 4 月 24 日，http://www.chinanews.com/mil/2020/04-24/9167074.shtml。

⑥ “驻巴基斯坦大使姚敬向在巴阿富汗难民捐赠‘食品包’”，2020 年 5 月 20 日，https://www.mfa.gov.cn/ce/cepk/chn/zbgx/t1781049.htm。

赞赏，对中方抗疫取得的成就表示钦佩。同时，他高度肯定了中国帮助国际社会抗疫的负责任大国担当和能力，相信中国已成为国际抗疫的样板和典范。姚敬大使表示中方已经分四批向巴方提供了检测试剂、医用防护服、医用N95口罩、医用外科口罩、呼吸机等医疗物资，下一步中国还准备为巴方提供更多紧缺的医疗物资设备，帮助其建设隔离医院等。[①]

中国民间企业也伸出援手帮助巴基斯坦抗击新冠肺炎疫情。中国种子公司及时给遭受蝗灾的巴基斯坦提供杂交水稻和玉米种子之外，还积极向巴基斯坦捐赠新冠肺炎防疫物资。根据中国种子协会的数据，安徽荃银高科种业股份有限公司向巴基斯坦捐赠了1000只N95口罩和30000只医用外科口罩；四川国豪种业有限公司向ICI巴基斯坦有限公司捐赠3000只N95口罩；江苏红旗种业股份有限公司向巴基斯坦合作方捐赠10000只医用外科口罩；安徽隆平高科种业有限公司和巴基斯坦同行为巴基斯坦旁遮普地区的1000户贫困家庭提供包括面粉、大米、食用油和糖的食品包。[②]

中国长江三峡集团向巴基斯坦捐赠医疗物资总数为75万件，包括医用外科口罩、呼吸机、防护服，分两批运往巴基斯坦。其中，70%捐赠给巴基斯坦国家灾害管理委员会和伊斯兰堡最大的国立医院，以提升其抗击新冠肺炎疫情的能力，另外30%分发给三峡集团项目所在的四个地区，以展示与当地老百姓团结一致抗疫的决心。三峡集团为帮助巴基斯坦预防和控制新冠肺炎疫情捐赠医疗物资数量之巨，捐赠物资总金额达1100万元，成为巴基斯坦境内外资企业之中捐赠额度最高的公司。三峡国际南亚公司副总经理张军在谈到大额捐赠原因时说：“当中国武汉面临新冠疫情挑战时，公司的巴基斯坦和中国员工捐赠13000元人民币支援武汉，巴基斯坦员工的孩子主动画下了30多幅画声援武汉。现在巴基斯坦的新冠疫情不断恶化，三峡集团应该予以回报，正所谓‘滴水之恩、当涌泉相报’。三峡集团中国工人的孩子在医疗物资包装箱上画上了中巴共同抗疫的图画，这表明三峡集团捐赠

① “驻巴基斯坦大使姚敬与巴总理共同出席中国援助新冠肺炎临时隔离医院建设启动仪式”，2020年3月26日，https://www.fmprc.gov.cn/web/zwbd_673032/wshd_673034/t1761999.shtml。

② “China seed association helps Pakistan to fight COVID-19”，*Technology Times*, 05/22/2020.

的不仅是物质支持，而且是我们的道德支持。”[①] 另外，2020 年 5 月 8 日，三峡集团组织一支 6 人的抗疫专家医疗队飞往巴基斯坦首都伊斯兰堡，为三峡集团当地中巴员工以及项目周边中企员工提供医疗支持。同时，医疗队还带来了一批预防及治疗新冠肺炎的药品。[②]

2020 年 4 月初，巴基斯坦驻华大使哈什米对媒体表示，除中国政府已经捐赠新冠检测试剂、口罩、防护服和呼吸机等急需医疗物资帮助巴基斯坦抗击新冠肺炎疫情外，中国公司、基金会和个人也向巴基斯坦驻华大使馆捐赠 20 吨、价值 2500 万元的抗疫物资，巴基斯坦驻成都总领事馆也收到包括呼吸机在内的 15.5 吨应急医疗物资。中国政府和民间对巴基斯坦的抗疫援助还在继续。[③]8 月 13 日，巴基斯坦接收了中国援助的 1000 台呼吸机。根据统计，2020 年以来中国政府陆续向巴基斯坦援助了 7 个批次抗疫物资，总重量超过 106 吨。[④]

中国政府与社会各界向巴方援助多批急需医疗物资，充分展现中巴全天候战略合作伙伴关系和守望相助的优良传统。在中国抗击疫情最困难的时刻，巴政府和人民给予中方宝贵支持，阿尔维总统亲自访问中国。当巴基斯坦国内防疫形势严峻时，中国政府积极落实两国领导人达成的共识，紧急筹措物资运抵巴基斯坦，为巴方抗疫提供有力支持。社会各界也纷纷行动起来，对巴施以援手。中方将继续坚定地与巴基斯坦站在一起，采取更多积极措施支持巴方应对疫情。

### 2. 派出援巴医疗专家组、召开疫情防控视频会议

为落实中巴两国领导人达成的共识，2020 年 3 月 28 日中国政府派遣的医疗专家组从新疆乌鲁木齐启程，赴巴基斯坦协助开展新冠肺炎疫情防控工作。此次援巴医疗专家组共 8 人，由中国国家卫生健康委组建，新疆维吾尔

---

① “China Three Gorges largest contributor of medical supplies since Covid-19 outbreak in Pakistan”, *Balochistan Times*, 04/28/2020.

② “三峡集团组织抗疫医疗队飞抵伊斯兰堡”，中国长江三峡集团有限公司，2020 年 5 月 10 日，http://finance.sina.com.cn/enterprise/central/2020-05-10/doc-iirczymk0798866.shtml。

③ “China enterprises donate 35 ton medical supplies to help Pakistan combat Covid-19: Ambassador Hashmi”, *Balochistan Times*, 04/02/2020.

④ “第二次中巴外长战略对话”，中安华盾公众号，2020 年 8 月 20 日。

自治区选派。专家组来自新疆维吾尔自治区疾控中心、新疆维吾尔自治区人民医院、新疆医科大学第一附属医院、新疆维吾尔自治区中医医院，专业领域涵盖呼吸、重症、护理、检验、中医等。此行专家组的主要任务是与当地医院和专家开展经验分享与交流，介绍中国抗疫经验，结合巴方防疫措施和诊疗流程，对巴方疫情防控、患者治疗和实验室工作提供咨询，为巴方医务人员和社区防控人员提供培训和指导等。[①] 在巴三周时间，中国援巴医疗专家组转战巴基斯坦首都伊斯兰堡、旁遮普省拉合尔市、拉瓦尔品第市、信德省卡拉奇市等地，同巴央地政府、军方、国家卫生中心、地方卫生行政部门、医院和医学院、红新月会等广泛交流，召开 21 场会议，举办 14 场专题培训，开展 130 余次技术指导，协助巴方完善《新冠肺炎防控诊治指南》，帮助巴方不断完善疫情防控体系建设、提升筛查检测能力，同时为中方驻巴机构和人员开展防疫指导和咨询，圆满完成各项任务，受到各界广泛认可与高度评价，以实际行动诠释了中巴患难与共、守望相助的深情厚谊，为打造新时代更紧密的中巴命运共同体做出贡献。[②]

3 月 29 日，中国政府抗疫医疗专家组抵达巴基斯坦第二天就在我驻巴基斯坦使馆举行视频会议，向在巴中方人员和机构讲解防范、防控新冠肺炎疫情知识，提供专业、科学的指导。巴各地华侨华人、中资企业、留学生代表和中方驻巴媒体等近 100 人参加。医疗专家组向与会人员详细介绍了新冠肺炎防控知识，提醒大家做好自我防护和检测，戴口罩、勤洗手、多通风、少聚集，鼓励大家少旅行，科学合理饮食，加强体育锻炼，提高免疫力，增强防疫本领和信心。专家组还就大家关心的在巴人员个人防护、社区防控、相关经营和管理等问题给予专业解答，并现场教授“七步洗手法”。在近 3 个小时的视频会中，专家组同与会人员积极交流互动，会议取得良好效果。[③]4 月 10 日，中国政府抗疫医疗专家组在驻巴大使馆举行第二场视频会议，进一步向在巴基斯坦的中方人员和机构讲解新冠肺炎防控知识。专家组分享了

---

① “中国政府赴巴基斯坦抗疫医疗专家组启程”，2020 年 3 月 29 日，http://www.xj.xinhuanet.com/2020-03/29/c_1125783827.htm。

② 2020 年 4 月 20 日，驻巴基斯坦大使姚敬接受中央广播电视总台采访，就中巴合作抗击新冠肺炎疫情、驻巴使领馆做好中国在巴公民领事保护工作、巴方对中方抗疫举措的评价等问题回答记者提问。

③ “中国抗疫医疗专家组举行在巴中方人员视频见面会”，中国驻巴基斯坦大使馆，2020 年 3 月 29 日，http://pk.chineseembassy.org/chn/zbgx/t1763338.htm。

近期赴巴各地交流情况，强调控制传染病要从传染源、传播途径、易感人群等环节多管齐下，预防第一、防优于治、防控结合。专家组提醒在巴人员加强自我防护和检测，善用国内外防疫平台和资源，科学合理预防，保持积极乐观心态。[①]5月8日，中国人民解放军抗疫医疗专家组在驻巴大使馆举行视频会议，向在巴中方人员和机构讲解新冠肺炎防控知识，就与会人员提出的问题答疑解惑。巴各地华侨华人、中资企业、留学生代表和中方驻巴媒体等近100人参加。医疗专家组组长周飞虎主任等向与会人员详细介绍了新冠肺炎防控知识，提醒大家做好自我防护，少聚集、多通风、戴口罩、勤洗手、常消毒，鼓励大家合理膳食、适当运动，保持社交距离、加强自身防护。专家组还就大家关心的在巴人员个人防护、企业防控管理等问题给予专业解答。在2个多小时的视频会中，专家组与参会人员积极交流互动，会议取得良好效果。[②]

与此同时，中国国内相关医疗机构积极行动起来，与巴基斯坦同行召开疫情防控视频会议。2020年4月7日，应巴基斯坦、泰国、缅甸医学会要求，中华医学会与三国医学会共同举办了新冠肺炎防治中国经验研讨会，旨在不断加强新冠肺炎防控国际交流与合作。会议采取全英文网络直播的形式，呼吸、重症、检验、放射和感染等领域的中国专家分享了中国防控新冠肺炎的经验并与他国进行讨论交流。[③]4月16日，中国江苏省医院的医护专家与巴基斯坦白沙瓦 Lady Reading Hospital 医院的医护人员举行了新冠肺炎预防与治疗的视频会议。中方急诊科、传染科和胃肠科专家向巴基斯坦同行分享了以下方面的经验：筛查、诊断和治疗新冠肺炎病人，医护人员的公共健康管理，新冠肺炎疫情期间内镜检查的实践。两家医疗机构的专家还共同完成对巴医院一位重症新冠肺炎病人的远程问诊。同时，中方医疗专家还对巴方医院工作者就新冠肺炎预防、控制和治疗方面的问题进行了解答。[④]

---

① “中国抗疫医疗专家组举行第二场在巴中方人员视频见面会”，中国驻巴基斯坦大使馆，2020年4月10日，http://pk.chineseembassy.org/chn/zbgx/t1768609.htm。

② “中国军队医疗专家组举行在巴中方人员视频见面会”，中国驻巴基斯坦大使馆，2020年5月8日，http://pk.chineseembassy.org/chn/zbgx/t1777252.htm。

③ 左舒颖等：“中华医学会等四国医学会举行新冠肺炎防治中国经验研讨会”，《中华医学信息导报》，2020年第35期，第7期。

④ “China, Pakistan medics hold video conference to tackle COVID-19”, *Balochistan Times*, 04/17/2020.

在巴基斯坦新冠肺炎疫情暴发后，中国政府、军队积极向巴基斯坦派遣医疗专家组，适时召开抗疫视频会议，就疫情防控、监测检测、临床救治等议题深入交流，分享中国抗疫经验。中国驻巴大使馆和援巴医疗专家组敦促在巴中国公民高度重视疫情防控工作，统筹做好疫情防控和工作学习，在做好自身防护的同时向巴方提供力所能及的帮助，发扬中巴守望相助、共克时艰的传统友好精神。

### 3. 在新冠肺炎疫苗试验、采购、生产、援助等领域深度合作

2020 年 4 月初，中国医药集团向巴基斯坦国立卫生研究院发出合作邀请，计划在巴基斯坦进行新冠灭活疫苗的临床试验。巴基斯坦国立卫生研究院执行院长伊克拉姆称"这次合作对巴基斯坦来说是一件伟大的事"。[①]7 月，中国医药集团表示年底前将完成疫苗的研制工作，疫苗的第三期试验预计将在三个月内完成。《华尔街日报》8 月 15 日报道，巴基斯坦政府官员表示，中国医药集团已经与巴基斯坦卡拉奇大学合作进行疫苗试验。一旦疫苗完成研发，中国将在最初疫苗生产中为巴基斯坦提供 4400 万支疫苗，足以覆盖该国约 1/5 的易感人群（包括老年人、医疗工作者以及新冠肺炎重症患者）。此项合作协议是中国在境外试验疫苗的首批协议之一。巴基斯坦将进行疫苗的第一期试验，随后迅速转入第三期试验。巴基斯坦官员还透露，巴方正在与第二家中国疫苗研发公司进行谈判，以帮助中方承担疫苗试验的方式获取更多的新冠疫苗。[②]作为中巴新冠肺炎疫苗合作试验协议的一部分，9 月 15 日，中国向巴基斯坦国立卫生研究院提供中国医药集团开发的新型冠状病毒候选疫苗。随后，高性价比的中国新冠灭活疫苗有望于 9 月 20 日正式在巴基斯坦开始试验。届时，将有 8000—10000 名志愿者代表各个种族进行新冠肺炎疫苗的初步试验。如果临床试验成功，巴基斯坦将成为世界上首批推出新冠肺炎疫苗的少数国家之一。[③]

---

① "中国将向巴基斯坦提供新冠疫苗，覆盖其 1/5 人口"，观察者网，2020 年 8 月 17 日，http://news.sina.com.cn/c/2020-08-17/doc-iivhuipn9142936.shtml。

② "巴基斯坦新冠疫情告急，我国及时伸出援手，承诺提供 4400 万支疫苗"，2020 年 8 月 14 日，http://www.yidianzixun.com/article/0QEantH9?COLLCC=2336641533&appid=s3rd_op398&s=op398。

③ "巴新冠疫苗临床试验将于 9 月 20 日正式开始"，《巴基斯坦华商特刊》，2020 年 9 月 7 日。

2020年8月底，巴基斯坦新冠确诊人数接近30万，新冠肺炎防控形势依然严峻。在巴基斯坦放开近5个月疫情封锁后，脆弱的经济社会发展不堪新冠肺炎疫情再次反弹。因此，巴基斯坦对疫苗的需求非常强烈，重视中国的疫苗研发，期望中方提供疫苗遏制新冠肺炎蔓延，早日恢复正常的社会经济生活。根据世界卫生组织公布的信息，截至2020年8月，全球已有6种疫苗进入三期临床试验，其中3种来自中国。照此研发进度，中国疫苗很快就会投入市场，大多数中国网民猜测巴基斯坦会率先用上我国研发的疫苗。[①]在国内疫情控制较好的情况下，中国承诺疫苗诞生后将优先供给巴基斯坦。2021年1月31日，中国无偿向巴基斯坦提供50万剂冠状病毒疫苗。巴基斯坦外长库雷希对中方无偿援助疫苗表示感谢，同时期望中国能够继续帮助巴方满足对疫苗的巨大需求。[②]2021年6月1日，中国康希诺公司新冠疫苗成功实现在巴基斯坦本地灌装，减少巴对进口疫苗的依赖。在中国大力支持下，巴基斯坦建立了第一个本地化疫苗灌装生产线，这是巴基斯坦医疗卫生领域的技术革命。中方疫苗企业对巴进行技术转让，开展合作生产，在抗疫合作中践行中巴命运共同体理念。[③]

总之，中国对巴基斯坦提供的疫苗支持，让巴基斯坦政府和人民增强了战胜新冠肺炎疫情的信心。正所谓“同舟共济、守望相助”，中巴合作抗疫体现了两国历久弥新的深厚友谊，也向国际社会表明团结合作是战胜疫情的最有力武器。

### （三）留学生在中巴抗疫合作中的特殊角色

青年人是中巴友好关系的传承者，两国政府非常重视新冠肺炎期间留学生的身心健康与生活安全。两国互驻对方国家的大使馆及时为留学生提供抗疫帮助，缓解学生及家庭的疫情焦虑，鼓励留学生传递中巴抗疫合作正能量。

新冠肺炎疫情期间，在中国的巴基斯坦留学生意外地充当了“新冠信息使者”，传递了中国抗击疫情的正能量。大约有28000名巴基斯坦留学生在

① “中国新冠疫苗一问世，优先提供巴铁4400万支，网友：这是应该的！”，2020年8月19日，https://baijiahao.baidu.com/s?id=1675437533905590866&wfr=spider&for=pc。

② “疫苗来了！明天将从中国空运第一批疫苗到巴基斯坦”，《华商报》，2021年1月30日。

③ “驻巴基斯坦大使农融出席中国新冠疫苗巴本地灌装启动仪式”，中国驻巴基斯坦大使馆，2021年6月2日。

中国求学，其中 1300 名位于新冠肺炎疫情的震中湖北省。当紧张、恐惧的学生家长要求巴政府撤回巴籍学生时，巴基斯坦政府不遗余力地向公众宣传：中国正在采取确保中国人民和外国公民，特别是巴基斯坦公民安全的措施。① 在华巴基斯坦留学生得到了中国政府及相关部门的妥善照顾，对中国充满深深的感激之情，表达了增强中巴友好关系的强烈愿望。

2020 年 1 月 20 日，巴籍留学生韩玉豪经过武汉前往泰国，1 月 26 日从泰国来到重庆。因受到新冠肺炎疫情影响，他被安置在渝北区定点酒店集中观察。隔离期间，重庆各方给予他全面的照顾和帮助，让他感觉安心和安全。2 月 3 日，韩玉豪录制一段 Vlog，感谢中国政府和巴基斯坦驻华大使馆提供的帮助和照顾，介绍中国努力控制疫情采取的措施，有助于缓解巴基斯坦籍留学生及其家人的担忧。他把这段 Vlog 发到国外社交网站，巴基斯坦媒体对此进行了报道，许多人转发分享该视频。同时，他表示愿意作为志愿者为中国抗击疫情尽己之力。②

湖北大学材料科学与工程学院的巴籍博士生苏坦不仅坚持留在武汉从事志愿者服务，还用视频和写文章等方式，向全世界展示武汉在抗击疫情中真实而感人的故事。苏坦给同学们分发口罩等防疫物资，引导、鼓励留学生消除疫情恐惧与焦虑，甚至为留学生做饭。为了让家人放心，他每天与父母视频，介绍自己在武汉的生活，解释疫情防控措施，展示自己在学校写论文、上网课、锻炼身体等良好状态。3 月，阿尔维总统访华期间，苏坦作为留学生代表与总统视频连线，告诉总统在武汉的所见所闻所感。他还制作视频向世界展示武汉抗疫实情，认为世界应该承认中国为抗击疫情做出的巨大贡献。③ 武汉科技大学的巴基斯坦留学生金诚为了感恩老师们无微不至的照顾，主动成立了留学生志愿服务团队，帮忙发放食物、对公共区域消毒等，承担起很多志愿者工作。④

---

① “To combat Covid-19, Pakistan is taking pages from China’s playbook”, *Balochistan Times*, 04/07/2020.

② 贺煜：“巴基斯坦留学生 Rashid Afridi 感谢在渝观察期得到的各方帮助，愿作为志愿者为中国抗击疫情尽己所能”，《重庆与世界》，2020 年第 2 期，第 41 页。

③ “巴基斯坦留学生在武汉做志愿者：向全世界展示中国抗疫的真实情况”，湖北文明网，2020 年 4 月 27 日，http://www.hbwmw.gov.cn/wmywtj/202004/t20200427_158728.shtml。

④ “巴基斯坦留学生疫情期间留在武汉：怀着感恩的心做志愿者”，武汉科技大学国际学院，2020 年 4 月 24 日，http://www.wis.wust.edu.cn/2020/0601/c1805a216845/page.htm。

2012 年，巴基斯坦留学生江为带着医生梦想来到湖南中医药大学学医，本科毕业后回到巴基斯坦从医 4 年。2016 年他来到中南大学攻读硕士学位，毕业后成了长沙医学院的一名外籍教师。2020 年 1 月底，江为从新闻里了解到武汉疫区缺少医护人员，就向湖南省科技厅外国专家服务处提出支援武汉的申请。身为医生的江为不仅积极向巴基斯坦国内的亲朋好友传达中国抗疫措施及显著成效，而且一心想着驰援疫情重灾区。当记者问及他是否担心前往疫区后有感染风险，江为郑重表示救死扶伤本来就是医生的职责和使命。况且，在江为看来，中国给了他良好的教育、就业机会，实现了他的从医梦想，他从心底里感激中国，在中国遇到困难时，身为“巴铁”怎么能不帮助好朋友呢？[①]

疫情期间，北京科技大学的 52 位巴基斯坦籍留学生给习近平主席写信，讲述他们在中国求学的经历与感受，感谢校方在抗击新冠肺炎疫情时给予他们的关心帮助，表达学成后投身“一带一路”建设、为中巴世代友好做贡献的愿望。2020 年 5 月 17 日，习近平主席给北科大巴基斯坦留学生回信，勉励他们刻苦学习，结交友人，与世界各国青年一道，为促进民心相通、推动构建人类命运共同体贡献力量。习主席的亲切回信反响热烈，中国近二十所高校的巴基斯坦留学生纷纷开展活动，对中国政府和人民对巴基斯坦的帮助深表感谢，亦表达参与中巴经济走廊建设，传承中巴友谊的坚强决心。[②]

随着巴基斯坦国内疫情形势日趋严峻，中国驻巴基斯坦大使馆文化参赞张和清主持召开在巴中国留学生疫情防控工作视频会议，来自巴基斯坦国际伊斯兰大学、国立现代语言大学、旁遮普大学、真纳大学等大学的中国留学生会负责人和留学生代表等参加。张参赞表示，一场突如其来的新冠肺炎疫情在国内发生，中国人民在党和政府的带领下，防控疫情及时、有效的作为和取得的成绩令世界惊叹。当前，巴疫情蔓延迅速，党和政府高度重视海外留学生的生命和健康，要求在巴留学生树立战胜疫情的坚定信心。他要求留学生一是要高度重视，提高防控意识；二是要了解掌握防控知识，落实防控要求；三是要加强锻炼，提高抵抗力；四是既要做好疫情防控，也要做好安

① “一名巴基斯坦医生的‘请战书’：我是医生，我愿意去武汉”，2020 年 1 月 31 日，http://www.xinhuanet.com/politics/2020-01/31/c_1125516868.htm。

② “各高校巴基斯坦留学生纷纷回应习近平主席回信”，经济日报——中国经济网，2020 年 5 月 26 日，http://intl.ce.cn/specials/zxgjzh/202005/26/t20200526_34981598.shtml。

全防范，保障人身安全；五是要消除恐慌情绪，减少不必要外出旅行，防止路途感染。留学生代表踊跃发言，感谢党和政府对全体留学人员的关心厚爱，表示一定按要求做好自身防控，积极配合国内做好“外防输入、内防反弹”工作，让祖国放心，让家人安心。他们发扬留学爱国精神，以积极的姿态和坚强的毅力，为打赢疫情阻击战贡献自己的力量。①

2020 年 4 月 8 日，中国驻巴基斯坦大使馆向中国留学生、伊斯兰堡孔子学院教师等发放 600 多个“健康包”，内含连花清瘟胶囊、一次性医用口罩、洗手液、防疫指南等。这已经是驻巴大使馆第二次向同学们发放防疫物资，一个个“健康包”是来自祖国的温暖关怀，展现了祖国的强大“暖实力”。姚敬大使表示，使馆向留巴学生发放防疫物品，就是要将党和政府对广大留学生的关心关爱及时有效落到实处。除发放防疫物品外，中国大使馆还及时发布领事提醒、推送线上问诊平台、组织召开中国留学生和中资企业疫情防控工作视频会，发布致在巴同胞的慰问信，为在巴同胞抗击新冠肺炎疫情提供有力支持。②

中国与巴基斯坦互派对方国家的留学生在新冠肺炎疫情期间谱写了一段段佳话，在华巴籍留学生担当志愿者、向世界讲述中国抗疫事迹，在巴中国留学生增强自我防护、谨记疫情防控新需求，不给祖国添乱，以积极姿态和强大毅力投入中巴抗疫合作。

总之，中国与巴基斯坦建交以来，两国在健康卫生领域保持密切沟通与协作。中国积极向巴基斯坦分享我国医疗的成功经验，派遣优秀医疗专家组赴巴基斯坦传授病理知识与诊疗技术，参与巴基斯坦环境与健康建设项目，共建公共卫生平台，促进传统医药产业的交流与合作。近年来，中巴关系始终在高位保持平稳快速发展，中巴经济走廊促进两国人员交往，中巴友好深入人心。新冠肺炎疫情突袭而至后，中巴两国守望相助、风雨同舟，生动诠释了“患难与共的真朋友、同甘共苦的好兄弟”这一中巴命运共同体内涵。新冠肺炎疫情突袭中国时，巴基斯坦总统阿尔维、总理伊姆兰·汗第一时间分别致函习近平主席和李克强总理表示慰问。阿尔维总统“逆行”访华，显

① “驻巴基斯坦使馆召开中国留学生疫情防控视频会议”，中国驻巴基斯坦大使馆，2022 年 3 月 22 日，http://pk.chineseembassy.org/chn/zbgx/t1760423.htm。

② “展现强大‘暖实力’”——中国驻巴基斯坦大使馆积极支持在巴同胞抗击疫情”，2022 年 4 月 9 日，http://www.xinhuanet.com/world/2020-04/09/c_1125834126.htm。

示对中国抗疫的坚定支持。巴议会通过“挺华”决议，坚决反对“污名化”中国。巴政府、军队和社会各界倾己所有，向中方捐赠口罩等防疫物资。巴方政要高度评价中国应对疫情的努力和成效，巴铁的信任和鼓励坚定了我国战胜疫情的信心。当巴基斯坦新冠肺炎疫情防控形势严峻时，中国政府和人民感同身受，全力提供支持和帮助。中方向巴基斯坦援助多批医疗防护物资，派遣医疗专家组，通过视频会议等方式分享防疫经验，合作开展新冠疫苗临床试验与生产等。中巴两国留学生在疫情防控中扮演了特殊角色，不仅身体力行担当抗疫志愿者，缓解家人和社会的疫情焦虑，而且向国际社会传递中巴抗疫的感人事迹，增强中巴青年传承友谊的决心。2020 年 5 月 18 日，巴基斯坦伊斯兰堡战略研究所《支点》杂志举行“中巴合作抗击新冠肺炎疫情专刊”视频连线发行仪式，体现了巴学术界对中巴关系的重视和对中巴合作抗击疫情取得胜利的坚定信心。[①] 巴基斯坦驻华大使哈什米在接受中国经济网采访时对中国政府和社会各界对巴基斯坦的大量医疗和物质供给表示感谢，相信这些捐赠极大地提高了巴基斯坦抗击新冠肺炎疫情的能力。同时，她深情地说，“中国人民对人类健康和福祉的关切不仅反映出其友好的品格，而且使我感受到中国文明的和平与善意”。[②] 经历新冠肺炎疫情的考验，中巴全天候战略合作伙伴关系得到进一步充实，两国合作将更加丰富精彩，两地人民友谊会更加牢固。中巴抗疫合作极大地推动了中巴卫生健康共同体的构建，加快了中巴命运共同体的建设进程，也为“一带一路”建设背景下全方位、多层次的中巴友好交流与合作打下了更加坚实的人文基础。

① “驻巴基斯坦大使姚敬出席《支点》杂志中巴合作抗疫专刊视频发行仪式”，中国驻巴基斯坦大使馆，2020 年 5 月 18 日，http://pk.chineseembassy.org/chn/zbgx/t1780351.htm。

② “China donations enhance Pakistan ability to fight Covid-19 pandemic: Ambassador Hashmi”，*Balochistan Times*, 05/18/2020.

# 第六章
# 中巴旅游交流与合作

中国与巴基斯坦山水相连，两国都拥有丰富的自然与人文旅游资源。两国旅游市场日益发达，旅游合作潜力巨大。中国新疆与巴基斯坦吉尔吉特—巴尔蒂斯坦地区享有长久的友好交流史。中巴经济走廊不仅有助于巴基斯坦改善旅游业基础设施，促使巴政府加强国内安全治理从而支持旅游业发展，而且有利于营建和谐包容、合作共赢的旅游软环境。然而，目前中巴相互旅游总量偏少，究其原因主要有交通不够便利、民众了解不足、安全形势不稳。随着中巴经济走廊建设的深入推进，巴基斯坦政府努力振兴旅游并初现成效。两国开始重视促进新疆与吉尔吉特—巴尔蒂斯坦的跨境旅游合作，充分发挥社交媒体在现代旅游业发展中的重要作用。中巴政府、社会团体、旅游企业加强对中巴旅游合作的调研与开发，积极打造中巴经济走廊沿线的各种旅游产品，把两国的旅游资源和旅游市场优势转化为旅游产业优势。在中巴官方与民间共同努力下，中巴旅游合作前景可期。本章对相关情况进行分析。

## 一、巴基斯坦旅游资源及旅游业现状

### （一）巴基斯坦旅游资源

#### 1. 自然旅游

巴基斯坦地形地貌奇特多样，从绿色平原到冰川峡谷，从雪峰到海滩，从沙漠到高原，四季分明。巴基斯坦拥有世界上最高山脉——兴都库什、帕米尔、喀喇昆仑、喜马拉雅，以世界上 8000 米以上的五大山峰而闻名，包括世界第二高峰乔戈里峰（K-2）。世界第八大奇迹——喀喇昆仑公路，盘旋在平均海拔约 5000 米的高山之间，沿途风光壮美而险峻。巴基斯坦还是世界上除极地之外最大冰川所在地，在探险旅游中地位显著。巴基斯坦北部地区风光迷人，在海拔 1000—8000 米雪山包围下的吉尔吉特、洪扎和斯卡杜峡谷被称为香格里拉。北部地区的世界高峰吸引着全球登山爱好者，激励着他们勇往直前的冒险精神，为巴基斯坦挣得大量外汇。曲里斯坦沙漠（The Choolistan Desert）、塔尔沙漠和卢特沙漠（Thar Desert and Dashte Loot）为驾驶穿越者提供了最好的驾驶路线，使其在不断移动的沙丘之间寻求快乐、耐心与激情。

全球海洋旅游业正在成为增长最快的领域，每年增长率高于3.5%，2030年海洋旅游业将是海洋经济中附加值最大的部门。巴基斯坦拥有700英里的海岸线，海洋旅游资源丰富。俾路支省特别是马卡兰海岸地区风光奇特，悬崖峭壁，怪石林立，大量海滩上堆满移动的沙丘。俾路支省内种植有7340公顷红杉林，海边湿地是常住和迁徙水禽的重要活动地。鸟类学家把米亚尼（MianiHor）、帕斯尼（Pasni）、吉瓦尼（Jiwani）、奥马拉和恒戈尔（Ormara and HingolHor）等地列为候鸟最重要的栖息地。阿斯脱拉岛（Astola Island）和吉瓦尼海滩为国际濒危绿海龟提供了产卵场地，奥马拉产卵地具有国际重要意义。恒戈尔国家公园（Hingol National Park）和布兹·马可拉（BuziMakola Wildlife Sanctuary）野生动物庇护区是省内被保护的地区，而阿斯脱拉岛、吉瓦尼、米亚尼、奥马拉等地被称为拉姆萨尔场地（Ramsar Sites）。信德省海洋旅游资源种类繁多，包括多样化生态环境、大量国际保护区、海滩、红杉林、国际知名的印度河三角洲。红杉林是陆海野生动物的理想栖息地。卡拉奇海岸的沙滩为绿海龟和丽龟提供了生存地。①

巴基斯坦海洋旅游发展机遇与挑战并存，主要体现为五个方面因素的复杂互动，即社会人口、技术、经济、环境和政治（STEEP）。巴基斯坦旅游业部门的重要问题之一就是缺乏发展海洋旅游业的统一计划和管理战略，结果导致海洋旅游开发欠缺，相互交叉的管理部门难以形成可持续海洋旅游发展策略。2019年4月，巴基斯坦国家海洋事务委员会（National Institute of Maritime Affairs,NIMA) 在巴基斯坦海洋博物馆召开了题为“巴基斯坦海洋旅游发展潜力”的研讨会，目的是集中所有利益攸关者，商讨海洋旅游面临的问题，倡导海洋旅游发展的正确方向。②巴基斯坦海洋旅游业在中巴经济走

① Zia Ullah, Jehangir Khan and Zahoor Ul Haq, “Coastal Tourism & CPEC: Opportunities and Challenges in Pakistan”, *Journal of Political Studies*, Vol. 25, Issue - 2, 2018, pp.263—264.

② “Potential for maritime tourism in Pakistan highlighted”, *Dawn* (Pakistan), 04/05/2019.

廊建设中具有关键作用，可以提升国家经济实力，改善海岸地区民众的社会经济地位。

### 2. 历史文化旅游

巴基斯坦是许多古老文明的发祥地，为历史学家和文化爱好者展示了丰富的考古、博物馆和人工复制品。信德的历史文明与印度河紧密相连，摩亨佐达罗和哈拉帕遗址发现了 5000 年前非常繁荣的印度河文明，为考古学家提供了丰富知识。[①] 信德省的塔挞和马卡里小镇是游客量最大的历史考察景点。俾路支省的文化遗产非常丰富，展示了人类从石器时代以来的进化历史，发现了大量新式石头工具。该省的建筑资源壮观，保存有古堡、陵墓、清真寺以及其他历史纪念碑。从塔克西拉往北到哈扎纳、马拉坎德、迪尔、斯瓦特、齐特拉尔和北部地区藏有丰富的犍陀罗文明，齐特拉尔的冈仁波齐文化在世界旅游中难有匹敌。

巴基斯坦拥有丰富的宗教文化，宗教旅游潜力巨大。巴基斯坦是伊斯兰共和国，保留了大量伊斯兰风格的著名建筑。莫卧儿帝国的几代统治者留下了许多具有浓郁南亚伊斯兰色彩的建筑，比如拉合尔的皇家古堡、清真寺、夏里玛花园、贾汉吉尔皇帝陵墓、努·贾汗皇后陵墓、沙·贾汗清真寺等。同时，巴基斯坦也是苏非信仰的重地，留下了许多苏非圣地，旁遮普的达塔·巴克希（Data Ganj Bakhsh）、沙·胡赛因（Shah Hussain）、缅·米尔（Mian Mir）、巴哈丁·扎卡利亚（Bahauddin Zakaria）、巴巴·法里德（Baba Farid）圣地和信德的拉尔·夏巴兹（Lal Shahbaz）、沙·阿布杜·拉提夫·巴塔伊（Shah Abdul Latif Bhattai）、萨恰尔·萨马斯特（SachalSarmast）圣地成为苏非信徒的重要旅游目的地。

巴基斯坦堪称锡克教的发源地，拥有大量印度教、佛教遗迹与圣地，吸引来自世界各地的朝圣者。位于拉合尔的南卡纳（Nankana Sahib）是最神圣的锡克宗教场所，不仅是锡克教创立者那纳克祖师（Guru Nanak）的出生地，而且建有八座高级别的锡克寺庙。其他供锡克教徒朝圣的地方有拉合尔的阿尔雅·德维先师（Guru Aryan Dev）、德赫拉（Dehra Sahib）、潘加

① Zia Ullah, Jehangir Khan and Zahoor Ul Haq, "Coastal Tourism & CPEC: Opportunities and Challenges in Pakistan", *Journal of Political Studies*, Vol. 25, Issue - 2, 2018, pp.263—264.

（Panja Sahib）圣地，位于卡塔普尔（Kartarpur）的曲哈卡纳（Chuharkana）和帕提（Patti Sahib）圣地。每年来自世界各地的锡克教徒前往拉合尔的锡克祖师那纳克出生地和悟道地朝圣。巴基斯坦许多地方建有印度教神祇供奉地，当地人到印度教寺庙里学习印度教。印度教遗迹包括位于卡拉奇的摩亨佐达罗、克里夫敦（Clifton）的古老湿婆庙、拉斯贝拉（Lasbella）的阿斯坦寺庙（Asthan of Hinglaj Matajee）、苏卡尔（Sukkur）附近的班康迪庙（Baba Bankhandi）、查卡瓦尔（Chakwal）的卡萨拉吉庙（the Temple of Karsaraj）等等。塔克西拉城、斯瓦特河谷、喀喇昆仑公路沿途成为犍陀罗文明中心，持续上千年。当代佛教朝圣者在上述地带发现了许多佛教高僧舍利塔、佛教寺院、佛教雕像的遗址。

巴基斯坦现任政府重视宗教文化资源开发与推广，宗教旅游活动逐渐起步。伊姆兰·汗总理上任之初就决定为锡克教徒开通卡塔普尔朝圣通道（the Kartarpur Corridor），除了展示巴基斯坦多元包容的积极形象，也将为推广宗教旅游打下基础。① 当前全球宗教旅游正在成为快速增长领域，每年好几百万人进行精神之旅，巴基斯坦可能成为全球 5.2 亿佛教徒的宗教旅游目的地。2019 年 11 月，缅甸驻巴大使文迈特（Win Myint）参观塔克西拉博物馆时表示，巴基斯坦拥有众多佛教遗产，是重要的宗教旅游目的地。他认为巴基斯坦驻外使领馆特别是驻佛教国家外交官需要重视和积极宣传佛教旅游。②

### 3. 旅游

医疗旅游就是以寻求医疗和保健为目的的海外旅行，它是一项新兴的却发展快速的领域。根据相关研究，2012 年全球医疗旅游市场估值达到 105 亿美元，并以 17.9% 的年均增长率快速发展，2020 年有望达到可观的 383 亿美元。③ 最初，发展中和欠发展国家的公民可能到发达国家治愈一些本国无力治疗的疾病。比如许多欠发达国家的有钱人就经常到美国体检与治疗。

① “Pakistan a great religious tourism destination: Governor,” *Balochistan Times*, 03/15/2019.

② “Pakistan a great destination for religious tourism: envoy,” *Dawn* (Pakistan), 11/04/2019.

③ OwaisKabani, “Pakistan as a medical tourism destination. Just wishful thinking?” , *Zdrowie Publicznei Zarzadzanie* , 2015, 13 (1) , pp.109—113.

后来随着到发达国家治病的经济和时间成本增加，医疗旅游业发生了 180 度改变。发达国家的公民开始到发展中国家如印度、泰国和巴基斯坦以可承受的价格，接受世界级的医疗救治。

20 世纪 80 年代以来，巴基斯坦成为医疗旅游产业的积极进取者。低手术成本、大量受到良好教育的医生、发展中的医疗产业是这个未开发市场的最重要因素。大多数人来巴基斯坦接受试管婴儿和整形手术，少数人则来巴基斯坦接受心脏手术，另有大量慢行呼吸疾病患者到巴基斯坦盐矿接受疗养。目前，巴基斯坦可以提供整形外科、视力测定、心脏病、肾脏病、X 光检测、内镜检查等服务，且价格低于印度同类价格。低成本驱动的医疗旅游业潜力，使得巴基斯坦具有成为全球医疗旅游中心的前景。

然而，巴基斯坦在收获医疗旅游产业红利之前，需要解决许多重要问题。除了卫生基础设施和政府改革外，最重要的问题是留住高素质医生和为国际游客提供安全保证。首先，大量高级技能的医师在医疗旅游产业发展中至关重要。巴基斯坦医生在全球享有盛誉，根据巴基斯坦医疗和牙医协会的数据，每年全国 50 多家医学院培养大约 30000 名医生。然而，由于巴基斯坦医生收入低下，大量医生离开巴基斯坦前往其他高薪国家。因此，吸引医生留在国内从医是巴基斯坦医疗旅游产业成功奠基需要面临的第一个障碍。其次，安全是巴基斯坦医疗旅游发展的另一个障碍。巴基斯坦处于世界上容易被绑架国度第 5 位，每年绑架案达到 15000 起，其中 10%—20% 是为了勒索赎金。2011 年以来巴基斯坦因恐怖主义致死人数在下降，但是 2017 年仍然以超过 1000 人死于恐袭而处于世界之最。这种安全环境造成了巴基斯坦的负面形象，结果 36 个国家发布了前往巴基斯坦旅行的警告通知。确保外国游客的安全，改善巴基斯坦的国际形象，是发展巴基斯坦医疗旅游业的必要举措。①

#### 4. 教育旅游

虽然巴基斯坦的识字率并不如南亚联盟某些成员那么高，但是它仍然可以为地区内的教育旅游者提供很多机会。巴基斯坦拥有 160 多所高校、医学院、管理学院和各种职业技术训练中心，近年来高等教育和职业教育增长很快，可以为地区内的数千名学生提供知识培训。巴基斯坦教育旅游吸引者主

① “Emerging medical tourism industry in Pakistan”, *Dawn*, 12/30/2019.

要来自阿富汗、不丹、尼泊尔、孟加拉国和斯里兰卡，以及中国西北地区的穆斯林。国外学生以能承受的成本、在熟悉的文化环境里接受知识教育。巴基斯坦教育旅游不仅可以产生大量外汇储备，而且可以在对象国培养巴基斯坦友谊的传播者。这些毕业生以后可能会成为关键人物，为国家间营建紧密友好关系，维护地区和平与稳定。

## （二）巴基斯坦旅游业表现

从全球来看，旅游业在国家社会经济发展中做出了积极贡献，但是巴基斯坦的情形有所不同。巴基斯坦是南亚第二大国家，相比南亚其他国家的旅游表现，巴基斯坦的旅游业表现不佳。以 2008—2013 年入境旅客量来看，印度是地区内访客最多的国家，不丹是访客最少的国家，2012 年和 2013 年巴基斯坦游客甚至不如斯里兰卡多。巴基斯坦的访客量和接待能力表明其旅游业在全球旅游甚至南亚旅游中扮演着极其微小的角色。很明显，巴基斯坦并没有把国内旅游潜力转化为现实。

巴基斯坦旅游市场几乎停滞不前，旅游资源管理要么无效，要么低效。多年来，巴基斯坦政府部门似乎对旅游开发并不感兴趣，旅游管理方不断变更，从铁道部到商业部再到其他部门，并没有设立类似于中国文化和旅游部这样的专门管理旅游的政府部门。1970 年成立的巴基斯坦旅游发展公司（Pakistan Tourism Development Corporation，PTDC）由政府控股 99.75% 的股份，主要目标是推广和开发巴基斯坦旅游，但是长期营运低效。伊姆兰· 汗政府上台后，重视旅游业发展，出台了多项倡议以便释放旅游业潜力。为了促进各省、联邦部门与私人公司之间的旅游合作，推动政策、战略和框架的制定从而在国内和国外推广旅游业，为供给高质量旅游人力资源进行能力建设，伊姆兰·汗政府设立了全国旅游协调委员会（National Tourism Coordination Board，NTCB）。

早期的管理部门没有为旅游业发展做出太多贡献，缺乏应对游客和旅游产业问题的能力。由于管理缺陷，巴基斯坦旅游业出现季节性涨跌，导致旅游从业人员失业和职业不安全感。许多高山地区的旅游景点公共设施极其不足，比如，2005 年北部地区地震破坏了当地基础设施，但是多年后政府并没有重建遭破坏的基础设施和复兴当地发展。除了糟糕的旅游基础设施外，巴基斯坦旅游目的地也缺乏具有竞争力的酒店客房。根据 2019 年世界经济论坛发布的《交通与旅游竞争力报告》（the Travel and Tourism Competitive Report），巴基斯坦依然是南亚地区最没有旅游竞争力的国家。该报告认为巴基斯坦在2019年亚太旅游竞争指数排名靠后，在140个国家中位于121名，仅比2017年的124名上升了3个名次。报告强调巴基斯坦需要大力改善旅游基础设施，提升旅游竞争力，从而让其旅游竞争力排名摆脱落后状态。①

巴基斯坦的安全形势令人担忧，阻碍了巴基斯坦政府发展旅游业的努力。恐怖主义是这些年巴基斯坦面临的巨大挑战，它不仅损害了巴基斯坦的国家形象，而且摧毁了国内尤其是开普省和联邦直辖区的基础设施。国民议会议长萨迪克认为，自“9·11”以来巴基斯坦因恐怖主义行动遭受了1190亿美元的经济损失。②2012年北部地区登山大本营遭遇恐怖袭击，多名外国游客遇难，这成为巴基斯坦重振旅游业的沉重阴影。对于旅行者来说，安全是最大的关切。巴基斯坦作为恐怖袭击不断的国家形象对发展旅游业显然不利。

另外，教派冲突、政治动荡、环境污染、缺乏市场导向的政策、国际媒体对巴基斯坦的负面报道也是巨大的挑战，对巴基斯坦旅游业产生消极影响。③地区内国家如马尔代夫、尼泊尔和印度都推出了丰富多彩的旅游项目，巴基斯坦却由于管理不善和安全问题淡出了旅游界。巴基斯坦丰富的旅游资源亟待完善的管理体系，从而产生经济红利。

## 二、中巴旅游交流历史与现状

### （一）喀喇昆仑地区旅游历史

吉尔吉特—巴尔蒂斯坦地区与在临近地区建立统治的中国历代王朝建立了良好的贸易和外交关系，洪扎土邦与新疆维吾尔地方官员关系尤其亲近。长期友好关系在现代结出了丰硕果实，1962年中巴和平地解决了边界问题。

---

① “Pakistan ranked least competitive country in travel, tourism in S. Asia”, *Dawn*, 09/05/2019.

② Shazia Mehboob, “Defining Tourism Related to CPEC”, *The Diplomatic Insight*, December 2017, pp.19—20.

③ Qadar Bakhsh Baloch, Alam Rehman, “Regional Integration of Pakistan Tourism: Exploring Prospects”, *Abasyn Journal of Social Sciences*, 8(2), p. 411.

此后，中巴花费巨大的人力与物力，历时 10 年修建被誉为世界第八大奇迹的中巴喀喇昆仑公路。1978 年喀喇昆仑公路通车后，沿线游客数量显著增长。

喀喇昆仑地区高山云集，其中 8000 米以上的高峰就有 4 座，攀登探险促进了当地旅游业的发展。到洪扎河谷观光的游客数从 1979 年的 302 人飙升到 1985 年的 5361 人。喀喇昆仑公路对当地社区及其行为模式产生了重要影响，使得当地人外出务工移民成为可能。喀喇昆仑山区特别是巴尔托洛冰川（Baltoro Glacier）具有悠久的高山旅游历史。该地区坐落着许多世界高峰以及两极之外世界最长冰川，人们步行就可以进入，而主要的进出口位于阿斯克里（Askoli）村庄。自 19 世纪以来，阿斯克里村庄就涉足高山研究与探险，后来从事旅游业。村里男人的传统职业就是担任背夫、厨师和向导，帮助探险者运送装备、食物到营地，或者沿路向游客提供有偿帮助。

改革开放以来，中国经济快速发展，日渐成为国内和国际旅游的巨大市场。2012 年联合国世界贸易组织数据显示，中国在世界十大旅游市场中排名第三。2011 年中国的境外旅游消费达到 726 亿美元。如果巴基斯坦只吸引 5% 的中国境外游客消费，收入将达到 36.3 亿美元，那么巴基斯坦就不需要向国际货币基金组织和世界银行请求贷款和援助。来自中国旅游市场的收入对巴基斯坦旅游业特别是吉巴地区的旅游业可能是革命性的改变。即使在巴基斯坦国内反恐形势严峻的 2009 年 9 月，中国游客数位于访问吉巴地区的游客量之首。①

中巴友谊经受了时间的考验，21 世纪以来两国建立了全天候战略合作伙伴关系。巴基斯坦始终是中国周边外交的优先方向，将从中国稳定与发展中受益。中巴拥有共同的国际关切，明确了长远的双边利益，在面临全球威胁上具有一致的价值观。在此背景下，中国不断努力强化与巴基斯坦的关系，连接喀什与伊斯兰堡的喀喇昆仑公路象征了坚不可摧的中巴友谊，成为当地经济发展不可或缺的重要资源。中国经济各个领域不断增长的需求促进了全球经济发展，扩大了中国对外贸易伙伴网。随着中国国际贸易和经济关系的展开，中国需要利用所有交通通道出口产品，喀喇昆仑公路成为中国通往阿巴和中东国家的最便捷的通道。“一带一路”倡议背景下，中巴决定在原有的贸易能源通道基础上，打造“1+4”中巴经济走廊格局。

① Khalida Khan, “Tourism downfall: sectarianism an apparent major cause, in Gilgit- Baltistan (GB), Pakistan”, *Journal of Political Studies*, Vol. 19, Issue - 2, 2012, p.159.

中巴经济走廊被誉为巴基斯坦的命运改变者，有望帮助巴基斯坦实现“亚洲之虎梦”。中巴新型合作将对巴基斯坦产生多方面的积极效应，中巴间的公路和铁路网不仅将促进地区内的贸易和工业活动，而且可以振兴巴基斯坦的旅游业。伴随频繁的经贸文化交流，吉巴地区人民将发现当地古老文明的价值，以此吸引不断崛起的中国游客。中国游客则有机会发现吉巴地区丰富多彩的伊斯兰生活，同时可以在吉巴地区享受探险旅游。①

## （二）中巴经济走廊助力双边旅游

### 1. 中巴经济走廊沿线基础设施助力巴旅游开发

中巴经济走廊框架下的公路和铁路穿越喀喇昆仑和喜马拉雅山，有助于振兴巴基斯坦的旅游业，特别是吉尔吉特—巴尔蒂斯坦、开普省和俾路支海岸地区。现代化的中巴道路网经过享有世界美誉的壮丽高峰、冰川和峡谷，将吸引世界各地的大量观光客，特别是来自中国的游客。中国出境旅游人数与旅游支出已经位居全球第一，成为世界旅游市场中的重要客源。由于这个地区自然风光的无与伦比的价值，沿喀喇昆仑山脉的中巴铁路具有成为世界十大观光铁路之一的巨大潜力。2006 年 7 月，全长 1956 千米的中国青海—拉萨铁路建成通车，其中大约 1000 千米铁路建在海拔 4000 米以上的地方。这条铁路为青海和西藏带来巨大经济收益，也成为重要的旅游线路。2011 年，青藏铁路线游客数量创纪录，从 2006 年的 180 万飙升到 1000 万。② 同样，中巴铁路网要经过雄伟的喀喇昆仑山脉，毫无疑问将吸引数百万的外国和本地游客。2015 年中巴双方就巴基斯坦 1 号铁路干线和哈维连陆港建设签署了框架协议，同时经喀什连接巴基斯坦西部地区与瓜达尔港的铁路项目也在进行可行性研究。中巴在进行铁路设计时将特别注意开发沿线的旅游资源，将沿线地带的自然、人文景观连接起来，贯通两国风土人情，联手打造“中巴旅游走廊”。“中巴旅游走廊”沿线城市规划要注重特色，做到一地一景、

① Rehmat Karim, “Sino-Pakistan Collaboration and Trans- Boundary Tourism Development in Gilgit-Baltistan, Pakistan”, *The Diplomatic Insight*, 2015, pp.86—88.

② Aftab ur Rehman Rana, “Pak-China Economic Corridor and Prospects of Tourism Revival in Pakistan”, *The Diplomatic Insight*, 2016, p.25.

一城一韵。[①] 吉尔吉特—巴尔蒂斯坦、开普省、旁遮普、信德和俾路支的沿海地区在近期发展计划中得到特别关注，以吸引沿着中巴经济走廊来到巴基斯坦的外国游客。通过有效地吸引私人部门和外国投资者，中巴经济走廊沿线需要打造以探险旅游、遗迹旅游、文化旅游、宗教旅游、自然旅游等适合大众的旅游产品。随着中巴经济走廊的实施，吉尔吉特—巴尔蒂斯坦等北部高山地区的客流量和旅游收入将翻番，南部海滨旅游也将上升为国家社会经济中心，漫长海岸线上丰富的自然和人文旅游资源将得到合理高效的开发。

### 2. 中巴经济走廊促使巴政府全力支持旅游业

为了充分发挥中巴经济走廊的作用，巴基斯坦需要出台健康的国家旅游政策，全力支持旅游业发展，特别重视改善地区的法律与秩序环境，以确保旅客的安全。现任联邦政府努力把旅游业置于国家经济的支柱部门，使旅游业重回正常轨道。虽然恐怖主义成为巴基斯坦旅游业衰落的主要原因之一，但是旅游业振兴将为开普省、吉尔吉特—巴尔蒂斯坦、俾路支沿海地区的百姓创造就业机会和收入，可有效地削弱恐怖主义的滋生。通过发展旅游业，其他中小企业活动如旅馆、餐厅、交通、手工、地方娱乐企业等同时得到提升，并为熟练技术工和无技术劳动力创造大量新的工作，从而使得恐怖主义和极端主义失去蛊惑力。

巴基斯坦联邦政府和省政府应该采取有影响力的政策措施，吸引那些被恐怖主义活动吓跑的游客，振兴巴基斯坦的旅游业。在第 18 次宪法修正案背景下，巴基斯坦旅游业属于省政府管辖，但是在联邦层面成立各个地区公私部门利益攸关者参与的全国旅游协调委员会非常关键，有助于增强国内、国际合作，在推动旅游业可持续发展这样的共同利益上增进共识。[②] 随着这些议程的稳步推进，巴基斯坦旅游业面临的政治安全环境将得到很大改善。

### 3. 中巴经济走廊理念为地区旅游营造健康软环境

中巴经济走廊建设不仅仅意味着改善巴基斯坦的基础设施，开展数百亿

---

① 王杰、曹兹纲：“中巴经济走廊旅游开发初探”，《学术探索》，2016 年第 10 期，第 61 页。

② Aftab ur Rehman Rana, “Pak-China Economic Corridor and Prospects of Tourism Revival in Pakistan”, *The Diplomatic Insight*, 2016, p.25.

美元的工程，而且将推动该地区文化和谐与包容，打击恐怖主义、毒品走私、网络犯罪以及其他反国家势力。作为“一带一路”建设的重要部分，中巴经济走廊将在沿线地带发扬“和平合作、开放包容、互学互鉴、互利共赢”的丝路精神，传播合作共赢为核心的新型国际关系理念。[①]

近年来，巴基斯坦国内安全形势大幅改善，但是国际社会对巴基斯坦的负面认知依然存在，究其主要原因是西方的巴基斯坦叙事依然对环球旅行者产生潜在的消极影响。在中巴经济走廊建设背景下，巴基斯坦必须摒弃西方推崇的地缘政治和“文明冲突”思维，发动一场真正吸引外国游客的旅游运动。巴基斯坦旅游不用过度效仿国外模式如俱乐部、酒吧和度假村等，凭借原始雪山和河流、宗教圣地也可以吸引到其他类型的游客，向外界传递巴基斯坦崇尚自然、热爱和平的国家形象。巴基斯坦旅游业发展需要通过社区努力，增强外国游客与当地商务体验的联系。邀请外国人感受巴基斯坦人的热情好客，远比任何官方发言中精雕细琢的叙事，更能改善巴基斯坦的国家形象。[②]巴基斯坦政府需要在地方旅游业发展中扮演关键角色，培养公民爱护环境的社会责任感。除了在重要的国际信息平台和旅游平台上进行旅游推广外，巴基斯坦政府还可以资助学术和文化交流，从而对国家旅游业发展予以大力支持。只要一个国家放开旅游业后，国际社会将很难妖魔化或孤立该国。[③]通过上述方面的行动，巴基斯坦的国际形象将会得到极大提升，其旅游潜力的可持续开发与发展也指日可待。巴基斯坦的旅游业应该同时满足经济发展和国家安全的双重任务，发达的旅游业不仅可以持续增加外汇收入，而且可以在世界范围内有效塑造巴基斯坦形象。

### （三）中巴游客相互旅游总量偏少及原因

中国与巴基斯坦之间地理相邻，政治友好，但是两国民众相互旅游往来并不频繁。中巴喀喇昆仑公路建成后，途径中巴公路的游客逐年增多，但是

① 胡敏、曹兹纲、王杰：“以旅游外交助力中巴经济走廊的心理认同”，《新疆社会科学》，2016 年第 6 期，第 81 页。

② Moeed Yusuf, “A national problem”, June 18, 2019, https://www.dawn.com/news/1488872/a-national-problem.

③ Adam Weinstein, “Tourism’ s narrative”, December 09, 2018, https://www.dawn.com/news/1450343/tourisms-narrative.

旅游者主要来自发达国家，包括美国、欧洲、日本、韩国、新加坡等。[①] 在中巴经济走廊建设背景下，喀喇昆仑公路扩建升级，沿线旅游人数较之前大幅增加。然而，中巴游客相互旅行依然滞后，尤其是巴方来华访问人数并不显著。巴基斯坦每年仅有 8 万人到访中国，而中国另一个邻国哈萨克斯坦，每年有 18 万人次到访中国，而哈萨克斯坦的人口仅为巴基斯坦的 1/10。[②] 除去两国尤其边疆地区的商务往来，两国普通游客相互进行的以休闲探险为目的的旅游总量偏少，究其原因如下：

### 1. 交通不便

中国与巴基斯坦之间惯常的空中直飞航线仅有三条，即北京—伊斯兰堡、乌鲁木齐—伊斯兰堡、广州—拉合尔。在新冠肺炎疫情背景下，中巴相关部门积极商讨开通西安与卡拉奇、伊斯兰堡之间的直飞航线。陆上交通也极为不便，仅有喀喇昆仑公路一条道路，每年 4—11 月才开放，遇到地震、洪灾、疫情等自然灾害，这条公路还经常中断。喀喇昆仑公路条件恶劣，耽误时间，浪费精力，引起许多麻烦。毗邻中国新疆的吉尔吉特—巴尔蒂斯特地区自然风光优美，地方文化独特，受到国际游客青睐。然而，吉巴地区没有国际直航，游客只能通过航空或陆路从伊斯兰堡前往吉尔吉特或斯卡杜。多数游客倾向于乘飞机以节约时间，然而巴基斯坦航空公司却是唯一从伊斯兰堡飞往吉尔吉特和斯卡杜的唯一航空公司。而且这种飞行机会有时候也得不到保证，经常由于天气原因或没有飞机执行任务，航班不得不取消，大大减少了游客出行。[③]

### 2. 民众对对方的了解不够

长期以来，中巴两国文化交流主要得益于两国政府的有力推动，缺乏民间团体的直接参与，导致民众对对方国家了解不足，没有前往旅游的动力。2015 年 4 月，新华国际联合腾讯新闻、巴基斯坦在线杂志《友邻》，分别

---

① “中巴喀喇昆仑公路沿线景观特征与旅游需求”，《中外公路》，2013 年第 4 期，第 8 页。

② 王丽、泽米尔·阿万：“中国与巴基斯坦的文化交流历久弥新”，《国际人才交流》，2019 年第 8 期，第 57—58 页。

③ Sajjad Ahmad, “Tourism in Pakistan: Challenges, Prospects and Potential of Gilgit-Baltistan”, *Pakistan Perspectives*, Vol. 21, No.2, July-December 2016, pp.168—169.

在中国和巴基斯坦就中巴关系开展了一次网络调查，在回答巴基斯坦的国语是什么时，18% 的中国网友说是英语，59% 的人选了巴基斯坦语，其实正确答案是乌尔都语。[①] 西方文化在中巴两国盛行，对年轻人的价值观产生重要影响。中国年轻人对巴基斯坦的文化不够了解，产生沟通的困难和认识的分歧，巴基斯坦年轻人对中国文化和“一带一路”倡议的认识也很肤浅。这体现了两国民众相互不够了解，需要进一步加强双方在文化方面的交流与合作，调动广大民众参与“一带一路”建设的积极性和创造性。[②]

### 3. 安全担忧

“9・11”事件后，巴基斯坦国内安全形势持续动荡，教派冲突与恐怖袭击频发。西方国家多次关闭驻巴基斯坦使领馆，提醒公民谨慎前往巴基斯坦。国际媒体对巴基斯坦政治和安全形势非常关切，在一定程度上恶意传播巴基斯坦负面形象。受此影响，普通中国游客赴巴旅行愿望并不强烈。当然，随着巴基斯坦政府不断重拳打击恐怖主义，国内安全形势有很大改善。根据世界银行的数据，2011 年到巴基斯坦的国际旅客为 116.1 万人，与 1999—2009 年相比，入境游客量显著增长。然而受到恐怖主义反弹等因素的影响，接下来几年游客入境下降。[③]

## 三、中巴旅游合作前景展望

2015 年 11 月，首届中国—南亚国家旅游部长圆桌会议在中国昆明举行，会议围绕“深化区域合作，实现共同发展”进行深入探讨，并达成广泛共识。与会代表充分认识到旅游对各国发展的重要性日益突出，但各国旅游业的发展有赖于国际旅游合作。中国旅游业的快速发展，为中国—南亚旅游合作创造了良好的机遇。随着“一带一路”建设的推进，中国与南亚各国需要在签证便利化、互联互通、市场推广、旅游产品开发、品牌塑造、人才培训等方

① 耿学鹏、张琪：“跨国调查：给‘全天候巴铁’5 个理由”，2015 年 4 月 17 日，https://news.qq.com/a/20150417/039616.htm?tu_biz=1.114.1.0。

② 王丽、泽米尔・阿万：“中国与巴基斯坦的文化交流历久弥新”,《国际人才交流》,2019 年第 8 期，第 57—58 页。

③ Sajjad Ahmad, “Tourism in Pakistan: Challenges, Prospects and Potential of Gilgit-Baltistan”, *Pakistan Perspectives*, Vol. 21, No.2, July-December 2016, p.163.

面进一步深化合作，从而推动中国与南亚旅游区域一体化发展。[①]近年来，中国与南亚八国双向旅游交流规模逐年扩大，2014年已接近200万人次。为了扩大“一带一路”背景下的中巴旅游往来，会议期间中国国家旅游局与巴基斯坦旅游发展公司首次进行旅游方面的合作和谈判，这体现了中国与巴基斯坦在旅游合作方面的新探索和新进展。目前，巴基斯坦中国中心[②]已与青岛旅游集团合资成立上合（青岛）国际商旅文交流中心有限公司，共同推进外事服务、领事签证、文化交流、中巴双向旅游等事项。[③]在中国日渐成为最大境外旅游客源地、巴基斯坦旅游业不断振兴的背景下，两国需要充分发挥新疆与吉尔吉特—巴尔蒂斯坦在中巴跨界旅游中的促进作用，利用新兴社交媒体促进中巴旅游交流与合作。借助多边及双边旅游合作平台，中巴旅游合作潜力不断得到开发，两国旅游合作前景广阔。

## （一）中国日趋成为旅游大国

中国已经进入大众旅游时代，国内旅游业潜力逐步释放，游客出境游需求旺盛，迫切需要开展中外国际旅游合作。目前，中国已经成为全球增长最快的出境游客来源国。2017年中国公民出境旅游人数达1.31亿人次，比上一年同比增长7%。据估计，2017—2022年中国旅游消费预计增长10.9%。“十三五”期间中国前往“一带一路”沿线国家和地区的游客达到1.5亿人次，吸引沿线国家和地区游客8500万人次来华旅游。[④]中国游客出境游稳步增长，急需要挖掘新型的国际旅游资源，巴基斯坦具有成为中国游客出境旅游目的地的潜力。随着中国经济发展和经济收入增加，公民出境游目的地更加广泛，注重旅游产品体验与品质。在传统的海外观光游和购物游的基础上，个性游、

① “首届中国—南亚国家旅游部长圆桌会议成功举办”，2015年11月14日，http://www.gov.cn/xinwen/2015-11/14/content_5012656.htm。

② 巴基斯坦中国中心暨上合示范区巴基斯坦国家客厅位于青岛·上合国家客厅，是中国与巴基斯坦在上合示范区设立的国家级合作平台。它自2019年9月24日开始试运营，2021年1月18日于胶州举行揭牌启动仪式。巴基斯坦中国中心旨在充分发挥上合示范区的优势，强化巴中产业合作，扩大两国贸易额，带动双向投资，为巴基斯坦聚集资本、技术和人才，孵化高新产业，深入推动中巴教育、文化和体育的民间交往。

③ “推动中巴产业合作，巴基斯坦中国中心在上合示范区启用”，《大众日报》，2021年1月18日。

④ 陆晓玲、暴云英、许传坤：“中国与巴基斯坦现代农业和旅游产业合作前景分析”，《中国经贸导刊》，2020年第8期，第36—37页。

文化游、探险游等多种旅游新内容受到游客追捧。由于“一带一路”倡议和中巴经济走廊建设利好政策，地处“一带一路”重要节点上的巴基斯坦日渐受到中国游客关注。

巴基斯坦拥有丰富的自然与人文旅游资源，由于特殊的政治历史原因，巴基斯坦似乎还笼罩在神秘面纱之下。对于新阶段求新求特的中国出境游客来说，巴基斯坦极具吸引力。然而，巴基斯坦旅游产品供给、管理与运营严重滞后，这恰恰成为中巴旅游合作的重要领域。首先，中巴就旅游产业合作进行战略规划。中国的发展经验表明，现代旅游产业趋向于开放型、创新型、信息化、绿色化、聚集式、链群化的发展模式。为此，中巴经济走廊建设第二阶段确立了旅游产业合作等重点领域，以推动“一带一路”高质量发展和沿线国家民心相通。中国的旅游产业专家和规划设计团队，将帮助巴基斯坦剖析旅游业潜力与挑战，理清发展重点，有序推进。其次，中国对巴旅游文创产业提供技术合作。多年来，中国积累了丰富的旅游文创产业经验，在非物质文化遗产保护、历史文化名胜古迹保护、旅游景区开发与建设、旅游线路设计与旅游产品开发、互联网旅游营销和服务方面，形成了一套成熟的技术、方法、规程和解决方案。为了利用中国出境游大市场，巴基斯坦有必要借鉴中国的技术力量，打造精品旅游项目，完善旅游基础设施和配套服务，提升旅游文化产业发展层次和综合效益。最后，中巴可以寻求旅游产业方面的投资合作。“丝路基金”投资巴基斯坦互联互通基础设施，有助于中巴经济走廊沿线旅游设施升级。中巴两国的私人企业可以就旅游文创相互投资，甚至共同出资打造跨境游项目。云南世博旅游集团、云南湄公河集团致力于构建“一带一路”西部旅游集散中心，积极参与东南亚国家的景区景点建设，云南金澜湄国际旅游投资开发有限公司推出了“环游金三角”国际旅游产品。云南率先与周边国家达成旅游投资合作，取得了显著成效，值得中巴旅游企业探讨学习。①

### （二）巴基斯坦振兴旅游业举措初显成效

近年来，巴基斯坦政府逐渐重视旅游业发展，并取得一定成效。根据巴基斯坦旅游发展公司的数据，2016 年巴基斯坦入境游客数为 175 万人次，

① 陆晓玲、暴云英、许传坤：“中国与巴基斯坦现代农业和旅游产业合作前景分析”，《中国经贸导刊》，2020 年 3 月，第 37—38 页。

比 2013 年增加 3 倍。据世界旅游业理事会估计，2027 年大约 217 万游客去巴基斯坦旅游，并输入 361 亿美元的旅游消费。巴基斯坦最大的酒店预订网站 Jovago 表示，2016 年巴基斯坦国内酒店入住率提升了 80%。2018 年伊姆兰·汗政府就任后，巴基斯坦旅游业迎来了绝好时机，采取了一些振兴旅游业的举措。

伊姆兰·汗总理主持了国家旅游开发和推广会议。他表示巴基斯坦向世界打开大门，显示出新的自信，即安全形势彻底改变了，巴基斯坦现在是安全的。伊姆兰·汗总理指示建立一个巴基斯坦旅游互联网终端，展示所有新的旅游地区，以详细的信息帮助本地和外地游客参观访问。开普省开设了 11 个一体化旅游地区，旁遮普有 8 个。新政府决定学习国际旅游成功模式，大力推广巴基斯坦旅游业发展。在新出台的签证制度下，巴基斯坦驻外使领馆将对 175 个国家的公民发放 3 个月的电子签证，而新签证处理时间为 7—10 个工作日。新政府致力于发展旅游业增加收入，不仅通过推特网发布国家旅游景点如沙滩、雪山等照片，举行了两天旅游峰会，而且通过反腐清廉消除了游客入境申请障碍。直到 2019 年 4 月，巴基斯坦新的网上电子签证系统向英国、中国、土耳其、马来西亚和阿联酋 5 个国家的公民开放，并且取消了外国游客的许多活动限制。新的签证制度不仅方便申请者在几个小时内就能准备所有提交资料，也大大降低了签证费。[①] 为了开发巴基斯坦旅游潜力，伊姆兰·汗政府建立了全国旅游协调委员会，对刺激巴基斯坦旅游业特别是吉巴地区旅游产生了重要影响。旅游协调委员会要求各省旅游部门制作旅游宣传纪录片，展示国家多元化形象，表示联邦政府准备加强各省景点间的道路基础设施，希望各省重视开发探险、文化和宗教旅游。[②]

在中断近十年后，巴基斯坦重新参加国际旅游推广活动。2019 年 11 月 4—6 日，世界旅游市场年度推介会在伦敦举行，巴基斯坦旅游发展公司率领巴控克什米尔、吉巴及其他省旅游部门开设展厅，开展巴基斯坦旅游推广活动，与商务人员和专家积极互动。巴基斯坦旅游发展公司决定经常参加国际旅游活动，以在全球宣传积极多元的巴基斯坦国家形象，并打算 2020 年

① “Tourism is ‘exploding’ in Pakistan”, *Flare* (Pakistan), April, 2019.

② “Inter-provincial tourism committee to be set up for Pakistan branding”, *Balochistan Times*, 04/09/2019.

在伊斯兰堡举行世界旅游论坛。[①]2020 年 1 月达沃斯世界经济论坛上，伊姆兰·汗总理表示巴基斯坦安全形势改善后其旅游业逐渐得到复苏，鼓励外国投资者探索巴基斯坦巨大的旅游潜力。为了吸引国际先进技术和投资，巴基斯坦正在进行数字化革命，目的是实现政府治理和服务的数字化。[②]2020 年 2 月，巴基斯坦总统阿尔维在塞瑞纳（Serena）酒店举行的冬季运动颁奖活动上表示，在巴基斯坦推广冬季运动项目不仅有助于发现新的运动天才，而且可以推广旅游业。他为优胜者颁发了纪念品，鼓励外国队员担当巴基斯坦形象大使，回国后多宣传巴基斯坦的迷人风光。[③]

巴基斯坦民间团体积极帮助国家推广旅游。2020 年初，旁遮普大学地球与环境科学学院举行了“巴基斯坦：最好的旅游目的地”专题研讨会。学院院长萨吉达教授在发言中高度赞赏了巴安全部队在保护国家安全、推动国家旅游业中发挥的重要作用，并展望巴基斯坦发展国际旅游背景下学院学生培养及就业前景。巴基斯坦水、环境与旅游委员会主席马苏德·汗表示政府需要提供专项资金推广旅游，同时希望学界和政府协同努力促进巴基斯坦旅游业的发展。穿越骑行俱乐部（Cross Roots Bikers Club）总监塔伦（Mukkaram Tareen）则认为推动旅游业发展可以增强巴基斯坦经济实力，提升巴基斯坦的积极形象。[④]JAZZ 是巴基斯坦数字通讯公司中的领导者，长期努力与各种新创公司合作，帮助巴基斯坦推动数字化进程，推动巴基斯坦旅游业发展。公司总监阿米尔（Aamir Ibrahim）表示，“巴基斯坦拥有漂亮如画的景观，但是旅游设施需要得到完善和提升。我们非常高兴能够为推广巴基斯坦旅游业发挥作用，在国际社会传播巴基斯坦的积极形象”。巴基斯坦旅游创业公司为成熟旅行网站 booking.com 和 Airbnb 提供了有价值的贡献，打造了巴基斯坦自己的 Airbnb, 即 Chkar。[⑤]

① “Pakistan to open pavilion in World Tourism Market after decade-hiatus”, *Balochistan Times*, 09/18/2019.

② “Tourism sector in Pakistan flourished the most after improved security situation”, *Balochistan Times*, 01/23/2020.

③ “Promotion of winter sports in Pakistan to help promote tourism industry: President”, *Balochistan Times*, 02/13/2020.

④ “Security forces’ role eulogized for making Pakistan safe for tourism”, *Balochistan Times*, 01/30/2020.

⑤ “Jazz promotes tourism across Pakistan to portray a positive image globally”, *Flare* (Pakistan), August 2019.

巴基斯坦全国上下振兴旅游的举措初现成效，旅游业逐渐在巴基斯坦经济发展中扮演重要角色。2018 年旅游业对巴基斯坦 GDP 的贡献是 7.1%，产生了数十亿美元的收入，① 通过开设酒店、餐厅、汽车租赁和旅行社等小企业创造了大量新型就业机会。2019 年，到吉巴旅游的游客人数约为 200 万，远远超过之前年份的游客量。② 巴基斯坦全国推动旅游业的努力得到了国际社会的高度肯定。2018 年，英国背包协会把巴基斯坦列为年度最佳旅游目的地。2019 年底，SPS 远足俱乐部（SPS Trekking Club）在斯瓦特举行了名为“探秘巴基斯坦”的全国远足者聚会，数十名登山和探险爱好者分享了他们 2019 年的探险体验。③2020 年，美国奢侈品和生活杂志（Conde Nast Traveler）把巴基斯坦列入适合旅游度假目的地。2020 年，一家名为野外前沿（Wild Frontiers）的旅行社将巴基斯坦推为旅游目的地榜首，认为接下来的十几年巴基斯坦将稳居旅游排行榜榜首。相比 2018 年，2020 年愿意到巴基斯坦旅游的游客数量增长了 20%。④ 随着世界各国政要纷纷访问伊斯兰堡，巴基斯坦国际形象得到极大改善。2020 年 2 月，联合国秘书长古特雷斯访问巴基斯坦，高度赞赏巴基斯坦“从恐怖主义向旅游业”的彻底转型。⑤ 如果 2020 年全球没有突如其来的新冠肺炎疫情，巴基斯坦政府将重视旅游投资以提振经济，2020 年可能成为巴基斯坦旅游业的黄金年，巴基斯坦或将牢牢地稳固在世界探险旅游爱好者的旅行地图上。

### （三）新疆与吉尔吉特—巴尔蒂斯坦的跨境旅游合作

中国新疆和吉尔吉特—巴尔蒂斯坦山水相连、人民相亲，均具有丰富的自然和人文旅游资源。两地长期友好进行商贸与文化往来，不仅保留大量历史文化遗迹，而且以民众通婚形式维系特殊的情感联系。中巴经济走廊建设背景下，新疆和吉尔吉特—巴尔蒂斯坦开展跨境旅游合作可以充分挖掘沿线旅游潜力，满足两个地方的发展与安全需要，将得到两国政府和人民的支持。

古丝绸之路是人类历史上最重要的一条文化遗产廊道，而中巴喀喇昆仑

① “Pakistan and tourism”, *Dawn*, 05/17/2020.

② “Pakistan’s tourism to uplift economy”, *Flare* (Pakistan), Februray 2020.

③ “Pakistan termed paradise of adventure tourism”, *Dawn*, 02/02/2020.

④ “Pakistan’s tourism to uplift economy”, *Flare* (Pakistan), Februray 2020.

⑤ “Pakistan tourism”, *Dawn*, 02/24/2020.

公路是这条文化遗产廊道中最为重要的组成部分。中巴公路保存有很多古丝路的残道遗迹，沿线村庄还流传着玄奘西行路过的传说，公路沿途也能看到古老游牧民族创造的岩画文化。喀喇昆仑公路周边散布着大大小小具有久远历史的村庄，与丝路古道一起成为文化遗产的部分。洪扎王宫及小镇是巴基斯坦北部神秘的旅游胜地，也以长寿的世外桃源著称于世。为了保护古丝路文化廊道的完整性、历史性与旅游适应性，中巴应该在较大范围内实施保护历史文化的新举措，重视沿喀喇昆仑地区公路景观规划及设计，把多种生态系统、文化遗产和乡土文化进行整体性解说和展示，实现休憩、生态和文化保护多重目的。①

2008 年 10 月，中国新疆学者赴吉尔吉特—巴尔蒂斯坦地区小镇卡里玛巴德参加“综合旅游概念对山区可持续发展的贡献”的国际研讨会，考察了喀喇昆仑公路沿线的旅游资源和接待设施。中巴经济走廊建设以来，旅游专家建议在新疆维吾尔自治区政府下设“中巴经济走廊”建设办公室，同时在办公室下设中巴旅游协调管理小组，以便更好协调中国与巴基斯坦、中央与地方开发走廊沿线旅游合作事务。来自旅游、环保、交通等部门有关人员和相关领域专家学者参加中巴旅游协调管理小组，专门负责中巴旅游外交“一盘棋”落子，制定新疆与巴基斯坦旅游合作的具体办法，并提供智力支持和科学指导。②另外，新疆可把塔什库尔干县的高原旅游与中巴喀喇昆仑公路旅游相结合，以旅行社为平台，简化签证手续，实施团队游的方式，提升吉尔吉特—巴尔蒂斯坦旅游在中国国内的知名度，以人员流带动信息流、物资流和资金流，把喀什建成面向吉尔吉特—巴尔蒂斯坦地区的旅游目的地和旅游大通道。③

中巴跨境旅游合作要注意发挥旅游企业“走出去”与“引进来”的建设作用。中方鼓励国内优秀旅游公司开发巴基斯坦旅游市场，向巴宣传中国新疆旅游文化，吸引巴基斯坦游客来华旅行。同时，中国有实力的旅游企业可以投资巴基斯坦旅游资源调研与开发，充分挖掘巴基斯坦旅游业潜力，方便

① “中巴喀喇昆仑公路沿线景观特征与旅游需求”，《中外公路》，2013 年第 4 期，第 7 页。

② 胡敏、曹兹纲、王杰：“以旅游外交助力中巴经济走廊的心理认同”，《新疆社会科学》，2016 年第 6 期，第 81—82 页。

③ 雷鸣、李景峰：“中国新疆地区与巴基斯坦吉—巴地区经济合作的现状与建议”，《南亚研究季刊》，2018 年第 4 期，第 50 页。

中国游客体验巴基斯坦自然与文化风光。其中，新疆私人企业和旅游公司可以到吉尔吉特—巴尔蒂斯坦地区投资旅游项目及酒店等配套设施，提升吉尔吉特—巴尔蒂斯坦地区旅游的档次和吸引力。另外，中方鼓励巴基斯坦旅游公司来华投资，与中方企业合作打造中巴旅游走廊，共同促进旅游产业和谐发展。

另外，中巴跨境旅游合作需要创新旅游发展模式，从而建设一条低碳、节能、可持续发展的生态旅游走廊。中巴两国相关旅游部门要尊重自然和社会发展规律，创造性整合旅游资源，打造创新旅游产品，促进旅游产业链条健康发展。中巴创意旅游合作需要注意资源多维整合，把自然和人文、有形和无形旅游资源创造性地聚在一起，既秀出旅游资源的绚丽多彩，又最大可能地满足游客的个性体验和需求。中巴创意旅游合作还需要着力打造未来文化遗产，探索中巴经济走廊的文化产业价值。比如中巴可以建造主题公园，向游客展示中巴经济走廊建设的历史与未来，既带动中巴旅游业，又让中巴历史文化得以传承。①

## （四）社交媒体促进中巴旅游合作

随着网络和手机在人们日常生活中日益普及，社交媒体在旅游业中的作用越来越突出。2019 年底，巴基斯坦旅游发展公司与联合国开发计划署共同举办了“社交媒体影响力”研讨会，鼓励微客、博客等社交媒体在海外展示巴基斯坦的积极形象。巴基斯坦全国旅游协调委员会主席赛义德・布卡尼（Sayed Zulfikar Abbas Bukhari）表示，巴基斯坦政府正在打造“巴基斯坦品牌”推广国家旅游业，社交媒体影响力在提升巴基斯坦旅游上具有关键作用，因为海外游客主要依赖网络平台进行旅游规划。他说，必须开发和利用社交媒体业，从而在国际上塑造巴基斯坦正面形象，这是过去难以实现的。②

对游客来说，社交媒体在旅游计划、旅游前、旅游中、旅游后均发挥了重要作用。根据对前往吉尔吉特—巴尔蒂斯坦山区的游客进行的问卷调查，大多数游客（68%）使用 facebook，17% 使用 WhatsApp，3% 使用 IMO，1%

① 王杰、曹兹纲：“中巴经济走廊旅游开发初探”，《学术探索》，2016 年第 1 期，第 62—63 页。

② “‘Brand Pakistan’ being developed to promote tourism as customized brand abroad: Zulfi”, *Balochistan Times*, 12/26/2019.

使用 WeChat，1% 使用博客，10% 使用其他社交媒体。绝大多数游客喜欢使用西方社交媒体，极少数使用微信。在有关旅游的四个阶段中，游客使用社交媒体管理行程事务，特别是在计划旅游阶段游客需要通过社交媒体获取旅游目的地的信息，帮助其作出旅行决定。因此，旅游相关的官方与私人机构应该关注旅游计划阶段，通过社交媒体积极宣传以吸引游客前往偏远高山地区旅游。同时，如果媒体、广告商、旅行社和政府及非政府机构想要了解旅游及游客最新信息，应该密切关注 facebook 和 whatsapp。[①]

针对上述调研结果，中巴旅游机构可以积极利用社交媒体干预旅游四个阶段，从而帮助游客成功定制中巴旅游项目。在计划阶段，游客需要获取中巴两国的旅游信息，作出有关行程的决策。比如，游客会在社交媒体上搜索信息，寻找别人对旅游的评价，以及行程费用预算情况。研究发现，在计划旅游行程阶段多数游客（大约 42.3%）倾向于使用旅游方面的社交媒体获取信息。两国旅游机构要充分利用“互联网 + 旅游”来升温中巴旅游走廊，制作形象宣传片加强沿线旅游宣传力度，把中巴经济走廊打造成具有国际影响力的旅游链条。对于中国游客来说，“去哪儿”“携程”“途牛”等是常用的旅游网站。巴基斯坦驻华大使馆及旅行社可以把国内旅游产品、旅游信息、旅游纪念品等通过这些网站向中国游客营销，鼓励已经访巴游客在网站分享美好旅行体验。针对巴基斯坦游客爱好使用 facebook 和 whatsapp，我国旅游公司应重点通过这两家社交媒体推广旅游景点和旅游路线。由于巴基斯坦中上层民众熟知 WeChat, 中国和巴基斯坦的旅游企业可以合作开发 WeChat 新功能，以互相推广旅游资源，开发对方旅游市场。旅游前期阶段是旅游决策的第二个阶段，期间游客已经对某个旅游目的地心动了，需要继续作出决定以确定旅游。这个阶段游客需要与旅行社联系，确定行程开始时间，订票购物等等。其中主要活动（40.4%）是处理开启旅程有关问题。为了方便吸引中国游客，巴基斯坦旅行社可以在“去哪儿”“携程”等旅游网站开设中文服务热线，随时解答游客有关赴巴旅游的问题。第三阶段即旅游中，游客比较繁忙，主要利用社交媒体管理行程。此时游客会利用社交媒体晒图分享感受、娱乐、联系亲友等，其中多数游客（34.6%）倾向于使用社交媒体分享

---

① Talib Hussainand Benqian Li，“Qualitative Research Method to Identify the Usage of Social Media for Tourism Process: Examining a Rural Mountain Region in Pakistan”, *PUTAJ – Humanities and Social Sciences*, Vol. 25, No. 2 (July-December), 2018, pp.76—83.

行程感受。由于巴基斯坦热门景点多为高山高海拔地区，网络信号不太稳定，时而影响游客行程体验。但是，随着中巴经济走廊建设的拓展，两国间铺设的极速光缆网络将有助于改善这一局面。第四阶段也是旅游最后阶段，游客可能已经完成了行程，但是仍然希望利用社交媒体回忆行程。这个阶段游客的主要活动包括：继续与旅行社保持联系，评估旅程开销，联系行程经历，回忆行程细节。旅游之后，多数游客（38.7%）希望通过社交媒体与旅行社保持联系。这个阶段，游客的旅游反馈对于旅行社以及两国旅游合作的可持续发展至关重要。通过社交媒体，中巴旅游机构可以保持与游客的密切联系，征求对旅游产品及线路的建议，以便完善旅游服务，吸引更多的潜在游客。

总之，巴基斯坦拥有丰富的旅游资源，能够满足各种旅游爱好者。从北边雄伟的喀喇昆仑山脉延伸到南边印度河三角地带和阿拉伯海域，巴基斯坦蕴藏着大量高山、峡谷、冰川、河流、草地、沙漠、海洋等自然景观，也承载着丰厚的古代文明、宗教文化遗迹等人文景观。巴基斯坦以其特殊的地理位置和历史文化，可以提供探险、观光、考古、朝圣等旅游项目，发挥旅游业在国家经济发展中的重要作用。中国日渐成为全球最大旅游市场，来自中国旅游市场的收入可以极大改变巴基斯坦旅游业境遇。长期以来，中巴人民在喀喇昆仑地区享有友好的商贸与人文交流，然而由于交通不便、民众不够了解、安全担忧等，中巴民众相互旅游总量偏少。随着中巴经济走廊建设的推进，走廊沿线基础设施升级有利于旅游发展，巴政府更加重视对旅游业的支持，和谐包容的丝路精神为旅游业营建健康软环境。事实上，巴基斯坦伊姆兰・汗政府为重振旅游业付出巨大努力并已初见成效。在此背景下，中巴可以利用新疆和吉尔吉特—巴尔蒂斯坦促进跨境旅游合作，充分发挥社交媒体在促进旅游合作中的巨大作用。另外，中巴两国可以探索互设旅游年，建立中巴经济走廊旅游城市联盟，共建旅游教育，促进民间团体、文化企业、旅游机构加强对中巴旅游合作的调研与开发，把两国所具有的旅游资源和旅游市场优势转化为旅游产业和旅游经济优势。在中巴官方与民间共同努力下，中巴旅游合作前景可期。

# 余论

1951 年 5 月 21 日，中华人民共和国与巴基斯坦伊斯兰共和国建交。巴基斯坦是最早与中国建交的伊斯兰国家，是中国通往伊斯兰世界的桥梁。建交以来，两国政府积极倡导人文各领域的交流。

中巴建交后至 20 世纪末，中国文艺团体时常赴巴演出，中国杂技团深受巴民众喜爱。中国在伊斯兰堡援建的巴基斯坦体育综合设施，受到巴国政要及体育界高度赞赏，堪称早期中巴人文领域合作的丰硕成果。巴基斯坦中文教育的起步、发展与壮大离不开中国的帮助，中国政府及教育部门对巴基斯坦中文教育机构的建立、教材的编写、师资的培养等给予了全力支持。同样，中国的乌尔都语教育和广播也受惠于巴基斯坦专家几代人的辛勤付出。中国国际广播电台乌尔都语节目受到巴基斯坦听众好评，成为巴民众了解中国和世界的窗口，巴听众俱乐部成为培养中巴友谊接班人的摇篮。北京大学乌尔都语教研中心在两国人文交流中扮演了非常关键的作用，推动了巴语言与文化在中国的传播。

21 世纪以来，特别是中巴经济走廊开建以来，中国与巴基斯坦的人文交流百花齐放。两国文化界扩大歌舞、戏剧、杂技等传统文艺团体互访，增加了美术、摄影、影视制作等方面的交流与合作。中巴教育合作范围涉及高等教育、职业教育、语言教育等，积极探索互派留学生、联合培养、联合办学等各种教育合作方式。两国传统媒体如报纸、广播、电视加强了交流与合作，互相分享新闻信息源，互派媒体代表团交流学习经验。随着手机和互联网的普及，中巴新兴媒体合作方兴未艾，微信、博客、微客等社交媒体成为中巴青年了解对方、传递友谊的新平台。中巴智库作为联系两国政府与社会的桥梁，不仅本身具有生产知识、建构话语的能力，而且能够为促进两国人文交流建言献策。中国与巴基斯坦在医疗卫生领域享有长期友好合作传统，逐渐建立了机制化合作道路。两国通过抗击新冠肺炎疫情的密切合作，推动了中巴卫生健康共同体的构建。中巴两国山水相连、人民相亲，长期在喀喇昆仑地区从事经贸文化交流，这些成为中巴旅游合作的历史基础。中巴经济走廊建设完善了两国毗邻地带的旅游基础设施，改善了地区安全形势，为进一步释放旅游潜力营造了健康环境。另外，中巴非常重视各种形式的青年交流，互派百人青年代表团、青年职工代表团、青年学者团和大学生代表团。中巴两国还加大了友好省市交流力度，结成逾十对友好城市或省份。

中国与巴基斯坦享有高度政治互信，防务合作密切，建立了全天候战略合作伙伴关系。中巴经济走廊建设背景下，两国民间往来、人文交流呈现增长趋势。中巴人民的相互了解有所加强，但同时也存在一些不容忽视的问题。相较于两国在政治、经济领域的频繁互动，人文交流还远远不够。中巴人文交流各领域中，教育、媒体先行且取得了可喜成绩，但是旅游合作尚显滞后，不利于中巴社会普通民众相互认知与增进感情。与此同时，中巴人文交流的主要推动力依然来自两国政府层面，民间自发交往动力不足。比如中巴高等教育合作领域，互派留学生主体为政府奖学金获得者，自费留学生较少；两国文艺团体互相访问演出也多是政府为特定场合而安排汇演，真正商业意义上的文艺表演少见。从一定程度上看，中巴人文交流呈现“官多民少、签多履少”，这种缺陷值得高度关注。

人文交流关乎中巴传统友谊的继承，影响中巴经济走廊的成功实施，更是打造中巴命运共同体的强大根基。新时期，人文交流应该在中巴关系中发挥更加重要的作用，增强中巴人文交流的意义怎么强调都不为过。首先，人文交流可以进一步深化中巴全天候战略合作伙伴关系。人文交流与政治互信、经贸合作一道，是保障中巴关系健康发展的重要方面。中巴人文交流既为中巴经济走廊建设奠定坚实的民意基础，又为打造中巴命运共同体搭建重要实践平台。其次，中巴人文交流是中国践行新型国际关系和周边外交的重要依托。中印同时崛起和南亚地缘政治竞争加剧背景下，中国倡导合作共赢的新型国际关系以及睦邻、安邻、富邻的周边外交，反对零和博弈思维。中巴人文交流是讲述中巴友谊故事、践行中国理念与主张的平台，一定程度上有助于中国形象在南亚地区乃至国际社会中的建构与传播。再次，中巴人文交流成为中华文明与伊斯兰文明和谐共处的典范，有力驳斥了西方世界“文明冲突”论。中国与巴基斯坦跨越意识形态鸿沟，经历时代风雨的考验，建立了互信、互尊、互爱的深厚友谊，树立了不同文化和不同社会制度之间人民交往的典范，批驳了西方世界奉行的“文明冲突”论，为中国与伊斯兰国家友好交往打下了重要基础。

中巴两国人民建立了“比山高、比海深、比蜜甜”的友谊，新冠抗疫合作凸显了中巴“守望相助、同舟共济”的兄弟情谊。后疫情时代，中巴人文交流机遇与挑战并存，需要有超前的中长期战略规划加以引领，同时需要有务实可行的短期对策。第一，中巴应适时建立正式的高级别人文交流机制。巴基斯坦是中国的全天候战略合作伙伴，也是“一带一路”沿线重要节点国家，理应纳入中外人文交流机制扩容对象国之列。第二，中巴应调动民间组织在人文交流中的积极主动性。目前，中巴人文交流各领域大多是在双方政府引领下探索合作项目，民间组织比如高校、文化企业、旅行社等参与能动性不足。“政府搭台，民间唱戏”，中巴要积极探索政府、社会与市场多元力量参与促进人文交流的模式，推动人文交流与合作向高质量发展。第三，中巴应高度重视人才培养和储备，拓展交流领域，创新交流方式。中巴人文交流需要大量高素质的优秀人才，既要扩大相互语言教育规模，又要培养留学生的跨文化交际能力。在教育、媒体、智库、卫生等领域的交流基础上，中巴需增强旅游、科技、体育等领域的合作。同时，中巴人文交流须发挥新疆的区位优势，高度重视互联网与社交媒体在中巴人文交流中发挥的积极作用，提防第三方势力阻挠或蓄意破坏中巴人文交流，从而为“一带一路”建设背景下中巴友好关系的健康发展奠定更加坚实的人文基础。

# 参考文献

## 一、中文著作

陈继东、晏世经：《巴基斯坦对外关系研究》，巴蜀书社，2017年版。

陈利君编：《“中巴关系：现状与发展趋势”国际研讨会论文集》，云南人民出版社，2012年版。

陈军：《巴基斯坦农业发展及中巴农业合作》，经济管理出版社，2020年版。

达尼、刘利敏：《历史之城塔克西拉》，中国人民大学出版社，2005年版。

杜幼康编：《国家间关系的典范：中巴建交后两国关系的回顾与展望》，时事出版社，2012年版。

高柏、甄志宏：《中巴经济走廊的政治经济学分析》，社会科学文献出版社，2017年版。

哈立德·阿巴斯·阿萨迪：《巴中友谊颂》，张世选译，人民文学出版社，2016年版。

韩晓青：《新中国睦邻外交的典范——中巴关系研究（1951—1965）》，人民出版社，2015年版。

何美兰：《中巴经济走廊：从构想到实践》，世界知识出版社，2019年版。

金强：《巴基斯坦大众传媒研究》，中国传媒大学出版社，2017年版。

孔菊兰、唐孟生：《神奇的丝路民间故事：巴基斯坦民间故事》，安徽文艺出版社，2018年版。

孔菊兰：《巴基斯坦民间文学》，宁夏人民出版社，2008年版。

孔亮编著：《巴基斯坦概论》，世界图书出版公司，2016年版。

拉赫曼等：《继往开来的中国与巴基斯坦友好关系》，陈继东等译，云南大学出版社，2014年版。

李景峰：《巴基斯坦与中国新疆地区交往历程研究》，云南大学出版社，2018年版。

李涛编：《“地区形势发展与中巴关系”国际研讨会论文集》，巴蜀书社，2010年版。

李希光：《中巴经济走廊：中国“一带一路”战略旗舰项目研究》，文津出版社，2016年版。

陆树林编：《我们和你们：中国和巴基斯坦的故事》，五洲传播出版社，2015 年版。

马里克:《巴基斯坦史》,张文涛译,中国大百科全书出版社,2010 年版。

穆罕默德·瓦利乌拉·汗：《犍陀罗：来自巴基斯坦的佛教文明》，陆水林译，五洲传播出版社，2020 年版。

唐孟生、安启光编：《亲历巴基斯坦》，经济日报出版社，2012 年版。

唐孟生、孔菊兰：《巴基斯坦文化与社会》，民族出版社，2006 年版。

王琦、史小今：《驻巴为铁：读懂中巴经济走廊时代的巴基斯坦》，中国国际广播出版社，2019 年版。

王世达、杜佳宁：《巴基斯坦史话》，中国书籍出版社，2020 年版。

习近平：《习近平谈治国理政》，北京：外文出版社，2014 年版。

向文华：《巴基斯坦人民党研究》，人民出版社，2015 年版。

薛克翘：《中国与南亚文化交流志》，上海人民出版社，1998 年版。

杨翠柏、李德昌编著：《当代巴基斯坦》，四川人民出版社，1999 年版。

杨翠柏：《列国志：巴基斯坦》，社会科学文献出版社，2018 年版。

杨勇：《巴基斯坦对外政策决策研究：新古典现实主义视角》，时事出版社，2019 年版。

叶海林：《吹过开伯尔的风：理解巴基斯坦》，山东大学出版社，2010 年版。

尹锡南：《中印人文交流研究：历史、现状与认知》，时事出版社，2016 年版。

张嘉妹、张亚冰:《"一带一路"沿线国家经典诗歌文库:巴基斯坦诗选》，作家出版社，2019 年版。

张淑兰、朱修强、[巴基斯坦]拉里编著：《"一带一路"国别概览：巴基斯坦》，大连海事大学出版社，2019 年版。

张元：《巴基斯坦俾路支分离主义研究》，中国社会科学出版社，2019 年版。

中国亚非发展交流协会：《巴基斯坦：驶向蓝海的旗舰》，世界知识出版社，2016 年版。

## 二、中文论文

Amna Munawar，任定成、曹志红："巴基斯坦高等科学技术教育现状简析"，《全球科技经济瞭望》，2019 年第 6 期。

白玲、安立魁："智慧教育：中巴高校合作的战略选择与施为路向——基于巴基斯坦《高等教育 2025 愿景》"，《比较教育研究》，2020 年第 7 期。

曹然："'一带一路'视域下中国形象媒体建构策略分析 ——以巴基斯坦主流英语报刊涉华报道为例"，《苏州科技大学学报》（社会科学版），2018 年第 1 期。

曹升生："巴基斯坦外交新智库研究"，《云南社会科学》，2020 年第 2 期。

陈恒敏："巴基斯坦高等学校的发展沿革及其类型特点分析"，《南亚研究季刊》，2018 年第 1 期。

陈小萍："巴基斯坦极端势力对中巴经济走廊的影响与中国的应对策略"，《南亚研究季刊》，2019 年第 4 期。

成立、杨建新："一次文化软实力'走出去'的有益尝试——新疆新闻出版交流团访问巴基斯坦成果丰硕"，《新疆新闻出版》，2012 年。

程轶潇："中巴媒体母亲河之旅大型报道活动中大放异彩的 SONYHVR–Z5C"，《影视制作》，2013 年 5 月。

程云洁、武杰："中国与巴基斯坦人文合作现状及对策研究——基于中巴经济走廊背景下"，《乌鲁木齐职业大学学报》，2017 年第 3 期。

丁建军："'一带一路'视角下的中巴关系：承接历史与展望未来"，《印度洋经济体研究》，2018 年第 2 期。

丁雪真："巴基斯坦掀起留学中国热"，《人民日报》，2018 年 5 月 23 日。

杜江、于海凤、王海燕："中巴经济走廊背景下中巴文化产业合作：现状、路径选择与对策"，《南亚研究季刊》，2019 年第 3 期。

杜幼康、李坤："略论中国对巴基斯坦的文化外交"，《苏州大学学报》，2012 年第 5 期。

古俊伟："巴基斯坦《论坛快报》建构的中巴经济走廊面临的问题"，《新闻传播》，2019 年第 8 期。

哈立德·拉赫曼等："宗教教育及其机构"，《南亚研究季刊》，2007 年第 1 期。

何美兰："巴基斯坦人对中巴经济走廊若干认知的分析"，《南亚研究季刊》，2017 年第 4 期。

贺煜："巴基斯坦留学生 Rashid Afridi 感谢在渝观察期得到的各方帮助，愿作为志愿者为中国抗击疫情尽己所能"，《重庆与世界》，2020 年第 2 期。

胡邦胜："巴基斯坦媒体生态及其特征"，《对外传播》，2017 年第 3 期。

胡敏、曹兹纲、王杰："以旅游外交助力中巴经济走廊的心理认同"，《新疆社会科学》，2016 年第 6 期。

黄平："'一带一路'建设中的宗教风险——以巴基斯坦为例"，《上海交通大学学报》（哲学社会科学版），2017 年第 3 期。

焦若水："巴基斯坦宗教学校：现状、问题与社会风险"，《南亚研究季刊》，2018 年第 1 期。

金仲夏、张丹："通力打造健康丝绸之路"，《中国卫生》，2017 年第 9 期。

拉扎·汗："巴基斯坦媒体简介"，《中国投资》，2018 年 3 月第 5 期。

雷鸣、李景峰："中国新疆地区与巴基斯坦吉—巴地区经济合作的现状与建议"，《南亚研究季刊》，2018 年第 4 期。

李福泉、黄民兴："巴基斯坦伊斯兰宗教学校的发展状况、社会根源与影响"，《南亚研究》，2009 年第 2 期。

李丽、胡潇文："第四届中国—南亚智库论坛会议综述"，《东南亚南亚研究》，2016 年第 2 期。

李希光："斯瓦特文化考察笔记（二）"，《文化软实力》，2016 年第 3 期。

李希光："斯瓦特文化考察笔记（一）"，《文化软实力》，2016 年第 2 期。

李亚冰："巴基斯坦极端主义根源、特点及政府的'去极端化'策略研究，《南亚研究》，2015 年第 3 期。

李泽铖等："从饮食情况分析来华巴基斯坦留学生"文化休克"原因及其对策——以我国中部地区高校巴基斯坦留学生为例"，《教育教学论坛》，2020 年 1 月第 5 期。

林垠："巴基斯坦健康领域的前景——共促中巴医药领域合作"，《医药世界》，2006 年第 6 期。

刘高力："巴基斯坦性少数群体现状考察"，《东南亚南亚研究》，2017 年第 2 期。

刘高力："民间力量在传统艺术的保护和发扬中的重要作用 ——以拉

斐比尔工作室 (RafiPeer Workshop) 为例”，《“田野调查·立身之本”——民族学与社会学学院第六届研究生学术研讨会》，2012 年 11 月 30 日。

刘进、徐丽：“一带一路”沿线国家的高等教育现状与发展趋势研究(八)——以巴基斯坦为例”，《世界教育信息》，2018 年第 13 期。

刘旭：“探析中巴经济走廊新闻报道比较——以 2015 年 4 月 CCTV 新闻频道与 PTV 新闻频道报道为例”，《传播力研究》，2018 年第 7 期。

刘中民：“伊扎布特宗教极端主义的发展及其防范”，《国际关系研究》，2015 年第 6 期。

刘宗义：“中巴经济走廊建设：进展与挑战”，《国际问题研究》，2016 年第 3 期。

陆晓玲、暴云英、许传坤：“中国与巴基斯坦现代农业和旅游产业合作前景分析”，《中国经贸导刊》，2020 年第 8 期。

吕佳：“全球新冠疫情下中巴经济走廊建设进入新阶段的研究”，《当代经济·月刊》，2020 年第 9 期。

毛伟：“‘一带一路’倡议在海外舆论场的话语建构与报道框架——以巴基斯坦主流媒体为例”，《中国记者》，2018 年第 12 期。

孟辽阔：“‘一带一路’视野下的巴基斯坦战略地位及其实现路径探析”，《世界经济与政治论坛》，2015 年第 4 期。

闵捷：“‘一带一路’与中国巴基斯坦人文交流”，《新丝路学刊》，2017 年第 1 期。

穆海亮：“中国戏剧唱响世界舞台——豫剧《程婴救孤》赴泰国、巴基斯坦公演成功的文化启示”，《中国戏剧》，2015 年第 11 期。

穆罕默德·扎米尔·阿萨迪：“巴基斯坦电子媒体发展迅猛”，《中国投资》，2017 年 8 月第 15 期。

穆罕默德·扎米尔·阿萨迪：“媒体合作是加强巴中经济关系至关重要的纽带”，《中国报道》，2018 年 5 月 31 日。

潘育琪：“巴基斯坦孔子学院师生为中国抗击新冠肺炎疫情呐喊助威”，中国驻巴基斯坦大使馆文化处，2020 年 2 月 18 日。

秦亚青：“中华文化与新型国际关系”，《中国与世界》，2019 年第 1 期。

Riaz Ahmad、米红、任珂瑶：“中巴经济走廊的安全威胁及其对俾路支省的影响——从发展的视角看瓜达尔港的角色”，《南亚研究季刊》，2018

年第 3 期。

史小今：“加强中巴媒体合作——第二届中巴经济走廊媒体论坛综述”，《学习时报》，2016 年 6 月 6 日。

史雪冰、张欣：“中国高校在巴基斯坦高等教育 2025 愿景中的机遇与作为”，《比较教育研究》，2019 年第 4 期。

涂华忠、聂娇、查文仙：“中国的巴基斯坦研究述评——基于中国知网数据库的分析”，《印度洋经济体研究》，2017 年第 3 期。

王慧、翟风杰：“‘一带一路’背景下中巴职业教育合作研究”，《职业教育研究》，2019 年第 4 期。

王杰、曹兹纲：“中巴经济走廊旅游开发初探”，《学术探索》，2016 年第 10 期。

王丽、泽米尔·阿万：“中国与巴基斯坦的文化交流历久弥新”，《国际人才交流》，2019 年第 8 期。

王茜婷：“如何正确引领‘一带一路’的国际舆论——以中巴经济走廊项目为例”,《传媒》，2017 年第 1 期。

王婷婷等：“《巴基斯坦药典》与《中国药典》所载传统药物比较”，《亚太传统医药》，2018 年 5 月。

王伟华：“信任构建与中国—南亚人文交流”，《东南亚南亚研究》，2013 年第 4 期。

温琪：“巴基斯坦恐怖组织对中巴经济走廊的看法及影响”，《军事文摘》，2017 年第 2 期。

吴钢：“中巴博爱医疗急救中心管理新模式分析”，《上海医药》，2019 年第 40 卷第 17 期。

吴梦林、梁海明：“一带一路”国际高峰论坛前后相关报道的特色、不足与改进——以巴基斯坦《黎明报》为例，《中国记者》，2017 年第 9 期。

邢立军：“乌尔都语版《三国演义》亮相第六届伊斯兰堡文学节”，中国驻巴基斯坦大使馆文化处，2019 年 10 月 3 日。

徐思远等:“瓜达尔中巴博爱医疗急救中心疾病情况分析 ”,《复旦学报》（医学版），2019 年 1 月。

杨文武、涂晶：“中巴经济走廊建设的地缘风险评价研究”，《南亚研究季刊》，2018 年第 1 期。

尹锡南、王冬青：“莎士比亚作品的印度传播及其对中国的启示”，《南亚研究季刊》，2018 年第 1 期。

尹锡南：“简析新时期中印人文交流的相关问题”，《南亚研究季刊》，2019 年第 4 期。

尹响、胡旭：“中巴经济走廊基础设施互联互通项目建设成效、挑战与对策”，《南亚研究季刊》，2019 年第 3 期。

俞沂暄：“人文交流与新时代中国对外关系发展——兼与文化外交的比较分析”，《外交评论》，2019 年第 5 期。

张杰、徐瑞：“试析巴基斯坦对‘中巴经济走廊’的立场及对策”，《当代世界》，2018 年第 1 期。

张元：“俾路支分离主义势力对中巴经济走廊的看法及其成因”，《南亚研究》，2016 年第 2 期。

中国高等教育学会代表团：“巴基斯坦高等教育发展现状与前景——访问巴基斯坦的调查报告”，《中国高教研究》，2017 年第 9 期。

左舒颖等：“中华医学会等四国医学会举行新冠肺炎防治中国经验研讨会”，《中华医学信息导报》，2020 年第 35 期，第 7 期。

## 三、英语文献

Aasim sajjad Akhtar, *The Politics of Common Sense: State, Society and Culture in Pakistan*, Cambridge university press, 2018.

Abdul Basit,“Countering Violent Extremism: Evaluating Pakistan’s Counter-Radicalization and De-radicalization Initiatives”, *IPRI Journal*,XV, No. 2, Summer 2015.

Adam Weinstein, “Tourism’s narrative”, *Dawn*, December 09, 2018.

Afnan Ullah Khan, *Pakistan: The Way Forward*, Lahore: Jumhoori Publications, 2014.

Aftab ur Rehman Rana, “Pak-China Economic Corridor and Prospects of Tourism Revival in Pakistan”, *The Diplomatic Insight*, 2016.

Akmal Hussain, “Terrorism, Development and Democracy: The Case of Pakistan”, in *Terrorism in South Asia*,Shipra Publications, 2003.

Akram Zaki, *China of Today and Tomorrow: Dynamics of Relations with*

*Pakistan*, IPS Press, 2010.

Anatol Lieven, *Pakistan: AHard Country*, New York: Public Affairs, 2012.

Andrew small, *Returning To The Shadows: China, Pakistan and The Fate of CPEC*,The German Mashall Fund of The United States, September 2020.

Andrew Small, *The China-Pakistan Axis: Asia's New Geopolitics*, Oxford University Press, 2015.

"Artists of 34 countries including Pakistan to participate in Islamabad Art Festival", *Balochistan Times*, 11/17/2019.

Asifa Jahangir,*Pakistan-China Strategic Partnership: Challenges and Prospects*, LAMBERT Academic Publishing, 2013.

Ayesha Jalal, *The Struggle for Pakistan: A Muslim Homeland and Global Politics*, the Belknap press of Harvard university press, 2014.

B.R.Deepak ed., *China's Global Rebalancing and the New Silk Road*, Springer, 2018.

BAI GUI & MUHAMMAD ARIF, "Exploring Channels of Cultural Communication between Pakistan and China", *Media Watch*,7 (2) 2016.

Bill Porter, *The Silk Road: Taking the Bus to Pakistan*, Counterpoint, 2016.

"'Brand Pakistan' being developed to promote tourism as customized brand abroad: Zulfi", *Balochistan Times*, 12/26/2019.

"China donations enhance Pakistan ability to fight Covid-19 pandemic: Ambassador Hashmi", *Balochistan Times*, 05/18/2020.

"China enterprises donate 35 ton medical supplies to help Pakistan combat Covid-19: Ambassador Hashmi", *Balochistan Times*, 04/02/2020.

"China seed association helps Pakistan to fight COVID-19", *Technology Times*, 05/22/2020.

"China Three Gorges largest contributor of medical supplies since Covid-19 outbreak in Pakistan", *Balochistan Times*, 04/28/2020.

"China, Pakistan medics hold video conference to tackle COVID-19", *Balochistan Times*, 04/17/2020.

"CPEC Cultural Caravan Festival celebrates music, art and culture of

China", *Dawn*, 02/26/2018.

Eamon Murphy, *The Making of Terrorism in Pakistan: Historical and Social Roots of Extremism*, Routledge, 2013.

"Emerging medical tourism industry in Pakistan", *Dawn*, 12/30/2019.

"Exhibition titled 'Art, Culture, Heritage of Pakistan' inaugurated", *Balochistan Times*, 03/23/2017.

Fahad Khan Afridi, SaimaUrooj, "A Need for Linking Universities Curriculum with China Pakistan Economic Corridor", *Journal of Managerial Sciences*, Volume14, Issue4, October-December 2019.

Ghulam Ali, *China Pakistan Relations: A Historical Analysis*, Oxford University Press, 2017.

Hussain Mohi-ud-Din Qadri, "Foreign, Political and Financial Influences on Religious Extremism: A Study of Madrassas in Punjab, Pakistan", *Counter Terrorist Trends and Analyses*, Vol. 10, No. 4, April 2018.

"In China's Xinjiang, Big Brother moves into Uighur homes as 'family'", *Dawn*, Nov 30, 2018.

"Interactive Session of Delegation of International Forum for Pakistani Columnist and Anchors with H.E Mr. Yao Jing, Ambassador of People's Republic of China to Pakistan", *The Diplomatic Insight*, March 2020.

"Inter-provincial tourism committee to be set up for Pakistan branding", *Balochistan Times*, 04/09/2019.

Irfan Husain, "A deafening silence", *Dawn*, October 26, 2019.

Javad Syed etl. Eds., *Faith-based Violence and Deobandi Militancy in Pakistan*, London: Palgrave Macmillan, 2016.

"Jazz promotes tourism across Pakistan to portray a positive image globally", *Flare* (Pakistan), Aug 2019.

Jean-Marc F. Blanchard ed., *China's Maritime Silk Road Initiative and South Asia: A Political Economic Analysis of its Purposes, Perils and Promises*, Palgrave, 2018.

Jessica Stern, "Pakistan's Jihad Culture", *Foreign Affairs*, Vol.79 No.9, November/December 2000.

Khalida Khan, "Tourism downfall: sectarianism an apparent major cause, in Gilgit- Baltistan (GB), Pakistan", *Journal of Political Studies*, Vol. 19, Issue 2, 2012.

M. H. Nuri, Hanif eds., *Eighteenth Amendment Revisited*, Islamabad Policy Research Institute, 2012.

Minhas Majeed Khanetaleds., China-Pakistan Economic Corridor: A Game Changer,Institute of Strategic Studies Islamabad, 2016.

Moeed Yusuf, "A national problem", *Dawn*, June 18, 2019.

Mohammad Yunus, *Awakened China Shakes the World and is now Pakistan's Mainstay: Memoirs of a Diplomat*, IPS Press, 2015.

Muhammad Murtaza Noor, "CPEC: Challenges for Pakistani Universities", *The Diplomatic Insight*, June 2017.

Muhammad Suleman, "Insitutionalisation of Sufi Islam after 9/11 and the Rise of Barelvi Extremism in Pakistan",*Counter Terrorist Trends and Analyses*, Vol. 10, No. 2, February 2018.

OwaisKabani, "Pakistan as a medical tourism destination, Just wishful thinking?", *ZdrowiePubliczneiZarzadzanie*, 2015, 13 (1).

"Pakistan 25-member cultural troupe performing in 5th Silk Road Int'l Arts Festival", *Balochistan Times*, 09/17/2018.

"Pakistan a great destination for religious tourism: envoy", *Dawn*, 11/04/2019.

"Pakistan a great religious tourism destination: Governor", *Balochistan Times*, 03/15/2019.

"Pakistan and tourism", *Dawn*, 05/17/2020.

"Pakistan ranked least competitive country in travel, tourism in S. Asia", *Dawn*, 09/05/2019.

"Pakistan Security Report 2018", *PIPS Research journal Conflict & Peace Studies*, Vol. 11, Spring 2019, No.1.

"Pakistan to open pavilion in World Tourism Market after decade-hiatus", *Balochistan Times*, 09/18/2019.

"Pakistan tourism", *Dawn*, 02/24/2020.

"Pakistan, China to have dialogue for expanding cooperation in literature, art and culture", *Balochistan Times*, 03/21/2018.

"Pakistan termed paradise of adventure tourism", *Dawn*, 02/02/2020.

"Pakistan's tourism to uplift economy", *Flare* (Pakistan), Februray 2020.

"Potential for maritime tourism in Pakistan highlighted", *Dawn*, 04/05/2019.

"President Alvi garners praise from Chinese citizens for visiting amid coronavirus scare", *Dawn*, March 19, 2020.

"Promotion of winter sports in Pakistan to help promote tourism industry: President", *Balochistan Times*, 02/13/2020.

Qadar Bakhsh Baloch, Alam Rehman, "Regional Integration of Pakistan Tourism: Exploring Prospects", *Abasyn Journal of Social Sciences*, 8(2).

Ravi Kalia ed., *Pakistan: From the Rhetoric of Democracy to the Rise of Militancy*, New Delhi: Routledge, 2011.

Raza Rahman, Khan Qazi, Shahid Ali Khattak & Shakeel Ahmad, "Motivations for Pakistani Religious Extremists to Become Terrorists", *Pakistan Journal of Criminology*, Volume 5, No. 2, July-Dec 2013.

Rehmat Karim, "Sino-Pakistan Collaboration and Trans-Boundary Tourism Development in Gilgit-Baltistan, Pakistan", *The Diplomatic Insight*,2015.

S. H. Jawad, *A search of Pakistan: what happened and why?* Karachi: Ushba publishing international, 2015.

"Security forces' role eulogized for making Pakistan safe for tourism", *Balochistan Times*, 01/30/2020.

S. P. Cohen, *The Idea of Pakistan*, Washington DC: Brookings Institution Press, 2004.

Sajjad Ahmad, "Tourism in Pakistan: Challenges, Prospects and Potential of Gilgit-Baltistan", *Pakistan Perspectives*,Vol. 21, No.2, July-December 2016.

Shakeel Qarar, "3 more Chinese nationals suspected of fake marriages arrested from Islamabad", *Dawn*, May 10, 2019.

Shazia Mehboob, "Defining Tourism Related to CPEC", *The Diplomatic Insight*, December 2017.

Talib Hussain and Benqian Li, "Qualitative Research Method to Identify the Usage of Social Media for Tourism Process: Examining a Rural Mountain Region in Pakistan", *PUTAJ – Humanities and Social Sciences*, Vol. 25, No. 2, July-December 2018.

"Tourism is 'exploding' in Pakistan", *Flare* (Pakistan), Apr 2019.

"Tourism sector in Pakistan flourished the most after improved security situation", *Balochistan Times*, 01/23/2020.

Zahid Anwar, *Annual report 2017-18*, China Study Center, University of Peshawar.

Zahid Yaseen,Muhammad Muzaffar, "Extremism in Pakistan: Issues and Challenges", *Journal of Politics and International Studies*,Vol. 4, No. 1, January–June 2018.

Zia Ullah, Jehangir Khan and Zahoor Ul Haq, "Coastal Tourism & CPEC: Opportunities and Challenges in Pakistan", *Journal of Political Studies*, Vol. 25, Issue 2, 2018.

## 四、网络资源

巴基斯坦《黎明报》：https://www.dawn.com/。

巴基斯坦《新闻报》：https://www.thenews.com.pk/。

巴基斯坦《国民报》：https://nation.com.pk/。

巴基斯坦《论坛快报》：https://tribune.com.pk/。

伊斯兰堡战略研究所：http://www.issi.org.pk/。

巴基斯坦政策研究所：http://www.ips.org.pk/。

伊斯兰堡政策研究所：https://ipripak.org。

巴基斯坦和平研究所：https://www.pakpips.com/。

巴基斯坦和平与外交研究所：https://ipd.org.pk。

巴基斯坦地区研究中心：http://www.irs.org.pk。

巴中学会：http://www.pakistan-china.com/index.php。

# 中巴人文交流大事记

1965 年 3 月 26 日，中国与巴基斯坦签订《中巴文化合作协定》，并于同年签署了第一个年度文化交流执行计划。此后，两国依次签署每二年度、三年度、四年度、五年度文化交流执行计划。

1966 年 8 月 1 日，中国国际广播电台（CRI）乌尔都语广播开始对巴传播，节目时间为半小时，重播两次。

2005 年 4 月 4 日，伊斯兰堡孔子学院举行揭牌仪式，主要职能为推广汉语教学和中国文化。该孔子学院由中国国家汉办、北京语言大学与巴基斯坦国立现代语言大学联合建立，是伊斯兰世界第一所孔子学院。

2012 年 10 月 17 日，中国国际广播电台伊斯兰堡 FM 中巴友谊调频台开播仪式在巴基斯坦总统府隆重举行。FM98 中巴友谊台对巴播出乌尔都语和英语节目，成为巴基斯坦听众了解中国知识、获取中国信息的主要渠道。

2013 年 5 月 23 日，中国国务院总理李克强访问巴基斯坦，双方签署了《关于深化两国全面战略合作的联合声明》，认为日益扩大的人文交流与合作为中巴友好奠定了坚实民意基础。中方支持巴方推广汉语教学的努力，将在 5 年内为巴基斯坦培训 1000 名汉语教师。巴方支持在卡拉奇大学设立孔子学院，并逐步扩大在巴孔子学院的建设。

2013 年 11 月 15 日，“中华名人展”在巴基斯坦开幕，重点介绍了宋庆龄、李大钊、鲁迅、郭沫若、茅盾、老舍、徐悲鸿、梅兰芳等人的生平事迹。此次展览是中巴人文交流与合作的重要组成部分，将帮助巴民众更全面、深入地了解中国。

2014 年 5 月 20 日，中国首部《乌尔都语汉语词典》出版发布会在复旦大学举行，巴基斯坦总统马姆努恩 · 侯赛因出席发布会并高度赞扬其是中巴友好交往的一项重要成就。《乌尔都语汉语词典》是国内多家单位乌尔都语学者通力合作的成果，凝聚了中国几代乌尔都语专家的心血，满足了高校外语教学、自学乌尔都语、对外交流等诸多方面的需要。

2014 年初，中国国家主席习近平和巴基斯坦总统马姆努恩 · 侯赛因共同确定 2015 年为中巴友好交流年。中巴友好交流年启动仪式分别于 2015 年 1 月 19 日在北京钓鱼台国宾馆、2 月 12 日在伊斯兰堡中巴友谊中心隆重举行。

2015年4月15日，由中国与巴基斯坦共同搭建的蓝迪国际智库(Research and Development International, RDI)正式运行，重点关注中巴经济走廊相关的研究和发展，旨在推动“一带一路”倡议的研究与实践。蓝迪国际智库在若干全球治理及发展领域的国际会议上发出中国声音，为建立中国的国际话语权，提升中国软实力作出了积极贡献。

2015年4月20日，中国国家主席习近平对巴基斯坦进行国事访问，与巴基斯坦总理谢里夫在伊斯兰堡总理府共同为中国文化中心揭牌。中巴两国政府于2010年签署互设文化中心谅解备忘录，2014年9月中国文化中心投入试运行以来举办了丰富多彩的文化活动，增强了中国在巴基斯坦的文化影响力。

2015年4月21日，中国国家主席习近平在巴基斯坦议会发表题为《构建中巴命运共同体 开辟合作共赢新征程》的重要演讲，指出“人民是推动国家进步和历史发展的决定力量，两国人民支持是中巴全天候友谊和全方位合作的不竭动力”，鼓励积极推动中巴人文交流，让中巴友好更加深入人心。

2016年4月3日，中国华夏文化遗产基金会和中巴经济走廊委员会签订中巴文化走廊合作谅解备忘录，双方协商决定在文化遗产保护、传媒、互联网以及汉语言教学培训等方面进行合作。

2016年6月30日，中国中央电视台英语新闻频道和纪录国际频道在巴基斯坦落地许可仪式隆重举行。广电领域合作是中巴人文交流的重要组成部分，央视频道节目在巴播放将增强两国人民之间的传统友谊。

2016年12月19日，中国国际广播电台和巴基斯坦广播公司合作开始的FM中巴友谊台本土节目开播仪式在伊斯兰堡举行。中巴经济走廊建设背景下，中巴友谊台本土节目的开播将让中巴人文交流提升到一个新的水平。

2017年3月22日，巴基斯坦驻华大使馆与世界和平基金在中国国家博物馆共同组织了长达一周的“巴基斯坦艺术、文化和遗产展览”，庆祝巴基斯坦独立70周年和中巴建交66周年。这是中国国家博物馆第一次展览巴基斯坦艺术家的作品，有助于提升中巴友谊，加强人文交流。

2017年5月13日，中国经济网与巴基斯坦VSH新闻电视台同步播出《“一带一路”国际合作高峰论坛特别报道》，这是两家媒体签署合作备忘录以来首次展开联合采访、演播室对话等深度合作。

2017年5月14日，中国驻巴基斯坦卡拉奇领事馆与巴基斯坦媒体联合制作名为《新合作 新变化 新生活》的纪录片，通过基础设施、港口、能源、文化教育等方面，全面展现中巴经济走廊建设带来的变化，反映中巴两国日益增强的人文交流。

2017 年 7 月 7 日，“中国非遗文化周”在巴基斯坦首都伊斯兰堡的中国文化中心拉开帷幕，为巴民众了解中国文化搭建新平台。上百件具有中国文化内涵的精美展品吸引巴民众前来参观，有助于展示中国传统文化，增强两国人民间的理解与互信。同时，开幕式上还举行了《中国当代短篇小说选集》（乌尔都语）发布仪式。

2017 年 11 月 4 日，“中巴经济走廊大学联盟”交流机制首次会议在复旦大学举行，讨论通过《中巴经济走廊大学联盟章程》，建立了联盟交流机制委员会。会议决定中方委员会主任由高等教育学会会长担任，执行主任由复旦大学校长担任，中方联盟秘书处设在复旦大学。

2018 年 2 月 5 日，中国文化部部长雒树刚与到访的巴基斯坦新闻广播与文化遗产部部长玛利亚姆·奥朗则布共同签署《中华人民共和国和巴基斯坦伊斯兰共和国政府文化合作协定 2018—2022 年执行计划》，规划未来五年中巴在文化、教育、影视、出版、体育等领域的交流与合作。

2018 年 2 月 25 日，“中巴经济走廊文化大篷车节”在巴基斯坦国家艺术委员会开幕，进行了音乐表演、时装秀、摄影展和纪录片放映。文化节上播放了大篷车之旅的纪录片，展示中巴经济走廊沿线城市的历史文化，还发布了系列图书和研究报告，通过中巴艺术家的作品展增强两国人民的友好感情。

2018 年 4 月 24—26 日，“巴基斯坦—中国职业教育国际合作论坛及资源展览洽谈会”在巴基斯坦卡拉奇举行，双方上百名会议代表共商中巴职业技术教育的交流与对接。

2018 年 5 月 24 日“中巴经济走廊文化艺术研究所”落户西安工程大学，旨在持续深入策划“中巴经济走廊文化大篷车”项目，继续提高两国文化艺术学术研究水平。该研究所将推动中巴传统文化时尚化、国际化传播，致力于两国在“一带一路”合作背景下实现共赢、共荣局面。

2018 年 11 月 4 日，巴基斯坦总理伊姆兰·汗访华期间，中巴两国领导人共同发表关于加强中巴全天候战略合作伙伴关系、打造新时代更紧密中巴命运共同体的联合声明。双方强调中巴人文交流的重要性，鼓励大力加强文化、教育、智库和媒体交流与合作。双方决定将 2019 年定为中巴友好城市年，推动建立更多友好省市关系，加强两国地方负责人之间的交流和对话。双方同意成立中国—巴基斯坦青年交流委员会，负责协调两国青年交流和青年事务合作事宜。

2019 年 3 月 28 日，由中国人民对外友好协会、巴基斯坦驻华大使馆共同主办的“中国—巴基斯坦友好省市合作论坛”在北京举行。此次论坛不仅落实了中巴领导人会晤达成的共识，也进一步推动了两国地方政府间的交流与合作。

2019 年 6 月 24—28 日，中国经济网承办了“读懂中国”巴基斯坦媒体代表团 12 人访华活动。代表团在北京和杭州进行了为期五天的中国之旅，加深了对中国的认识，有利于巩固中巴友谊。

2019 年 9 月 27 日，中国驻巴基斯坦大使馆、中国文化中心和中国电影股份有限公司联合在巴基斯坦国家艺术委员会举办“中国电影日”，免费展映《中国超乎你的想象》《美丽中国》《追梦人》《流浪地球》，让巴民众了解中国日新月异的变化，促进中巴文明互鉴，增进民心相通。

2020 年 2 月 1 日，巴基斯坦对遭受新冠肺炎疫情的中国倾囊相助，将全国公立医院库存调集的新冠防疫物资用军机紧急送往中国，彰显“中巴患难与共、同甘共苦的兄弟情谊”。

2020 年 5 月 17 日，中国国家主席习近平给北京科技大学的巴基斯坦留学生回信，勉励其刻苦学习，结交友人，与世界各国青年一道，为促进民心相通、推动构建人类命运共同体贡献力量。习主席的回信反响热烈，激发中巴青年参与中巴经济走廊建设，传承中巴友谊的坚强决心。

2020 年 11 月 13 日，巴基斯坦电影《翱翔雄心》进入中国院线，成为过去 45 年来进入中国院线的第一部巴基斯坦影片，揭开了中巴影视交流与合作的新篇章。

2021 年 1 月 5 日，中国与巴基斯坦签署《中华人民共和国国家新闻出版署与巴基斯坦伊斯兰共和国国家遗产和文化署关于经典著作互译出版的备忘录》。双方约定，未来 5 年将共同翻译出版 50 种两国“最为经典、最为重要、广受好评”的经典作品。

2021 年 6 月 1 日，中国康希诺公司新冠疫苗成功实现在巴基斯坦本地灌装，减少巴对进口疫苗的依赖。在中国大力支持下，巴基斯坦建立了第一个本地化疫苗灌装生产线，这是巴基斯坦医疗卫生领域的技术革命。

2021 年 10 月 24 日，中巴经济文化交流孵化中心在成都新会展中心举行揭牌仪式，旨在以研学产结合的新模式助力中巴经济走廊第二阶段建设，大力促进中巴人文交流。

# 后记

受伊斯兰堡战略研究所邀请，2008 年我们一行十人赴巴基斯坦访学。我们主要在巴基斯坦国立现代语言大学参加语言学习与文化交流，时常去伊斯兰堡战略研究所参与座谈活动，偶尔去城市周边考察风土人情。彼时巴基斯坦的安全状况欠佳，但巴方尽力为访问学者提供周到妥善的安排，让我们顺利地度过了一段难忘的时光。这段访学经历拉近了我与巴基斯坦的距离，激励我于各种变化无常之中依然关注与研究巴基斯坦。

中巴两国文化交流源远流长，“一带一路”倡议及中巴经济走廊建设凸显新时期中巴人文交流的极其重要意义。在前期有关巴基斯坦研究项目的基础上，我开始着手中巴人文交流资料的收集、整理与研究工作。新冠肺炎疫情下，我努力完成了研究初稿，同时留有些许遗憾。事实上，中巴人文交流相关的文献资料较为有限，想要挖掘更多鲜活的中巴友谊故事则需要开展大量田野调查和人物访谈。然而，由于疫情我不得不暂时放弃赴中巴经济走廊沿线调研的计划。当然，我希望未来有机会弥补这一缺憾。

作为年轻学人，我曾受益于中巴民间友好交流项目，并立志身体力行地推动中巴人文交流。这些年我密切跟踪巴基斯坦社会政治生态演变趋势，撰写系列论文与报告，力图为中巴关系健康发展贡献智慧与力量。然而，我深知自己学术人生的点滴成长离不开众多中巴学界前辈同仁的关心与帮助，在此对他们致以我最诚挚的谢意。

中巴关系堪称国与国之间友好相处的典范，中巴人民的友谊比山高、比海深、比蜜甜。时值中巴建交 70 周年，谨以此作献给中巴友谊的开拓者与守护人。

陈小萍

2021 年 11 月 19 日